浙江省铁路建设管理
——共建共管模式研究

言建标 张奕 著

西南交通大学出版社
·成 都·

```
------------------------------------------------
图书在版编目（CIP）数据

  浙江省铁路建设管理：共建共管模式研究 / 言建标，
张奕著. —成都：西南交通大学出版社，2023.12
  ISBN 978-7-5643-9637-4

  Ⅰ.①浙…  Ⅱ.①言…  ②张…  Ⅲ.①铁路运输建设
–研究–浙江  Ⅳ.①F532.855

  中国国家版本馆 CIP 数据核字（2024）第 006910 号
------------------------------------------------
```

Zhejiang Sheng Tielu Jianshe Guanli——Gongjian Gongguan Moshi Yanjiu
浙江省铁路建设管理——共建共管模式研究
言建标　张　奕　著

责 任 编 辑	郭发仔
封 面 设 计	GT 工作室
出 版 发 行	西南交通大学出版社
	（四川省成都市金牛区二环路北一段 111 号
	西南交通大学创新大厦 21 楼）
发行部电话	028-87600564　028-87600533
邮 政 编 码	610031
网　　　　址	http://www.xnjdcbs.com
印　　　　刷	成都蜀通印务有限责任公司
成 品 尺 寸	170 mm × 230 mm
印　　　　张	20.75
字　　　　数	307 千
版　　　　次	2023 年 12 月第 1 版
印　　　　次	2023 年 12 月第 1 次
书　　　　号	ISBN 978-7-5643-9637-4
定　　　　价	95.00 元

图书如有印装质量问题　本社负责退换
版权所有　盗版必究　举报电话：028-87600562

《浙江省铁路建设管理——共建共管模式研究》编委员会

主　　审	俞　激　陈　华
主　　编	言建标　张　奕
副 主 编	乔　刚　王兴陈　张桂生
	梅建松　何寨兵　郑庆寿
执行主编	毛国柱　薛文静　江　浩
	夏海宾　张均清　王　伟
	李彦伟　陈　鹏　陈友文
编　　委	胡慧科　徐　彪　郑上志
	陈　杰　王金宝　燕　超
	李银华　徐立明　邵唐红
	曹高志　陈　星　冯　林
	徐　可　刘威加　胡海婷
	董　磊　尹紫红

前言
PREFACE

随着中国经济的快速发展,铁路建设作为国家基础设施建设的重点,对于推动地区经济和社会发展具有重要意义。浙江省作为中国东部沿海地区的重要省份,其铁路建设对于促进长三角地区一体化和全国铁路网布局具有举足轻重的地位。然而,浙江省铁路建设面临着诸多挑战,如建设资金短缺、土地资源紧张、环境保护要求高等。因此,如何创新铁路建设管理模式,提高铁路建设效率和质量,成为浙江省铁路建设亟待解决的问题。

近年来,共建共管模式在国内外基础设施建设领域得到了一些应用。共建共管模式强调政府、企业和社会各方面的共同参与,通过合作、协调和共享资源,实现基础设施建设的高效、安全和可持续。浙江省在铁路建设管理中也开始尝试采用共建共管模式,以解决铁路建设中的诸多问题。因此,本研究旨在深入探讨浙江省铁路建设管理中的共建共管模式应用,为浙江省铁路建设的可持续发展提供参考。

本书全面系统地研究了我国地方铁路建设管理的相关知识,其内容包括现有地方铁路投融资与建设管理、"共建共管"模式建设、"共建共管"模式方案实施、"共建共管"实施效果评价四大方面,反映了当前国内外该领域的主要研究成果,形成了浙江省铁路建设管理"共建共管"模式的整套理论体系。同时,也兼顾了相关行业从业人员学习的需要,在写法上力求简洁易懂。本书内容共分6章,各章内容如下:

第1章主要介绍了铁路建设管理共建共管模式的研究背景与意义,同时分析了国内外铁路建设模式、我国地方铁路发展以及我国地方铁路建设管理的研究现状,并对本书的研究内容和技术路线进行了说明。

第2章介绍了我国铁路投融资的基本特征、发展历程与现状,并针对国内外地方铁路投融资模式进行展开研究，围绕地方铁路建设期管理、运营期管理以及建设管理后评价，归纳总结了地方铁路建设管理模式选择的方法和建议。通过具体工程案例对比分析得出自建自管、自建联营、铁路代管三种建设管理模式的优缺点。

第3章在分析浙江省铁路的发展历史和现状的基础上，提出了"共建共管"理论的发展过程以及实施的外部环境条件，并对"共建共管"概念进行了定义，最后对浙江轨道集团总部管理架构进行了详细说明。

第4章收集了浙江省铁路建设在立项决策、建设准备、勘察设计、工程实施以及竣工验收等阶段现有的工程建设经验，归纳总结以往自主建设和委托代建工作中存在的不足，并针对所存在的不足，提出了"共建共管"管理模式下的解决方案，为浙江省"共建共管"管理模式的建设提供理论依据与实践指导。

第5章引入了项目管理成熟度的概念，介绍项目管理的评价方法，以及各项评价因素与评价等级的确定，建立了铁路施工项目管理成熟度模糊综合评价模型，最后通过评价体系的综合运算分析"共建共管"的实施效果，并结合项目案例的建设管埋情况，对"共建共管"实施效果进行了具体评价。

第6章提出了浙江省地方铁路建设管理存在的问题，并从配套制度建设、工程推进、安质管控、投资控制、工程招标等十个方面全面总结了浙江省铁路建设"共建共管"模式的经验并提出宝贵建议，对"共建共管"建设管理模式深化提升与推广价值提出了美好愿景。

希望本书的出版能为广大地方铁路工程建设管理者提供启迪，能为提高地方铁路建设科学化管理水平提供借鉴。

由于作者水平的限制，加之撰写时间仓促，书中难免有不妥之处，请读者不吝指正。

编 者

2023年12月

目录

第1章 绪 论 ·001
1.1 研究背景及意义 ·001
1.2 国内外铁路建设模式研究现状 ·003
1.3 我国地方铁路发展现状 ·018
1.4 我国地方铁路管理现状 ·035
1.5 研究内容及技术路线 ·052

第2章 地方铁路投融资及建设管理研究 ·055
2.1 我国铁路投融资的基本特点与发展历程 ·055
2.2 我国铁路投融资现状分析 ·063
2.3 地方铁路投融资模式 ·078
2.4 地方铁路建设期管理 ·111
2.5 地方铁路运营期管理 ·139
2.6 地方铁路建设管理后评价 ·159
2.7 地方铁路建设管理案例 ·170
2.8 本章小结 ·180

第3章 浙江省地方铁路"共建共管"建设构想 ·181
3.1 目前建设管理框架现状 ·181
3.2 共建共管的理论研究 ·185
3.3 浙江轨道集团总部管理架构 ·189
3.4 本章小结 ·191

第 4 章　浙江省地方铁路"共建共管"方案实施 ……………… 192
4.1　项目各阶段"共建共管"方案 ……………………………… 192
4.2　建立项目总指挥部和分指挥部 ……………………………… 199
4.3　本章小结 ……………………………………………………… 213

第 5 章　浙江省地方铁路"共建共管"实施效果评价 …………… 214
5.1　地方铁路项目评价理论的重要性 …………………………… 214
5.2　地方铁路项目评价的特点 …………………………………… 215
5.3　地方铁路项目评价计算理论及方法 ………………………… 216
5.4　本章小结 ……………………………………………………… 292

第 6 章　浙江省地方铁路建设管理模式愿景 …………………… 293
6.1　浙江省地方铁路建设管理模式现状 ………………………… 293
6.2　浙江省铁路建设"共建共管"经验 ………………………… 295
6.3　浙江省地方铁路建设管理模式深化提升 …………………… 303
6.4　浙江省地方铁路建设管理模式的推广价值 ………………… 320

参考文献 …………………………………………………………… 321

第 1 章 绪 论

1.1 研究背景及意义

1.1.1 研究背景

多年以来，铁路凭借着其运输能力大、成本低、受环境影响小、速度快等优点，逐步获得了人们的青睐，成为货物或人员运输的首选方式，并对铁路沿线各地的社会、经济快速发展发挥着重要的推动作用。由于我国幅员辽阔，再加上铁路建设具有耗时长、成本高、不可重复、风险大等特点，国家铁路的建设受到多方面的制约，不能覆盖所有地区，而地方铁路以"支流"的身份作为国家铁路网"主动脉"的有力补充，与国家铁路共同构成国家铁路网，推动新兴区域协调发展，打破了地区之间经济整体繁荣发展的制约壁垒。因此，地方铁路的存在和进一步良好发展的意义就显得尤为重要。1998年，金温铁路开通运营，掀开了地方铁路建设新篇章。2013年，国家进行投融资机制的改革，大力鼓励民间资本进入基础设施建设，地方铁路建设的发展势头与日俱增，一个个地方铁路建设项目如雨后春笋般获得批准。仅浙江省自投融资改革以来就先后有乐清湾港区铁路支线项目、金台铁路项目、杭温高铁等项目上马，为全国的地方铁路建设提供了范本和经验。

地方铁路是指在国家政策的支持下，由地方政府负责筹措资金或与中国国家铁路集团有限公司（以下简称"国铁集团"）联合投资修建，主要负责承担地方区域内或路途较短的客、货运输任务的铁路。许多地方较为笨重的货物难以运输的问题都是靠地方铁路来解决的，其是对国家铁路网的延伸和重要补充。[①]地方的各级人民政府或代表政府投资的国有企业是地方铁路的出资者和管理者，对本地区的经济利益负责。随着地方铁路项目建设力度的不断加大，且地方铁路建设因地方情况千差万别而无先例可循、无经验可借鉴，又与国家铁路在投融资、审批、运营、验收等在模式上存在不同，地方铁路在建设过程中有很多棘手的问题尚未找到良好的解决办法，其项目管理水平还有待提高。限制改善地方铁路建设项目的因素很多，缺乏科学有效的管理方法，是其中一个主要的影响因素。

2013年，国务院发布《国务院机构改革和职能转变方案》，新一轮大部制改革在国家层面已基本完成。在铁路运输方面，实行铁路政企分开：撤消原铁道部，组建国家铁路局，由交通运输部管理，承担其行政职责；组建国铁、中铁、铁建等，承担其企业职责，铁路建设从此面临全新的形势。

因此，如何顺应改革，建立与国务院大部制相适应的机构和管理模式，理顺有关厅、委的地方铁路管理职能，最大限度减少职能交叉，提高行政效率，是各省地方政府推进地方铁路建设、加快发展所面临的最迫切的问题。

1.1.2　研究意义

2021年5月28日，浙江省政府办公厅印发《浙江省重大建设项目"十四五"规划》，明确"十四五"期间安排重大建设项目245个，包括235个实施类项目和10个谋划类项目，总投资82637亿元。

"十四五"期间，浙江省将建设1800 km铁路、700 km城市轨道交通，"轨道上的浙江"基本建成。杭州地铁里程数将超过500 km，进入全国地铁城市第一方阵。将重点推进通苏嘉甬、甬舟、沪乍杭、铁路杭州萧山机场站枢纽及接线工程、温福等铁路和轨道交通项目。杭州至温州高铁、杭州至台州高铁、跨杭州湾的通苏嘉甬铁路、甬舟铁路等标志性项目将在"十四五"期间建成。此外，沪甬跨海通道、杭临绩铁路、宁杭二通道等远期

---

① 张冶. 地方铁路建设业主方项目管理成熟度评价研究[D]. 杭州：浙江大学，2020：45-56.

项目也被列入谋划类项目清单，将力争在"十四五"期间前期工作取得重大突破性进展。

加快干线铁路建设，积极推动城际铁路、市域（郊）铁路建设。安排重大建设项目 28 个，"十四五"计划投资 7262 亿元，重点推进杭绍台、金甬、杭温、湖杭、通苏嘉甬、甬舟、沪乍杭、甬台温福等铁路项目，杭德城际铁路、上海金山至平湖市域铁路、温州市域铁路 S_3 线一期、台州市域铁路 S_2 线等都市圈城际铁路，推进杭州、宁波、绍兴轨道交通工程建设。

当前我国铁路正处于高质量发展的重要战略机遇期。随着铁路投融资体制改革的深入，地方政府在铁路发展中的作用和责任逐步加大。建立适应铁路发展新形势的地方铁路投资建设管理体制，对于推进铁路高质量发展十分重要。

近年来，随着我国铁路建设规模不断扩大，建设资金紧张、建设模式单一等问题日益凸显。浙江作为全国铁路现代化建设的前沿阵地，率先在投融资和机制创新等方面进行了积极的探索。本研究以浙江铁路现代化建设的实践和思考为立足点，通过对国内外铁路建设模式进行研究，着重对铁路管理体制、投融资、保值增值等方面进行探讨，进而推出了浙江省"共建共管"模式，对推进铁路体制机制改革和创新提出若干建议，期望在铁路建设方面能起到一定的作用。

1.2 国内外铁路建设模式研究现状

1.2.1 国外铁路建设模式研究现状

通过对美国、俄罗斯、日本等国家以及欧盟地区铁路建设的目标设定、模式选择及绩效的分析，从网络的整体性、交易费用、效率效益等方面，对比分析各种模式的差异、特点和优劣。深入分析各国铁路建设的模式，对于我国地方铁路建设模式的探索和研究有十分重要的指导和借鉴意义。

1.2.1.1 国外铁路建设模式分析

——美国模式

- 发展历程

美国是世界铁路最发达的国家之一。铁路拥有数和运营公里数均为世界第一。目前有 551 家铁路公司,其中Ⅰ类铁路公司占 70.8%,雇员人数占 88.2%,运行收入占 91%以上。Ⅰ类铁路公司形成了美国铁路网的骨干,其他数目众多的铁路公司只能在大铁路竞争的空隙和边缘活动。美国铁路一直实行网运合一,铁路公司拥有路网、机车车辆等移动设备。多线路竞争是美国铁路的特色。

美国铁路始建于 19 世纪 20 年代,在一个多世纪的历史变迁中,经历了发展、衰退、复苏三个阶段。第一次世界大战后,美国铁路委员会接管了所有铁路,实行集中统一管理。1920 年,联邦政府虽把铁路管理权归还给私人,但实行严格的管制政策。如法律规定,铁路必须实行统一的收费标准,且不得放弃"与公众利益有关的"线路和客运业务,这使铁路具有更多的公益性质。1970 年,政府开始放松管制,1976 年《铁路复兴和规章改革法》和 1980 年《斯塔格斯铁路法》是放松管制的重要法律,主要内容包括:放松对铁路公司资产重组的管制,即不再要求铁路公司继续经营亏损线路;放松价格管制,扩大了铁路公司定价范围和空间。

1970 年,政府改组铁路公司,帮助其剥离亏损的客运业务。此外,根据 1973 年《地区铁路重组法》,成立了美国铁路协会和铁路服务规划办公室。他们分别负责规划地区铁路和指导铁路并购。1973 年,政府投入大量资金,对濒临破产的铁路进行重组,帮助亏损企业组建联合铁路公司,并免除许多规章制度规定的责任和义务。1987 年,联合铁路公司上市筹资 16.5 亿美元,完成了私有化。由于政府对小铁路公司约束少,小铁路公司的经营机制比较灵活,特别是对劳动用工限制少,因而劳动力成本相对较低。小铁路公司在业务量小、货物单一的情况下获得了生存空间。

经过兼并重组,美国铁路建立起多元交叉的管理体制。改革后,不但未形成封闭分割的状态，反而以较高的效率保持全国路网的紧密联系与畅通。铁路改革使 1/3 的铁路里程转入小铁路运营，剥离的短线和地区铁路，其灵活的价格使货主满意度不断提高。大铁路公司分割成小铁路的财产转换和由此引发的资产结构调整，促进了铁路企业的资本经营并带来巨大的社会效益。①

● 美国铁路模式现状

美国是政府有限干预经济的发达自由市场经济国家，其政府基本的经济管理职能大体可归结为三个方面：首先，经济行政事务的管理，如制定经济法律、法规，维护正常经济秩序；其次，宏观调控经济，如利用财政和货币政策，引导经济健康发展；最后，提供经济服务，其中非常重要的一个举措就是投资兴建各种公共工程。美国政府投资工程的指导原则是及时向用户交付最有价值的产品和服务，保持公众信任，达到落实公共政策的目的。为了保证上述目标的实现，除了建立严密的法律法规体系外，美国联邦以及各州还结合自身的实际，建立了科学的组织体系，制定了严密的操作程序以及相应的监督机制，并在实践中不断加以完善，有效地保证了政府投资工程的投资效果。下面我们从管理方式、政府投资工程决策及实施程序、招标方式、施工投标中标原则来介绍美国的政府投资业主项目管理。

美国政府公益性投资项目的管理模式一般有以下三种：

（1）自行管理

联邦政府或地方政府投资兴建工程，如果政府的有关部门有较强的管理能力（有的还有设计能力时），工程建设管理则全由政府部门负责。自行管理又分两种形式：一种形式是政府管理者通过招标挑选总承包商，总承包商再招标或委托分包商。目前，这种形式采用得比较少。另一种形式是政府管理者除通过招标挑选总承包商外，还直接挑选分包商。美国的制度规定，一个工程，至少由五家承包商承包建造，即总承包商（一般指土建部分）、电气、给排水、暖通、装饰等五个专业的承包商。据介绍，这样做有几方面的原因：

---

① 刘建国. 国外铁路改革模式的分析与比较[J]. 湖北经济学院学报（人文社会科学版），2009，6（2）：71-73.

① 客观上美国的建筑企业专业性比较强，分包给各专业公司，有利于提高工程质量。

② 政府投资建设的工程不能只委托一个承包商（对于大型工程项目），而要使更多的承包商参加，形成竞争。

③ 政府直接挑选分包商，有利于节约投资。

（2）部分自行管理

当工程建设规模较大或政府管理力量较小时，政府管理当局将部分管理工作委托给社会的监理机构完成，监理机构的工作内容会在监理合同中明确。

（3）全部委托监理公司管理

当政府有关当局没有相应的管理人员或工程规模太大时，则往往全部委托给监理公司全面管理。委托监理公司管理工程建设的具体形式也分两种：一种是委托监理公司挑选承包商；另一种是业主挑选承包商后再委托监理公司管理。美国的政府公益性投资项目，不论项目的属性和发包方式如何，下面几点都是相同的。

① 承包商只能通过投标竞争（包括公开招标投标和议标）取得工程任务，并遵守联邦政府采购法。

② 工程建设都实行监理。

③ 政府工程建设与金融保险市场有极其密切的关系。

美国的政府工程项目，无论是业主、工程师还是承包商，都与银行、保险公司有非常密切的联系。如在工程承包领域，政府（业主）通常要求承包商在承包工程时办理各种保险，承包商也需要银行的各种贷款。在办理保险和银行贷款的过程中，保险公司和银行将会慎重地审查企业的承包能力、履约记录、营业记录和资信状况，据以决定是否给予承包商担保，通过这种方式确保承包商的承包能力与其实际能力一致。

- 政府投资工程决策及实施程序

联邦以及各州的政府投资工程的决策及实施程序不尽相同，但都很严密，一般均具有以下特点，即在项目的决策阶段，项目要经过同级财政部门和议会的严格审查；在项目的实施阶段，则由项目的执行机关严格按照规定程序以及有关合同对项目进行严格的管理。

● 招标方式

政府投资工程采用公开招标的方式，但允许在一定条件下采用竞争性谈判和单一来源的方式。美国联邦政府机关在授予合同时，要检查承包商按照项目的要求执行合同能力。其中，不仅要考察承包商目前的技术和财务能力，还要考察承包商以往的业绩和信誉。

● 施工投标中标原则

一般采用最低价中标原则，具体经验总结如下。

（1）选择而非招标工程设计

美国有关设计取费标准既有社会公认的行情可以参考，也可以从设计公司的纳税信息中获得。所以，采用选择而非招标的形式，并不会导致设计公司要高价的情况出现。

（2）完备的工程担保与保险制度

在建设工程方面，美国的一个突出点是建立了完善的工程保证担保（Bond of Works）和工程保险（Engineering Insurance）制度。这套制度在政府投资工程的风险控制、投资控制方面，发挥了非常有效的作用。[1]

——俄罗斯模式

俄罗斯铁路管理体制依然沿袭苏联的交通部、铁路局、分局、站段四级管理模式。随着俄罗斯市场经济体制改革的快速推进，现有铁路体制与整个市场环境不相适应的矛盾日益突出。1998年，俄罗斯交通部提出《俄联邦铁路运输机构改革构想》草案，经反复修改后，2001年《俄罗斯铁路改革纲要》获俄罗斯政府正式批准。按照当时的改革计划，俄铁路改革将用10年（2001—2010年）分三个阶段进行。改革的主要目标是：通过"政企分开，机构重组"，把交通部承担的国家调控、监管职能与企业经营管理职能分开，交通部只保留国家管理职能；运营职能由新组建的国家铁路运输公司承担，并把不影响铁路稳定的辅助企业和服务性企业从铁路系统剥离，鼓励私人公司参与铁路货运及

---

[1] 韩同银. 铁路建设项目管理模式发展与变革研究[D]. 天津：河北工业大学，2007.

其他服务；保证所有经营主体在平等条件下使用铁路基础设施，从而提高现有资源利用效率和铁路运输效率，增加铁路管理与运营财务透明度；拓展铁路投资来源，加快技术更新和改造，提高员工积极性和社会保障水平。主要任务是：出售俄罗斯铁路股份公司和子公司股票，使铁路运输逐步实现非国有化，形成可调控的铁路运输市场，在条件成熟时把运输与基础设施完全分开。

2003年俄罗斯铁路公司成立，铁路建设改革进入实质性阶段。几年来，俄罗斯铁路运输取得明显成效。货运周转量、集装箱货运量都较改革前有大幅度提高。同时，通过改革，技术改造加快，机车车辆使用率大幅度提高，生产性固定资产损耗下降、系统运营稳定性和安全性得到改善，主要线路运行速度提高，劳动生产率稳定增长，职工工资大幅提高。此外，私人投资者投资铁路的积极性也大大提高。

——日本模式

由于特殊的地理环境，铁路在日本交通运输和经济发展中占有十分重要的地位。1987年日本铁路实施改革，按照先改组后私营化的步骤，组建了6个客运公司和1个全国性货运公司。

日本铁路布局如图1-1所示。

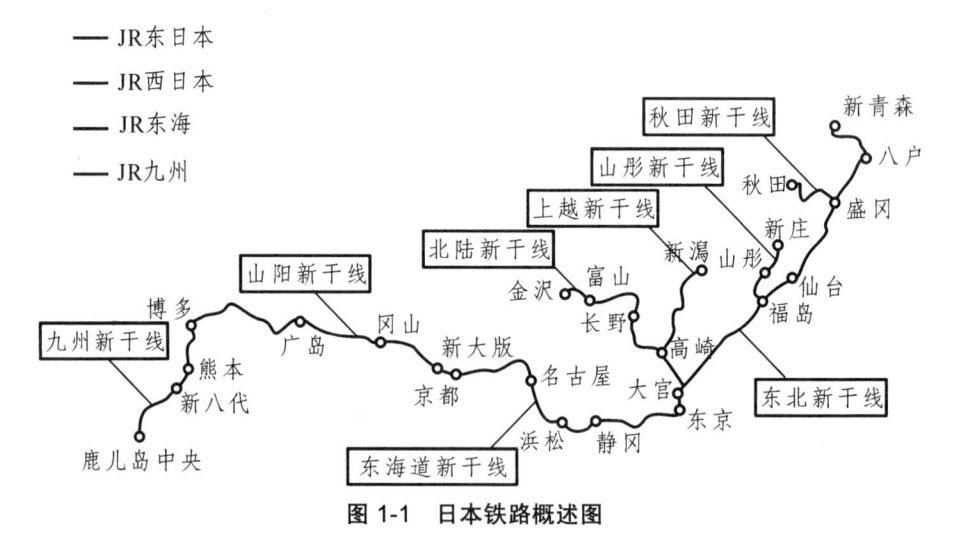

— JR东日本
— JR西日本
— JR东海
— JR九州

图1-1 日本铁路概述图

1985年，日本国铁改革监督委员会向国会递交的"日本国有铁路改组意见"经审查批准后实施。根据改组意见，日本国铁改革采取"自上而下"的步骤。铁路组织机构的设计首先在高层次政府决策机构中得到认可，再以立法或其他正式协议形式向上呈送设计建议书。随后，通过反复谈判、设计和市场测试，建议落地成为具有可操作性的最终方案。为使铁路改革顺利进行，政府和国会制定和通过了《日本国有铁路改革法》等相关法律、法规，这些法律详细规定了改组进程。

日本铁路民营化前是国家出资的公共企业法人，所有事项都要经国会审议。民营化后，政府对铁路的管理模式发生了很大变化，原国铁从事的铁道业务全部交给日本铁路公司集团，政府大幅放宽限制，修改相关法律，同时加强安全等方面的制度建设。

监督委员会在日本铁路改革中发挥着重要作用：

① 分配资源。它将各铁路公司共同拥有的新干线铁路，再分配给每家客运公司，并要求其交纳新干线设施租金，租金大小由各地区运输企业内部收益决定。

② 合理分配线路。它对各种路网布局方案从运输和财务方面加以评价，推荐最合适企业边界的方案。

③ 处理剩余债务。当铁路负债超过其资产时，监督委员会则负责解决股东之间的纷争，取得对不重要资产的拥有权，清理偿还各级政府的债务。

④ 协调劳资冲突。培训下岗工人，帮助其再就业。[①]

日本政府工程在项目立项后，政府主管部门要根据批准的规划和投资估算，委托设计单位进行设计。设计单位严格在估算限额内设计，一般不得突破批准的限额。设计完成之后，政府主管部门要根据不同阶段的设计对工程造价再次进行详细计算和确认（相当于我国的概算和预算），以此检查设计是否突破批准的估算所规定的限额。如未突破，则以实施设计的预算作为施工发包的标底；如果突破了，则要求设计单位修改设计，压缩项目的建设规模

---

① 江宇. 发达国家铁路发展史对我国铁路改革的启示[J]. 综合运输，2003（10）：44-47.

或降低建设标准。在项目施工过程中，政府主管部门要对工程建设各环节进行严格的质量、工期和造价管理。对于设计变更，要严格控制在工程总造价范围以内。对于物价上涨引起的工程造价变动，若超过总造价一定比例，则其超出部分允许调整。[①]

日本铁路建设经过几年的努力，取得了显著成果：经济效益和运输效率显著提高，旅客周转量 7 年年平均增长 3.4%，促进了宏观经济的健康发展。

——新加坡模式

新加坡是个城市国家，它的政府工程主要有两大块：一块是基础设施和公共建筑项目；另一块是政府组屋，即由政府组织建设的、向国民提供的廉价住房。下面从管理方式、政府投资工程决策及实施程序、招标方式来介绍新加坡的做法。

（1）管理模式

由一个独立的企业来运作。新加坡政府与新公集团签了 5 年的合同，规定除政府组屋外，限定规模以上的公共工程都必须由新公集团作为项目的咨询顾问。新公集团为国有独资公司，但完全按照私人企业的方式运作。新加坡政府的合约使新公集团在政府工程的建设管理上成为一个地道的垄断企业，其收入来源于建设项目的取费，一般按照承建项目造价的一定百分比提取。

（2）政府投资工程决策及实施程序

新加坡政府工程的立项一般由政府发展计划提出，或者由经内阁批准的特别委员会推荐，然后以政府议案的形式报国会，经国会批准后才可正式实施。投资总额超过 2000 万元新币的项目，必须聘请新公集团担任顾问。新公集团在政府工程所担负的职责包括项目可行性及开发研究、工程成本造价及变更管理、施工计划编制分析与控制、项目采购（招标）、工程施工和竣工管理等。

（3）招标方式

新加坡政府工程的招投标采用选择性招标。新加坡于 1986 年开始对政

[①] 李世蓉. 政府公益性项目管理模式——实施建设管理代理制引起的思考[J]. 国际经济合作，2002（7）：59-62.

府工程的承建商实行登记注册制度。只有登记在册的承建商才允许投标政府工程。

——欧盟模式

20世纪末,随着高速公路、航空、管道等运输方式的迅速发展,欧盟各国铁路在运输市场所占份额急剧萎缩,出现严重亏损。大多铁路依靠国家高额财政补贴维持正常运营,僵硬的管理体制使铁路运输业步入死胡同。1991年,欧共体发布要求成员国铁路一律实行基础设施与运营分离(即"网运分离")的91/440号指令,以便打破行业垄断和封闭状况,引入私营企业、跨境经营者的竞争,保证各国间铁路运输的畅通;规定在2000年前各成员国铁路必须完成"网运分离"改革,最起码是"会计分离"。由此,欧盟各成员国开始对铁路实行改革。

(1)英国

英国政府工程的比例远小于私人工程的比例,且目前的趋势是政府工程项目将进一步减少。许多政府项目都逐渐转成私人项目,从而使政府摆脱了对工程项目的具体管理。例如,英国先后将铁路、发电站、公交等部门私有化。另一途径就是大量采用私人融资方式,政府认为采用这种方式一方面可以解决政府的资金短缺问题,另一方面可以提高政府公益性项目的投资效益。

英国政府对政府工程项目的管理模式多年来经历了不同的发展过程,了解这些模式以及当时的政府公益性项目特征很有必要。开始,政府工程项目由公共建筑部负责,合同是以工程量清单方式编制的。随后,政府工程项目采用了另一种管理模式,即利用"财产服务代理"(Property Service Agency,PSA)。PSA以项目管理者的身份代表政府对项目进行管理,雇佣建筑师、测量师和工程师。PSA也可委托咨询机构工作。PSA由于在政府和承包商之间建立了一种较好的联系渠道,因此受到承包商的欢迎。但对于大型项目来说,采用这种方式仍存在问题。如今PSA方式已逐渐减少,英国政府仍在寻找和建立新的管理模式,如建立经审查的承包商/咨询人员清单,即DETR/NQS体系。在这种方式下,公司的详细情况将被预先审查,使审查程序大大简化。

设立合同处，作用主要是委托监理进行项目的管理。

英国政府工程的承建主要通过招标，有以下几种方式：

① 管理咨询方式。

② 管理总承包方式。

③ 设计施工方式。

1992年，英国政府提出了私人融资方式PFI，其基本思路就是将政府的项目，如道路、电站、医院、学校等，交由私人融资、建设和运营，根据协议要求的时间将建成的项目交还给政府。这一政策大大改变了英国的建筑活动方式。目前，英国许多公路项目采用的都是PFI方式。由于该种方式发展迅速，英国政府还专门设立了机构对有关政策和措施进行研究。

此外，英国政府还认识到，业主（政府部门）的管理水平对政府项目的成功是至关重要的。因此，在1995年，针对政府项目中存在的问题，就如何发挥好业主政府部门的作用，确立了简单易行的各参与方交流及迅速处理问题的程序，充分认识风险，在努力提高管理的有效性等方面提出了具体的行动计划。[①]

（2）德国

20世纪90年代，德国铁路改革拉开了序幕。德国铁路改革分为三个阶段。

① 两德铁路合并，成立德国铁路股份公司（DBAG），分离政府职能，实现政企分开。

② 在德铁股份内组建路网公司、长途客运公司、短途客运公司、货运公司和车站服务公司五个完全独立的子公司。

③ 撤消德国铁路股份公司，五个子公司分别上市，实现私有化。德国政府还通过偿还德铁改革前的历史债务、补贴路网建设资金、补偿短途客运等政策予以财政支持，并得到社会各方面的基本认可。据专家测算，1994—1999年，德国铁路如不改革，政府将为铁路支付3680多亿马克；通过改革，实际支出2440亿马克，节约了33%的费用。

---

① 郭晓峰.城市道路网建设若干问题研究[D].西安：长安大学，2005.

德国政府在推行综合化交通运输政策中所采取的种种措施，贯穿以下两个主要思想：

① 把投资政策作为宏观控制各种交通设施规模的"调节螺钉"，力图使德国国内的经济增长与载重卡车交通量的同步增长关系"脱"钩。

② 为各种运输方式建立公平竞争的环境，使每种交通工具的外部成本逐步实现内部化，即谁引起的外部成本由谁承担。具体措施是利用税收杠杆的导向作用，限制公路运输。

另外，通过立法程序审议。批准改革方案，依据法律程序推进铁路改革是德国铁路改革的显著特色。为了确立与铁路改革相配套的法律体系，德国政府修改了宪法有关条款和100多个相关法律法规，形成了与改革相适应的法制环境，为铁路实现从政府机构向企业转变创造了条件，使其能够按联邦铁路改革法律体系的要求，分阶段、系统性地稳步推进。

德国的政府工程实行联邦、州和市镇三级管理。联邦政府负责的一般是大型公共项目，主要有公共交通设施、城市住房和行政设施的建设。公共交通设施项目主要是各城市交通网络的建设；城市住房项目是由联邦政府投资的，主要针对低收入者并实行优惠贷款的公益性房屋。下面从管理方式、政府投资工程决策及实施程序、招标方式、施工投标中标原则四个方面来介绍。

① 管理模式：德国的政府工程建设，一般由常设性专门机构进行管理。联邦交通建设及房屋部是联邦政府中主管政府工程的主要机构，代表联邦政府行使业主的职能，负责项目建设实施过程的管理。其他政府部门若要进行工程建设，除了参与功能、技术等方面的决策外，不能介入工程投资和建设过程的管理。

② 政府投资工程决策及实施程序：德国政府工程建设的基本程序是，先由使用部门提出需求方案，向财政部提出预算申请，由财政部与交通建设及房屋部共同审查。财政部主要从财政和资金角度审查，交通建设及房屋部主要从工程建设功能、技术上审查。两部有矛盾时，由总理裁决。

③ 招标方式：采用公开招标的方式且均采用无标底的方法进行。

④ 施工投标中标原则：一般采用最低价中标原则。德国项目管理的经

验为审核检验工程师制度。德国没有建筑工程监理，也没有专门的政府质量监督。对工程（包括政府和私人工程）的质量监管，由国家认可的审核检验工程师承担。审核检验工程师受政府委托和雇佣，参与工程建设全过程的质量管理和监督，拥有相当大的质量审查权。他们只代表政府，不代表工程业主，以保证监督的公正性和权威性。[①]

（3）瑞典

1988年，瑞典铁路开始实行"网运分离"改革。他们将原国有铁路拆分成两个实体：一个是按商业化运作的瑞典国家铁路公司（SJ），一个是按公共管理部门运行的瑞典国家铁路管理局（BV），并实行收支两条线。SJ以提高自身盈利水平及股东收益为目标，自负盈亏，独立核算，主要负责客货运输、运行控制、编组站作业机车车辆购置及维修、所属房地产的出售与开发。SJ及路网上其他运输业经营者向国家支付铁路线路基础设施使用费，费用直接上交国库。BV的资产主要是铁路线路、通信信号、电力接触网、编组站固定设备等。主要任务是负责铁路基础设施的维修养护、改造和新建，资金主要来自国家财政拨款。

（4）法国

1997年，法国对铁路实行"网运分离"改革，主要内容是将国家铁路网建设、投资、管理职能与相应的资产、负债从法铁公司剥离出来，移交给新成立的法国铁路网公司，由该公司作为国家铁路网的所有者，对其投资活动发挥业主职能。路网公司是国有独资有限责任公司，通过向运输企业收取路网使用费获得收益。而改革后的法铁公司主要经营铁路运输业务，并受路网公司委托，承担基础设施养护维修管理业务，向路网公司收取委托维修费。

欧盟其他一些成员国，如奥地利、意大利和西班牙等也逐步实施将铁路基础设施与运输经营进行上下分离的改革。

尽管欧盟各成员国实行"网运分离"的改革时间不长，具体形式呈现多样性，但这一改革模式的成效已经显现出来：

① 国家投资提高，解决了长期以来未能很好解决的补贴问题。

[①] 杨桦. 建筑市场监管研究[D]. 上海：上海交通大学，2007.

② 企业活力增强，有利于构造竞争主体。

③ 实现了制度创新。

④ 路网向第三方开放，欧盟内部实现铁路运输自由化。

1.2.1.2 国外铁路建设模式比较

综上所述，世界各国由于所处的政治、经济、文化和社会环境不同，铁路在所在国的经济和运输体系中的地位、作用等不同，这决定了铁路改革模式和路径也不同。理论界对世界各国的铁路改革模式有多种分法。一种观点认为分为两种模式，即横向分割模式和纵向分割模式。横向分割模式是指将全国铁路划分为若干个区域性垂直一体化的企业模式，在这种模式下，机车车辆、路网设施为所在区域公司拥有，并负责运营和维护，各区域公司之间相互开放。目前，世界上采用这一模式的有美国和日本。纵向分割模式是指网运分离模式[1]，可细分为纯粹的网运分离（如瑞典、德国、法国等）、专业化的网运分离（如英国等）、有限的网运分离（如美国、日本）。还有一种观点主张分为以下四种不同的模式。

① 区域性公司模式。如以美国为代表的不同铁路公司在平行线路上展开竞争的经营模式。

② 客货分离模式。其中一方向另一方租用线路的经营模式，如日本铁路就是货运公司向客运公司租用线路。

③ 网运分离模式。欧洲各国在"网运分离"中提出了 3 种具体操作方式，即在财务管理上分账管理的"会计分离"、在企业内部重新设置部门的"组织分离"和完全分立为若干机构的"机构分离"。

④ 网运合一模式，如俄罗斯铁路公司等。

综观各国铁路改革，模式不同，改革目的也因减少财政负担，引入竞争机制，引进投资，提高效率、效益和服务质量，扩大通车范围等为主而有所差异。如网运合一、垂直一体化结构的区域公司，在降低交易费用方面具有

---

[1] 张龙. 铁路运输基础设备维修管理模式研究[D]. 成都：西南交通大学，2012.

优势。该模式将外部市场交易关系转变为企业内部的结算关系,并引入区域间的比较竞争机制,在一定程度上可起到激励作用。其不足之处是具有对外封闭性,路网分割,行业垄断难以消除等。

"网运分离"的主要优点是:既保证路网不被分割和破坏,又使其在网络运营服务方面具有引入竞争的可能性。

"网运分离"的不足之处表现在如下几方面。

① 路网部分的自然垄断特点仍未改变。特别是当路网部分由一个全国性公司进行运营时,自然垄断与行政垄断的叠加几乎不可避免。

② 网运之间存在较高的交易费用。在运输数量和频率提高的情况下,交易费用可能呈正相关变动。

③ 在吸引投资上,路网设施在由一个全国性公司独家经营的情况下,由于业务量大、盈利前景好,无法与其他部分区别开,将会使新投资者的进入面临很大困难。

客观地说,铁路改革模式因各国的国情、路情不同,并无优劣之分,关键看是否切合本国实际、实施效果如何。从前面的分析我们知道,同样在欧盟统一要求下,法国、瑞典、德国等的改革模式就不尽相同。日本是一个多岛国家,人口密度大,从承担的运输量来看,其负荷比欧洲铁路重得多,若实行线路基础设施和运营相分离,既无法实现对线路的最优利用,又不利于提高效率和安全系数。因此,采取客运"网运合一"、货运"网运分离"的方式比较合适。而新干线建成后,由各客运公司付费,采取"网运分离"的管理模式,这是与日本国情相符的。总之,铁路的建管模式是一项复杂的系统工程,因此,建管模式的选择,既要充分考虑产业的技术经济特点,顺应世界铁路改革的趋势,也要针对本国特点,科学确定,有计划、分步骤地进行,正确处理引入竞争和改进政府管制方式的关系。

"他山之石,可以攻玉。"世界发达国家铁路建管模式的经验和教训给我们提供了宝贵经验。但我们知道,最成功的建管模式不可能是照抄照搬来的,我们要在充分调查的基础上,认清国情、路情,在分析、比较国外铁路建设经验的同时,探索符合我国国情、路情的铁路建设模式。

1.2.2 国内铁路建设模式研究现状

1.2.2.1 新中国铁路建设三个阶段

中华人民共和国成立以来,中国铁路取得了举世瞩目的辉煌成就,完成了从跟跑到并跑再到领跑的历史赶超。从中国铁路发展的历程来看,党的铁路政策的发展历史可以划分为三个时期。

第一阶段为 1949—1975 年,这一时期的铁路政策特点是以计划为主,按照马克思主义基本原理的立场,建立了一套"以人民为中心"、以生产资料公有制为主体的社会主义铁路系统。"大跃进"和"文化大革命"开始后,铁路发展陷入混乱局面,尤其是原有政策遭到极大破坏。

第二阶段为 1975—1992 年,这是新中国铁路发展的第二个阶段,铁路政策的主要特点是逐步推进各项改革。为了解决生产关系不适应生产力发展的问题,铁路系统逐步实行了"挖潜扩能""大包干"等改革尝试,为中国铁路的改革发展奠定了坚实基础。

第三阶段为1992年至今,从邓小平发表"南方谈话"开始,中国铁路政策进入了加速改革的快车道。从实行网运分离、主辅分离起,逐渐构建了多元开放的新格局。从 2004 年《中长期铁路网规划》的发布,再到 2019 年中国国家铁路集团成立,中国铁路完成了市场化改革最重要的一步(见图 1-2)。

图 1-2 新时代中国铁路快速发展

1.2.2.2　中国铁路发展规划

根据最新的"十四五"铁路发展规划，中国铁路营业里程将达到15万km，其中高铁占比超过四分之一。预计在未来十五年内，铁路网规模将进一步扩大至16.5万km左右，并优化路网结构。这将使得中国的铁路网实现内外互联互通、区际多路畅通、省会高铁连通、地市快速通达、县域基本覆盖。这一规划将进一步提升我国的运输能力，推动经济发展和人民生活品质的提高。

根据最新的铁路发展规划，中央确定了27个国家铁路枢纽，分为四个梯队。这些枢纽的确定不仅仅考虑经济实力，还考虑了城市级别、地区发展、交通便利等多个方面。其中，杭州作为全国的综合铁路枢纽之一，拥有得天独厚的区位优势，并在建设高铁线路和客站方面取得了巨大成就。徐州和襄阳作为普通地级市，将因为成为国家铁路枢纽而带来更多的机遇和资源，成为发展的大赢家。徐州也正处于打造徐州都市圈的过程中。襄阳位于长江中游城市群，同样也有自己的发展规划。

这些地区的铁路网络不断完善，将进一步促进其经济增长，推动地方发展。

1.3　我国地方铁路发展现状

在国家铁路部门的大力支持下，地方铁路经过几十年的建设，已成为我国铁路运输中的一支重要生力军，在改善铁路网络布局、补充干线铁路运输的同时，也在开发地方资源、发展地方经济、助力区域协同发展等方面发挥着举足轻重的作用。

何谓地方铁路？《中华人民共和国铁路法》（1990年9月7日第七届全国人民代表大会常务委员会第十五次会议通过。1991年5月1日起施行）第二条规定：本法所称铁路，包括国家铁路、地方铁路、专用铁路和铁路专用线。国家铁路是指由国务院铁路主管部门管理的铁路。地方铁路是指由地方人民政府管理的铁路。专用铁路是指由企业或者其他单位管理，专为本企业或者本单位内部提供运输服务的铁路。铁路专用线是指由企业或者其他单位管理的与国家铁路或者其他铁路线路接轨的岔线。《中国地方铁路运营管理办法》(1988年12月19日铁道部发布)规定,地方铁路系指地方为主筹资建设,由地方独自或联合经营管理,承担社会运输的铁路。根据上述定义,考虑到当前铁路投融资改革和建设、运营发展的实际,地方铁路可表述为:是由地方人民政府授权机构或者社会资本投资控股、承担社会运输任务的铁路。

目前,全国铁路运营里程为146330.4 km,其中国家铁路128349.5 km(含国铁控股合资铁路 58944.6 km),地方铁路 17980.9 km(含国铁非控股9535.8 km,原地方铁路统计口径 8445.1 km)。2020年,铁路全行业旅客发送量完成22.03亿人次,其中地方铁路7428万人次;全行业旅客周转量完成8266.11亿人 km,其中地方铁路179.32亿人 km。2020年铁路货全行业货物发送量完成44.58亿t,其中地方铁路8.8亿t;全行业货物周转量完成30371.79亿t·km,其中地方铁路为3140.52亿t·km。2021年1—6月,地方铁路完成投资278.64亿元,比上年同期增加96.2亿元,同比增长52.7%。

1.3.1　崛起与发展阶段(1958—1978)

地方铁路是在20世纪50年代末期发展起来的。当时,随着第一个五年计划的提前完成和社会主义改造的完成,国民经济发展较快,客货运输需求迅速增长,运输状况十分紧张。各地区为发展本地区经济,需要解决交通运输问题,这为大力兴建地方铁路提供了社会条件。1958年5月15日,铁道部部长滕代远在中国共产党第八届全国代表大会第二次会议上以《怎样把铁路修得快些、办得好些》为题的发言中,提出"全党全民办铁路"的方针,得到毛泽东主席的赞成。同年6月1日,铁道部党组在向中央作的《关于铁路权力下放意见的报告》中,提出为了适应工农业飞跃发展的需要,必须坚决改变铁路从建筑到管理全部权力集中于铁道部"一家独办"的做法,要给地方以修路的权力,采取双重领导的办法。9月,在全国铁路工作会议上,有关文件又明确提出,由地方投资修建铁路并由地方经营管理,所获利润全部归地方。

1958年11月7日,铁道部副部长吕正操向中央呈报,内容以《我国铁路建设的道路》为题发表在《红旗》杂志上。他在文章中指出,现在多修铁路、快修铁路已成为大家的普遍愿望,许多地方开始有办铁路的经验(包括"大洋、小土")。我国铁路建设的根本道路应该是:高速度、新技术;大中小铁路并举,钢(轨)铁(轨)并举;高中低标准结合,土洋结合;边运、边改、边建;多种经营,全面发展。这是结合当时的国情、路情,明确提出贯彻中央"两条腿走路",调动中央和地方积极性办铁路的方针,为铁路建设特别是地方铁路建设指明了方向,为在我国掀起大办地方铁路的高潮,奠定了思想基础。这些都充分说明,地方铁路的发展,从一开始就受到党和国家的高度重视。

1958年6月19日,山西盂县土铁路建成通车后,在全国范围内各省、市、自治区出现了兴办地方铁路的高潮。据不完全统计,建成的主要线路有:河北省——高(碑店)易(县)线、大(郭村)宋(家峪)线、定(县)灵(山)线、望(都)白(合)线、邯(郸)常(马庄)线、深(县)前(磨头)线、安平线、秦(皇岛)石(门寨)线、辛成线、磁(山)涉(县)线;广西壮族自治区——渠(黎)东(罗)线;山东省——济(宁)兖(州)线、博(兴)小(营)线、淄(博)东(营)线、张(店)北(镇)线;辽宁省——锦(州)木(材公司)线、开(原)西(丰)线、灌(水)小(孤山)线、海城线;湖南省——醴陵至南桥段(后扩建到浏阳)益(阳)五(冲)线、新邵县共青线;河南省——漯(河)舞(钢)线、济(源)沁(阳)段、开(封)柳(园口)线、汤(阴)濮(阳)线、方(庄)修(武)线;浙江省——杭(州)牛(头山)线;天津市——津(汉沟镇)蓟(县)线;吉林省——长(春)郭(前郭)线、团(材)杉(松岗)线;黑龙江省——勃(利)七(台河)线、北(安)龙(镇)段;江西省——景(德镇)涌(山)线;青海省——西(宁)大(通)线等。

位于河北省石家庄的大宋地方铁路,从1958年到1960年,各地共修建成不同类型的地方铁路201条,总长2478 km。1960年9月,中央提出"调整、巩固、充实、提高"的八字方针,全国进入国民经济调整时期,经济形势发生了很大变化,一部分仓促上马、盲目建设或过于简陋的"土铁路"被拆除，其他运距较长、吸引范围和服务对象比较广泛、设备齐全的地方铁路在调整中得到巩固和加强。为了解决地方铁路发展中的一些问题，1959年11月，铁道部副部长吕正操在全国铁路领导干部会议上指出，小洋、小土铁路，是大铁路的羽翼、大铁路的主要助手。没有它，大铁路就飞不起来，所以我们有责任把小土、小洋铁路培养起来，使小土群、小洋群与大洋群相结合。搞铁路，我们总比别人多知道一些，所以扶植小铁路责无旁贷。在讲到关于对地方铁路管理的问题时，他说，一种意见是铁路部门负责指导，交通部门或各企业负责管理；一种是交通部与铁道部分工，铁道部门管与大铁路联轨的标准轨铁路，其余由交通部管。这两种办法，不妨都可试一试，经过一两年，意见就会统一。如省委意见，一定要我们管，那我们就管起来，成立专门机构，建立单独的经济核算机制，列入地方预算，自负盈亏。不论哪种办法，铁路都要负技术指导、训练人员的责任。丰富深刻的讲话内容，为地方铁路的调整和继续发展，以及制定各项管理政策，提供了重要依据。不久，他又在第二届全国人民代表大会第二次会议上发言，强调："修建地方铁路是我国铁路建设的长期方针。有大铁路就有地方铁路。大铁路与地方铁路的关系，是干与支的关系，网与络的关系。"1960年1月，铁道部在蚌埠召开全国地方铁路技术经验交流现场会议，有27个省、市、自治区的代表共596人参加会议。会议总结了地方铁路的优越性，拟定了地方铁路勘测设计及技术条件、各种铁轨的铸造工艺、机车车辆制造和修理、施工管理和运输组织工作等五个技术文件。在中央和地方并举的方针下，地方铁路应当由地方自筹资金，自力兴建，自己管理，自计收益。并规定以1435 mm和762 mm作为地方铁路的轨距。关于地方铁路的组织领导问题，会议一致认为，在省、市、自治区党委和人民政府的领导下，设置专门机构，并建议铁道部成立地方铁路管理总局，归口管理地方铁路的建设规划、技术指导和经验交流等。这是我国地方铁路行业的第一次会议，受到党中央的高度重视。1963年、1964年，国家计委、国家经委两次颁发了《关于地方铁路的管理规定》和《关于地方铁路工作的几项规定（草案）》，对地方铁路的适用范围、管理体制、运输和建设计划、基建程度、物资分配等作了规定，使全国地方铁路走上了健康发展之路。经过三年调整，地方铁路的数量虽然有所减少，但线路质量、技术标准以及在国民经济中的作用不断提高，解决了发展方向、管理体制等主要问题。地方铁路的快速发展，引起了中央和各地、各部门的重视，特别是经过几年的调整和管理，地方铁路获得了新的生命。"三五"和"四五"期间，地方铁路随着工农业生产的发展，又出现了一个新的建设高潮。

1966—1975 年的 10 年间，全国地方铁路新建通车里程 3300 多 km，其中与国家铁路配合修建了 1600 km，具体情况如下。湖北省——汉（口）丹（江口）线；湖南省——永（浪石坪）耒（阳）线、珠（矶滩）龙（龙塘煤矿）线、益五线灰山港至煤炭坝段、廉（桥）群（群力煤矿）线、西（衡阳西站）合（合江套衡阳电厂）线、白（沙坪）南（南阳煤矿）线；河南省——韩（岗）郸（城）线、辉（县）吴（吴村煤矿）线、明（港）毛（集）线、漯（河）周（口）线、朝（阳沟）杞（县）线、驻（马店）新（蔡）线、舞（阳）南（阳）线；四川省——资（中）威（远）线、成汉线（青白江至灌县）德（阳）天（汉旺）线、广（元）罗（家坝）线；辽宁省——新（阜新）阜（阜新西灰厂）线、北（票）宝（国老）线；黑龙江省——林（海）碧（水）线、桦（南）阳（向阳）线；广西壮族自治区——桂海线、岔（三岔）罗（城）线、洛（普）茂（贵州省更班）线、金（城江）红（山矿区）线；福建省——梅（水坑）福（德）线、龙（岩）坎（市）线、永（安）加（福）线、福（州）马（尾）线；安徽省——青（龙山）阜（阳）线；山东省——辛（店）泰（安）线；新疆维吾尔自治区：小黄山窄轨铁路，乌鲁木齐北站至小黄山；浙江省——杭（州）长（兴）线、长（兴）湖（州）段（合资建路）、洪（塘）镇（海港）线、庄（桥）白（沙）桥；河北省——邯（郸）野（河）线、广（平）陶（馆陶）线、唐（山）遵（化）线；天津市——李（七庄）南（疆港）线等。进入 20 世纪 70 年代后半期，地方铁路发展的速度放慢。这期间主要建成通车的线路有：河南省的商（丘）永（城）线、条（山）泌（阳）线、濮（阳）范（县）线；北京市的三（平）马（坊）线、康（庄）延（庆）线；辽宁省的凌源线；山东省的济（宁）菏（泽）线。到"五五"期末的 1980 年，全国地方铁路的营业里程比"四五"期间减少了 108 km，主要原因是建成的线路少，并有一些铁路交给铁道部管理。

1.3.2　规范化发展阶段（1978—2012）

党的十一届三中全会吹响了我国改革开放的号角，党的工作重心转移到实现四个现代化、以经济建设为中心的轨道上来，我国进入了一个新的发展历史时期。随着改革开放的不断深入，国民经济呈现全面发展的态势，迫切需要铁路运输有一个与之相应的历史性大发展。铁路运输紧张，已成为国民经济发展的瓶颈，许多地方政府越来越感到交通滞后制约了经济发展，一些地区纷纷提出铁路建设项目，要求自筹资金或与铁道部合资建设区内或跨地区的铁路。1983 年 3 月，国家经委、国家计委、铁道部、财政部联合批转了国家经委综合运输研究所提出的《关于发展地方铁路的几项政策建议》对地方铁路的建设方针、地方铁路建设资金的来源和物资供应、地方铁路的管理体制、地方铁路的财政税收政策、企业共用铁路的问题等都作了规定。1984 年 6 月，国家计委、国家经委转发了铁道部《关于发展地方铁路若干问题的报告》，报告中对地方铁路的发展提出了若干政策。主要是：坚持"两条腿走路"的方针，大力发挥地方的积极性，使地方铁路有较快的发展；坚持以地方自筹为主、国家酌情给予补助的原则；实行"以路养路""以路建路"的政策，改革地方铁路管理体制等。这些政策文件对指导地方铁路建设经营管理工作起了很大作用，推动了地方铁路的全面发展。1993 年 3 月 10 日，《人民日报》发表了题为《抓住有利时机加快铁路建设》的社论，指出："加快铁路改革和发展，要大力贯彻人民铁路人民建的方针，要走改革之路，充分调动各方面建设和管理铁路的积极性。要改革国家独资修路的模式，发挥中央和地方两个积极性。实践证明，地方铁路投资省、工期短、经营活、效益好。要广开渠道，大力兴办地方铁路。"十多年中，国家相继出台了加快铁路发展的重大政策措施，提高了铁路建设基金征收标准，明确了新路新价和合资建路的政策，开始形成了以基金为主，利用外资和国内贷款，以及多渠道吸收地方政府、企业和社会资金，加快铁路建设的新格局。在中国地方铁路协会的积极努力下，地方铁路的工作呈现一派欣欣向荣的景象。发展规划和建设计划已纳入地方和国家计划，运输计划也正逐步纳入铁道部和各级铁路管理部门的计划。这是发展地方铁路千载难逢的历史性机遇。

"八五"末期的 1995 年，全国地方铁路运营里程达 5034 km（其中准轨 3166 km，窄轨 1868 km）。"七五"和"八五"10 年期间，全国地方铁路总投资 62.2 亿元（其中向铁道部贷款近 5 亿元，其余均为地方自筹资金），以开拓进取的改革姿态，共完成正线铺轨 2540 km。主要线路有：黑龙江省：嫩江—黑宝山线、龙镇—黑河线；吉林省：图们—珲春线；辽宁省：海城—岫岩线、城子坦—庄河线、锦州港后方铁路高天线、丹东港后方铁路前大线；河北省：沧州—大口河线、馆陶—山东省聊城线；天津市：李七庄—东大沽线、周李庄—芦北口线；山东省：桃村—威海线、益都—大家洼线（羊口）、坪上—岚山头线；河南省：漯河—安徽省阜阳线、汤阴—柳屯线、平顶山—禹县线；湖北省：荆门—沙市线；宁夏回族自治区大坝—古窑子线；四川省：隆昌—泸州线、万盛—南川线、青白江—温家店线；山西省：庄儿上—火山线、孝义至柳林线；广西壮族自治区：钦州—北海线；云南省昆明—玉溪线；江苏省：南京城北铁路环线、镇江—大港线等。更为可喜的是一批合资铁路也相继建成投入运输，截至 1996 年年底，已通车的有北疆线、包头—神木线、集宁—通辽线、合肥—九江线、三水—茂名线、广州—梅州—汕头线。另外，在建的地方铁路有：陕西省延安—神木铁路的神木—榆林段，江苏省新沂—淮阴段，广西的玉林—梧州线，河南省濮阳—台前段，黑龙江省的友谊—宝清线，山西省的武乡—墨镫线、沁源—沁县线、宁武—静乐线、岢岚—瓦塘线、阳泉—涉县段，广东省的惠州—澳头港线、阳春—阳江线、春湾—罗定线，甘肃省的平凉—长庆桥线，河北省虎什哈—丰宁线、沙城—蔚县线，山东省的青州—临朐等线路。"九五"期间，地方铁路规划纳入了行业总体规划，地方铁路从结构上开始调整，拆除了部分运量小、经营亏损的窄轨和少量准轨铁路。2000 年与 1985 年相比，准轨铁路从 785 km 增加到 3500 多 km，窄轨从 2150 km 减少到 1390 km，但在整体上提高了地方铁路的质量。"九五"

期间完成客运量 3000 万人次，客运周转量 22 亿人次，货运量 3.7 亿 t，货物周转量 220 亿 t·km，运输收入 47 亿元，上缴税金 1.7 亿元。

从"九五"直到 2010 年，是我国改革开放和社会主义现代化建设的重要时期。由于国家经济实力增强，因而具有比较雄厚的物质基础，深化改革和扩大开放为继续发展注入新的活力，国家有充分的条件继续实现经济的较快增长和社会全面进步。地区经济和社会发展对铁路运输的需求，不是其他运输方式所能满足的。大宗货物运输集中的地区对铁路建设的要求更加迫切。除了国家负责建设的大干线以外，大部分铁路将采用国家与地方共同出资建设，而国家财力顾不到的线路将由地方筹资建设，在全国各省、市、自治区，"九五"期间这部分铁路新规划了 5000 多 km。

地方铁路的发展以国民经济发展纲要和铁路网 2010 年远景目标为依据，即"九五"期间铺轨力争完成 1000 km；到 20 世纪末，全国地方铁路运营里程达到 6000 km 以上，年客运量达到 1000 万人次，货运量达到一亿 t，货物周转量达到 50 亿 t·km，经济效益增 2 倍。

1.3.3　高质量发展阶段（2012—2022）

党的十八大以来，地方铁路行业坚持以习近平新时代中国特色社会主义思想为指导，全面贯彻党中央、国务院的决策部署，地方铁路建设、运营取得了历史性成就。

这十年，地方铁路规模大幅提升，基本建设投资年均完成较十年前增长了 19.36 倍，地方政府及企业对国家铁路、合资铁路、地方铁路年均投资增长了 2.11 倍。截至 2021 年，地方铁路营业里程达到 1.95 万 km，较十年前增加 1.22 万 km，增长了 1.67 倍。

2012—2021 年地方铁路营业里程如图 1-3 所示。

这十年，地方铁路旅客发送量年均完成 6117.6 万人，旅客周转量年均完成 125.46 亿人 km，分别较十年前增加 4643.6 万人、97.12 亿人 km，分别增长了 4.15 倍和 4.43 倍。

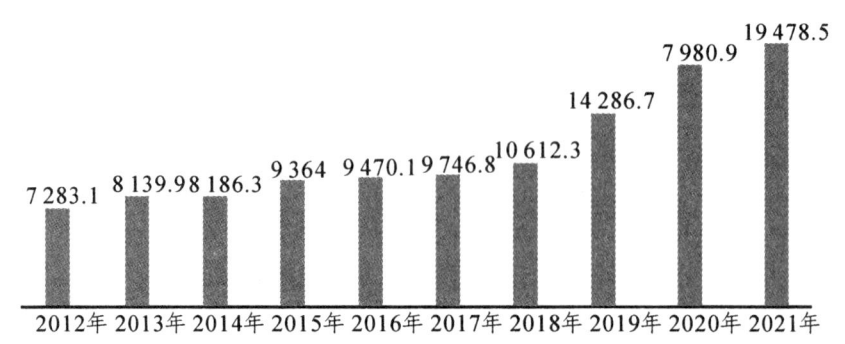

图 1-3　2012—2021 年地方铁路营业里程（单位：km）

2012—2021 年地方铁路旅客发送量及周转量如图 1-4、图 1-5 所示。

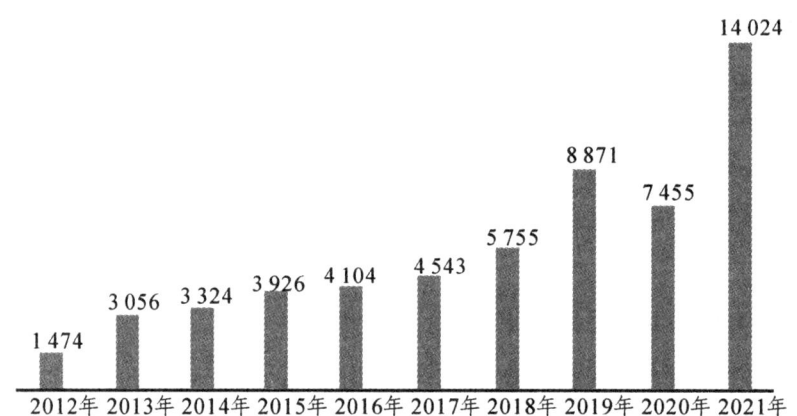

图 1-4　2012—2021 年地方铁路旅客发送量（单位：万人）

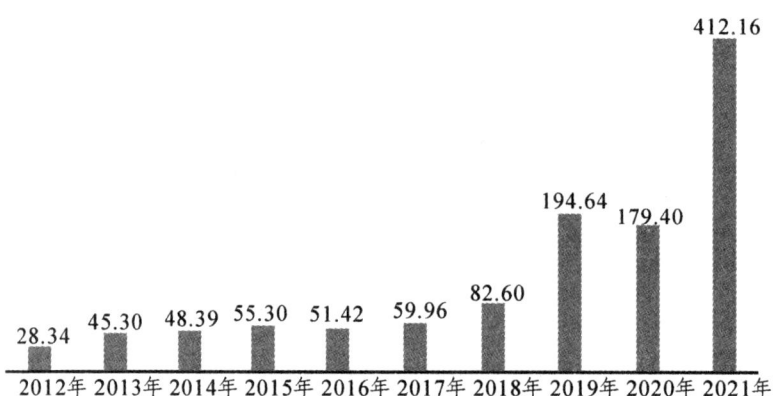

图 1-5　2012—2021 年地方铁路旅客周转量（单位：亿人 km）

这十年，地方铁路货物发送量年均完成 79 008 万 t、货物周转量年均完成 2775.75 亿 t·km，分别较十年前增加 12 139 万 t、809.38 亿 t·km，分别增长了 1.18 倍和 1.41 倍。

2012—2021 年地方铁路货物发送量及周转量如图 1-6、图 1-7 所示。

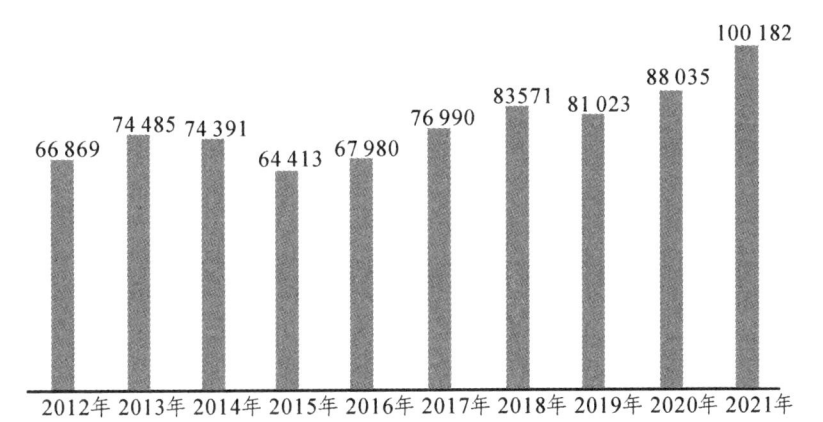

图 1-6　2012—2021 年地方铁路货物发送量（单位：万吨）

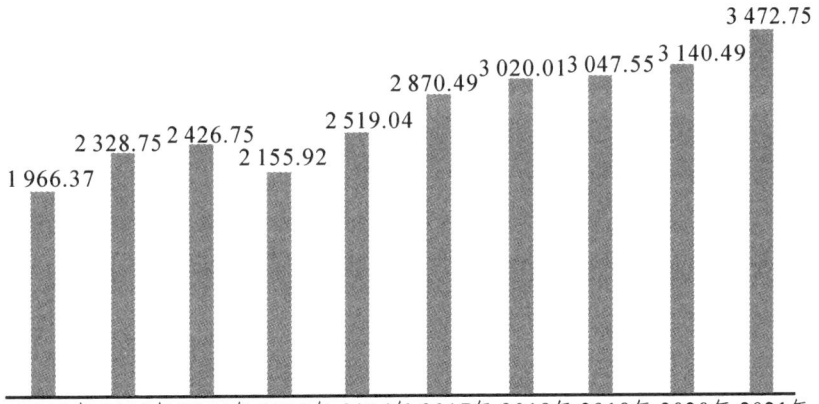

图 1-7　2012—2021 年地方铁路货物周转量（单位：t·km）

1.3.4　全面提高地方铁路的管理水平阶段

从 20 世纪 50 年代末发展起来的地方铁路，无论在管理体制上还是在建设和运营管理上，都处于粗放型状态。基建与运营是一个整体，建设地方铁路是手段，运输营业才是目的，才能产生经济效益和社会效益。在计划经济管理体制下，投资主体不承担投资风险，有些线路建成后，运输效能不高，经济效益不够理想。有的负债经营，计划是"先通后备"，实际上是"通而不备"。有的线路设备得不到改造、更新，甚至有些线路设备得不到利用，不要说扩大再生产，就是简单再生产也难以为继，甚至靠吃老本、靠政府补贴过日子。当然，在地方铁路刚刚兴起的时候，铁道部领导就满腔热情地给予支持，积极参与扶持。1960年1月，铁道部在蚌埠召开全国地方铁路技术经验交流会，全国27个省、市、自治区和中央有关部委596人参加，共商地方铁路大事。党中央非常重视地方铁路的建设，1960年2月中共中央发出文件，转发了铁道部党组呈送的《全国地方铁路现场会议的报告》。中央在文件中指出，地方铁路原则上由地方负责领导和管理；由铁道部归口负责技术指导、交流经验、培训干部。后来，铁道部成立了地方铁路管理总局，为地方铁路制定有关运营管理、线路养护维修、机车车辆检修保养、运输成本测算等一系列办法和规定，为地方铁路的管理工作打下了好基础。但是由于历史的原因，管理机构变动较大，六七十年代铁道部和各地方铁路管理机构多次变化，使各项管理工作的基础不牢，停留在一般的管理水平上。党的十一届三中全会以后，改革开放逐步深入，我国经济形势发生了深刻的变化，企业从生产型向生产经营型转变，对经济体制、经营机制的改革步步深化，这就为地方铁路的管理工作提出了新的课题：分散在全国各地的地方铁路靠什么来统一协调，进行全行业的管理，以适应经济改革的步伐，适应社会主义现代化建设的需要。

行业协会是我国经济体制改革的产物，是伴随着政府部门职能转变和机构改革的进程发展起来的新型社会团体。中国地方铁路协会的产生是地方铁路事业发展的客观需要，是生产关系适应生产力这一规律的必然产物，也是地方铁路部门的共同愿望。1983年6月，由铁道部计划局和国家计委综合运输研究所在四川省彭白地方铁路局召开的有关地方铁路局领导和专家参加的会议上，大家一致建议成立一个由地方铁路运输企业、地方铁路工业企业自愿联合组织的群众团体——中国地方铁路协会。这一建议得到当时担任全国政协副主席的吕正操老部长和铁道部部长陈璞如同志的支持。同年，中国地方铁路协会筹备组成立，对全国地方铁路进行行业管理和业务指导。1984年3月，在广东省三水市召开了中国地方铁路协会成立大会，吕正操同志担任总顾问、陈璞如同志担任名誉会长，铁道部副部长李克非同志担任会长。中国地方铁路协会挂靠在铁道部，受国家计委、国家经委领导。协会的成立，是中国地方铁路发展的里程碑，改变了地方铁路20多年来管理分散、各自为政的状况，走上了行业管理的道路。地方铁路协会担负了对全国地方铁路行业管理的职能，积极组织各省、市、自治区地方铁路系统和有关部门探讨发展地方铁路的具体方针、政策和重大措施；认真执行国家发展地方铁路的各项方针政策，深入贯彻"固本简末、先通后备"的原则，组织编制了地方铁路中长期发展规划；受主管部门的委托，负责平衡、安排地方铁路年度基本建设投资计划，在调查研究的基础上，组织交流地方铁路建设和管理方面的经验，狠抓有关地方铁路的法规建设；协调实现了国家铁路与地方铁路之间的联建、联营、联运；在总结经验的基础上帮助企业扭亏增盈；进行了大量的技术咨询工作，推进了地方铁路各项工作，使地方铁路工作步入良性循环、正常快速发展的轨道。在此之后的几次机构变动中，对于地方铁路在中央、地方管理层次中以什么样的管理形式为好，两位老部长意味深长地说过，还是协会的形式好，便于协调。改革实践证明，协会的行业管理是为地方铁路企业做好协调服务的好形式。

1.3.5 地方铁路与国家铁路关系现状

国家运输结构的不断深化调整，对铁路提升运输效率效益提出了更高的要求，地方铁路作为路网中的毛细血管，有效促进了中国国家铁路集团有限公司路网与煤矿、港口等企业之间的互联互通，助力国家铁路承担更多的社会货运量。因此，在分析国家铁路与地方铁路在基础设施、运输组织、信息化互通等方面的适应性基础上，以提升作业流程便利度、提高作业效率时效性、实现货运组织效益最大化为目标，提出两者间的融合发展优化对策，为铁路货运高质量发展、运输结构深化调整提供支撑。

根据《中华人民共和国铁路法》《中国地方铁路运营管理办法》有关规定，考虑到当前铁路投融资改革和建设、运营发展的实际，地方铁路涉及的范围为由地方人民政府授权机构或者社会资本投资控股、承担社会运输任务的铁路。

2013年8月发布的《国务院关于改革铁路投融资体制 加快推进铁路建设的意见》，进一步鼓励地方铁路建设，经过多年的建设发展，地方铁路在铁路运输中扮演着越来越重要的角色。近5年间，地方铁路营业里程不断扩张，年均增长率为18.9%。其中，地方控股的铁路营业里程增速较快，年均增速为31.6%，占地方铁路全营业里程的比重由2017年的37.0%提升至2021年年的55.5%。截至2021年年底，地方铁路共有279条，其中全资地方铁路线路共99条，地方控股线路共180条；营业里程为1.95万km，其中客运线路5438.22 km，占总运营里程的27.9%；货运线路5452.74 km，占总运营里程的28.0%；客货混跑线路8587.53 km，占总运营里程的44.1%。2017—2021年地方铁路营业里程变化情况如图1-8所示。

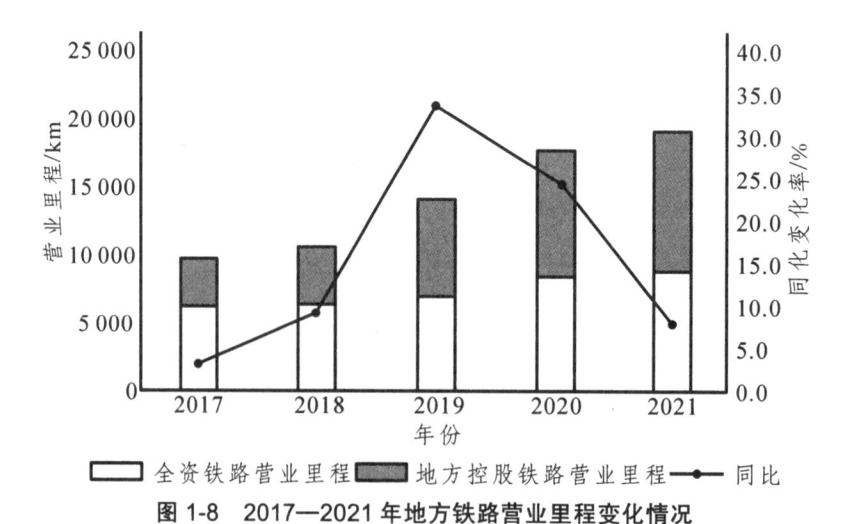

图1-8 2017—2021年地方铁路营业里程变化情况

2017—2021年,地方铁路货运量呈现持续增长的态势,年均增速为6.8%。其中,地方控股铁路的货运量占比逐步减少,由2017年的68.3%下降至2021年的59.5%。2021年,全国地方铁路货物发送量完成100183万t,同比增长13.8%;全国地方铁路货物周转量完成3472.79亿t·km,同比增长10.6%。2017—2021年地方铁路货物运输量变化情况如图1-9所示。

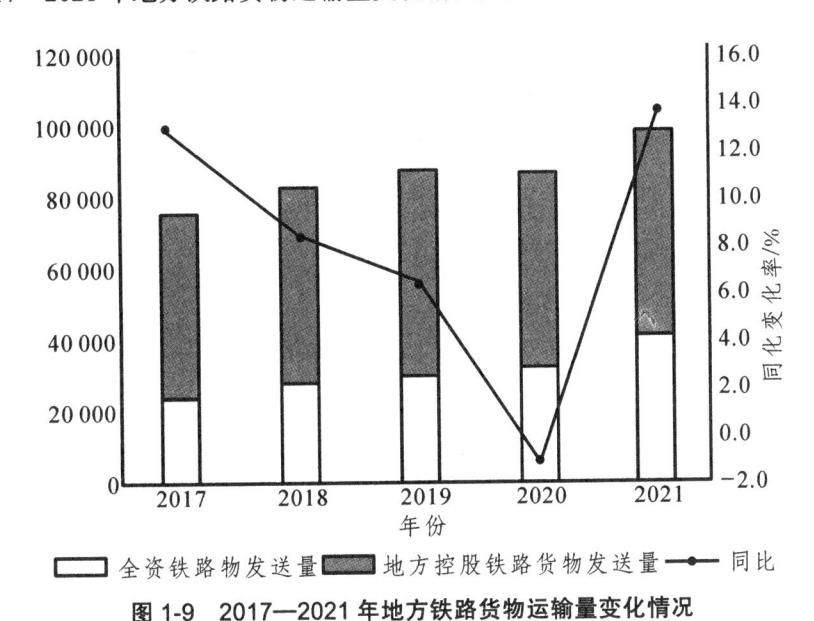

图1-9 2017—2021年地方铁路货物运输量变化情况

1.3.5.1 地方铁路法规体系现状

为了加强地方铁路管理,我国部分省、市、自治区结合地方铁路发展实际,制定并出台了一些法律法规。1994年4月28日,河南省第八届人民代表大会常务委员会第七次会议通过《河南省地方铁路管理条例》(2016年3月29日河南省第十二届人民代表大会常务委员会第二十次会议进行第三次修正)。2006年3月29日,吉林省第十届人民代表大会常务委员会第二十九次会议通过《吉林省地方铁路条例》。2007年5月24日,河北省第十届人民代表大会常务委员会第二十八次会议通过《河北省地方铁路条例》。2018年9月30日,广东省第十三届人民代表大会常务委员会第五次会议通过《广东省铁路安全管理条例》。2019年7月25日，广西壮族自治区第十三届人民代表大会常务委员会第十次会议通过并公布了《广西壮族自治区铁路安全管理条例》。2020年5月，《江苏省铁路安全管理条例（草案）》纳入江苏省人大常委会年度立法计划安排。2020年11月，山东省第十三届人大常委会第二十四次会议初次审议了《山东省铁路安全管理条例（草案）》。2020年12月30日，上海市第十五届人民代表大会常务委员会第二十八次会议通过《上海市铁路安全管理条例》。2021年3月21日，吉林省十三届人大常委会第二十四次会议审议了《吉林省铁路安全管理条例（草案）》。

可以看出，截至2021年，我国仅有河南、河北、吉林等部分省制定出台了地方铁路管理条例，上海、广东、广西等省、区、市出台了地方铁路安全管理条例，大部分省、区、市仍处于制定过程中或征求意见阶段。地方铁路法律法规的出台，对于提升地方铁路运营安全和效率效益，加强地方铁路法制化管理发挥了重要作用。但总体而言，我国地方铁路立法较为滞后，大部分省、区、市仍未制定出台相关铁路法律法规和配套办法，目前已出台的法律法规也主要集中在铁路安全方面，缺少铁路建设、运营管理、投融资等方面的法规制度。[①]

1.3.5.2 地方铁路与国家铁路联系现状

——基础设施衔接方式

地方铁路与国家铁路基础设施的互联互通包括硬件和软件两个层面。硬件方面，即需要保障地方铁路网与国家铁路网对接，两者通过接轨站连接；软件方面，即地方铁路需要按照相应规定，向国家铁路递交接轨申请，国铁集团、铁路局集团公司在收到申请后，从规划符合情况、接轨方案情况、路网能力适应情况、运营管理模式、路网整体效益情况、工程和运营安全情况、其他内容等方面进行审查。审查通过后，可以实现地方铁路与国家铁路的接

---

① 余华龙. 国外铁路改革模式的分析及借鉴[J]. 江西青年职业学院学报，2005（2）:7-10+21.

轨。目前，大部分地方铁路与国家铁路之间已实现接轨，这有助于铁路网向企业延伸。

——运输组织联通模式

由于地方铁路经营模式的不同，其与国家铁路联通的运输组织模式也略有不同，主要分为以下3类。

① 委托铁路局集团公司管理。在这种情况下，部分铁路局集团公司会将地方铁路的运输任务纳入国家铁路车站的调度作业计划范围，有助于提升两者间的作业效率。

② 地方铁路负责管辖区域内的运输组织。当地方铁路全部由自己负责运营或委托和自管相结合的方式进行管理时，对于地方铁路管辖区域，由其自己承担运输相关作业，双方在接轨站进行货车交接手续，由地方铁路机车完成管辖范围内的货车接取、送达作业。

③ 路企直通模式，即地方铁路与国家铁路签署过轨协议。此种模式不设立独立的接轨站，国家铁路的机车可以直接将货物推送至地方铁路的车站，在地方铁路完成货运作业后，再由国家铁路机车将货车取出，运送至终到站。反之，亦然。

——信息互联互通方式

根据国家铁路与地方铁路间管理模式的不同，两者间信息互联互通程度可以分为以下3类。

① 在全部委托铁路局集团公司管理方式下，地方铁路使用的信息系统与国家铁路统一。采用该管理模式的地方铁路，使用与国家铁路一致的货运系统，包括中国铁路95306网货运电子商务系统（以下简称"铁路95306平台"）、确报系统、现车系统等，但在使用权限方面存在一定的差异。

② 在委托和自管相结合的方式下，地方铁路部分线路采用国家铁路信息系统，部分仍然使用企业自营系统。在该种管理模式下，未委托管理的部分，企业用自己的货运系统，如邯黄铁路（小康庄—渤海东）。该线路渤海西

及其以西区域委托国家铁路管理,相应的车站已纳入铁路95306平台,并使用国家铁路货运系统;而渤海西以东区域为邯黄铁路自管区域,该区域应用的是邯黄铁路自己的货运信息系统。

③ 在完全自管的方式下,地方铁路使用本企业的信息系统,部分系统与国家铁路系统并未实现接通。采用该种管理模式的铁路,与国家铁路间的运输为联合运输,采用"两单制"运输方式,即货物在国家铁路与地方铁路运输管辖范围内采用不同的运输单证。在这种管理模式下,对于到达地方铁路的货车,地方铁路会安排企业人员至接轨站办公,从国家铁路货运系统中获取货车到站信息,再传递给对应的调度、货运部门,安排接车、装卸车等工作;对于从地方铁路发运、需经国家铁路至终到站的货物,则地方铁路会提前将信息上报,客户可以从铁路95306平台直接提报国家铁路运输部分的相应需求,并实时查询货车运行情况。[①]

1.3.6 浙江省铁路现状及规划

截至"十三五"末,浙江省铁路运营里程达到2877 km,设计速度200 km/h及以上的快速铁路运营里程1500 km,铁路网密度为3 km每一百平方千米。目前,全省共有铁路出省通道10个,90个县(市、区)已有79个通达铁路或有铁路项目在建。除舟山外,10个设区的市开通动车,基本形成杭州至长三角主要城市1小时交通圈、至设区市2小时高铁交通圈,铁路现代化事业实现了全方位的提升。

浙江省设计速度 200 km/h 及以上的地方铁路建设一般委托沪昆铁路客运专线浙江有限责任公司(国铁上海局集团子公司)、沿海铁路浙江有限公司(国铁上海局集团控股子公司)代建;设计速度 200 km/h(不含)以下的地方铁路建设一般由地方成立项目公司组织建设。浙江省地方铁路自2015年5月自主建设乐清湾铁路以来,历经金台铁路自主建设,湖杭铁路、衢丽铁路(丽水至松阳段)、杭温铁路(杭州至义乌段)、金建铁路委托建设,已具备铁

---

① 余华龙. 国外铁路改革模式的分析及借鉴[J]. 江西青年职业学院学报, 2005(2): 41-42.

路前期工作、建设管理和竣工验收等自主建设经验，并实现采矿权出让金司法确认不缴、首次地方安全质量监管等多项创新，具备地企协调优势。结合国铁集团在铁路建设行业领先的专业优势，充分发挥路企强强联合优势，已具备铁路建设"共建共管"基础。

规划到 2025 年，基本形成"五纵五横"客运网络和"五横三纵多联"货运网络主骨架，基本构建杭州至省内主要城市、长三角中心城市 1 小时铁路交通圈，至海西经济区及长江中游城市群 3 小时铁路交通圈，至京津冀城市群、珠江三角洲城市群 5 小时铁路交通圈。全省铁路总里程达 5000 km，其中速度 200 km/h 及以上快速铁路里程达 2500 km，快速铁路网密度继续位居全国前列，地区铁路枢纽配套能力有效提升。

1.4 我国地方铁路管理现状

当前我国铁路正处于高质量发展的重要战略机遇期。随着铁路投融资体制改革的深入，地方政府在铁路发展中的作用和承担的责任逐步加大。建立适应铁路发展新形势的地方铁路投资建设管理体制，对于推进铁路高质量发展十分重要。

1.4.1 新时期铁路发展的特点

随着铁路建设的快速推进，我国铁路网规模不断扩大，运力紧张状况已基本缓解。"十四五"期间铁路建设投资规模将继续保持高位运行，但铁路发展已由规模速度型阶段转入质量效益型阶段，将呈现以下几个新特点。

● 建设重心由干线通道为主向通道、城际、市域铁路、支线（含集疏运专用线）并举转变

经过 10 余年以通道为主的大规模建设，铁路网骨架基本形成，通道整体能力基本适应经济社会发展的需要。目前，铁路建设的主要矛盾已经由

解决通道能力短缺逐步转向解决结构性失衡问题，建设重心也将发生相应的变化。

① 在通道建设上，围绕完善路网结构，在适度加强路网密度的同时，把重点放在打通网架骨干通道的"断点"和"堵点"上。

② 适应区域经济协调发展和新型城镇化的需要，连接大中城市之间的城际铁路及都市圈内部城市之间的市域（郊）铁路将成为铁路建设的重点领域。"十四五"期间，长三角、粤港澳、京津冀、成渝等城市群都市圈将成为铁路建设的重点地区。

③ 聚焦解决前后"一公里"问题，加快推进货运集疏运系统建设，降低物流成本，推进节能减排。

④ 加快推进综合交通枢纽建设，促进多种运输方式有效衔接。

● 铁路投融资由中央为主向中央、地方和社会资本分类分层转变

随着铁路投融资体制改革的推进，铁路分类分层建设的趋势将持续深化并逐步规范。《国务院关于推进中央与地方财政事权和支出责任划分改革的指导意见》（国发〔2016〕49号）和《交通运输领域中央与地方财政事权和支出责任划分改革方案的通知》（国办发〔2019〕33号）两个文件，将落实地方政府职责具体化。一方面，在新建项目上，国铁集团将主要投资于国家铁路网的干线通道项目，其他项目主要依靠地方政府和社会资本建设。2020年，新建铁路项目资本金中地方政府和社会资本已经达到59%。另一方面，在铁路存量上，国铁集团正在大力推进国有资本布局调整，推动国铁资本向国家铁路网干线集中。地方政府除了承担由中央与地方在铁路行业的共同财政事权外，承担的支出责任主要是城际铁路、市域（郊）铁路、支线铁路、铁路专用线的建设、养护、管理、运营等。

● 发展重点由建设为主向建设、经营并举转变

随着铁路建设的快速推进，铁路网基础设施支撑能力显著提高。提高铁路基础设施的经营效率和效益，不仅体现了铁路建设的成效，而且对降低物流成本、防范和化解铁路债务风险、实现碳达峰和碳中和等具有重要意义。

① 要加快推进铁路企业由运输生产型向经营管理型转变，强化铁路企业市场主体地位。

② 要加快铁路企业经营机制转变，提高市场经营意识，增强市场经营能力，提高铁路客货运输服务质量，提升市场竞争力。2020年5月，国务院办公厅发布《关于进一步降低物流成本实施意见的通知》（国办发〔2020〕10号），确定在货运领域开展铁路市场化改革综合试点，旨在通过引入市场竞争机制，推进投融资、规划建设、运营管理、绩效管理、运输组织等改革。

③ 要加快培育运输统一大市场，充分发挥市场机制作用，提高铁路资源配置使用效率。

综上所述，"十四五"期间铁路投资建设继续保持较高规模，但铁路发展重点和投资结构已经发生变化，地方政府承担的责任逐步加大，由过去地方政府发改委、铁路办和投资公司主要负责筹集建设资金、协助征地拆迁等，逐步转变为担负起城际铁路、市域（郊）铁路、支线铁路的投资、建设、维护、管理和经营等全方位责任。这是铁路行业进入高质量发展新阶段的特点和必然，未来地方铁路发展的机遇和挑战并存。面对这种新形势新要求，需要研究探索建立与之相适应的地方铁路投资建设管理体制。

1.4.2 地方铁路投资建设管理体制现状

1.4.2.1 地方铁路的范围

1990年颁布的《铁路法》对铁路的分类是国家铁路、地方铁路、专用铁路、铁路专用线。自20世纪80年代初起，随着国家改革开放和铁路投融资改革的推进，铁道部与地方政府或其他企业合资建设的铁路，称为合资铁路。合资铁路目前大致分为两类：一类是国铁控股的合资铁路，即国铁集团投资为主、地方政府等参股的铁路，如京沪高铁、武广高铁等。另一类是非国铁控股的合资铁路，即以地方政府及社会资本投资为主、国铁参股的铁路，如朔黄铁路、珠三角城际铁路、杭绍台城际铁路等。从铁路投融资的角度看，地方铁路范围大致包括非国铁控股的合资铁路和地方及社会资本投资的铁路

（包括非国铁投资的城际、市域郊铁路和短途集疏运铁路）。

1.4.2.2 地方铁路发展历程

地方铁路起步于 20 世纪 50 年代。20 世纪 80 年代初，随着国家改革开放和投融资体制改革的进行，一些新建铁路项目采取铁道部与地方政府、企业或其他投资者合资建设和经营的合资铁路模式。1992 年，在总结合资建路经验的基础上，国务院批转了国家计委、铁道部《关于发展中央和地方合资建设铁路的意见》（国发〔1992〕44 号），充分肯定了合资铁路的发展方向，鼓励中央和地方合资建设铁路。为此，以地方政府投资为主的合资铁路迅速发展，如三茂铁路、西延铁路、成达铁路等。

2004 年国务院批复《中长期铁路网规划》后，铁路进入大规模建设时期。为充分发挥地方政府参与铁路建设的积极性，铁道部与各省、市、自治区政府签订战略合作协议（通称省部协议），将合资铁路模式推广到几乎所有干线，推动了合资铁路快速成长。很多地方政府设立铁路建设管理协调机构，如铁办（大多数由省市政府直管或设在发改委），并积极组建地方政府铁路投资建设平台，如省铁路投资公司，加速推进项目前期工作，统筹协调解决建设资金筹措和征地拆迁等问题。中央和地方合资建设铁路的模式为加快高铁和全国铁路网建设发挥了重要作用。2006—2018 年以高铁为代表的合资铁路新增营业里程 4.9 万 km，占同期全国铁路新增里程的 88%。

到 2020 年年底，全国铁路营业里程已达 14.63 万 km，其中合资铁路和地方铁路合计已达 7.69 万 km，占全国铁路比重达到 52%。其中，非国铁控股的合资铁路和地方铁路达 1.8 万 km。地方政府和企业每年投入建设资金呈逐年增长趋势，2020 年全国铁路基建项目中地方资本金占比已达 59%。

2013 年铁路行业实现政企分开后，国家发改委、交通部、国家铁路局、国铁集团等对地方铁路的行业管理也确定了各自的职责分工。近几年一些省交通厅也设立了铁路处等相应职能部门。

到 2020 年年底，全国合资铁路公司已超过 210 家，其中已建成运营的公司有 150 家。合资铁路发挥了国铁和地方政府的各自优势，加快了路网建设。但由于合资铁路基本上是按项目组建公司,存在规模过小、层次过多、经营管理分散、负债过重等问题。根据铁路发展趋势,原来"一项目一合资公司"的模式已难以适应现阶段铁路发展的要求。主要表现在:

① 干线通道全线贯通后,多公司分段建设方式与通道一体化运营的矛盾逐步显现,为提高整体效率,需要对干线通道中的多个合资公司进行整合。

② 目前,合资铁路已达到相当大的规模,"一线一公司"的分散发展模式既不利于路地双方对合资铁路的管理,也不利于发挥地方政府在推动地方铁路发展中的优势,需要对应由地方为主建设运营的合资铁路进行整合。

1.4.2.3　推进合资铁路整合

近年来,国铁集团和地方政府正在推进合资铁路公司的重组整合工作。从国铁集团方面来说,按照中央与地方铁路事权划分的原则,调整中央的铁路国有资本布局,有利于强化对合资铁路的集约化管理,优化财务结构,降低资产负债率,改善经营效益。对省级地方政府来说,可进一步加强路地合作,加快本省铁路建设,统筹本省区域内铁路及相关资源,理顺省与市、县级政府的铁路投资关系,更好地发挥铁路在本省经济社会发展中的支撑引领作用。再者,控股省级区域合资铁路公司,有利于借助整合后形成的规模优势,培育地方铁路建设运营管理能力。目前,合资铁路整合的基本做法是:

① 按照干线公司模式整合高铁和其他干线通道,逐步形成"一干线一公司"格局,保留既有的京沪高铁等干线公司;对"一线多公司"干线通道的合资铁路进行整合,组建国铁集团控股的相应干线公司。

② 按照区域合资铁路模式整合应由地方为主的合资铁路线路,以省级为单元组建地方控股的路地区域合资铁路公司,逐步形成"一省一公司"格局,见表1-1;各省(市)铁路投资平台机构见表1-2。

表 1-1 完成"一省一公司"重组的省份和企业

序号	省份	企业名称	股东名称	股比
1	海南省	海南铁路有限公司	中国铁路广州局集团有限公司	58.95%
			海南省发展控股有限公司	30.94%
			中国铁路发展基金股份有限公司	8.37%
			广东省铁路建设投资集团有限公司	1.71%
			海南海控资产管理有限公司	0.03%
2	吉林省	长吉城际铁路有限责任公司	中国铁路沈阳局集团有限公司	58.68%
			吉林省交通投资集团有限公司	30.73%
			中国铁路发展基金股份有限公司	10.59%
3	江苏省	江苏高速铁路有限公司	江苏省铁路集团有限公司	51.23%
			中国铁路上海局集团有限公司	26.04%
			中国铁路发展基金股份有限公司	22.73%
4	重庆市	重庆铁路投资集团有限公司	重庆发展投资有限公司	75.78%
			中国铁路成都局集团有限公司	24.22%
5	山东省	山东铁路有限公司	山东铁路投资控股集团有限公司	42.29%
			中国铁路济南局集团有限公司	40.00%
			山东铁路发展基金有限公司	14.29%
			中国铁路发展基金股份有限公司	3.42%
6	黑龙江省	黑龙江铁路发展有限公司	黑龙江省交通投资集团有限公司	41.61%
			中国铁路发展基金股份有限公司	40.51%
			中国铁路哈尔滨局集团有限公司	17.88%
7	浙江省	浙江省铁路发展控股集团有限公司	浙江省交通投资集团有限公司	64.80%
			中国铁路上海局集团有限公司	27.82%
			中国铁路发展基金股份有限公司	7.38%
8	广东省	广东铁路有限公司	中国铁路广州局集团有限公司	73.06%
			广东省铁路建设投资集团有限公司	25.96%
			韶关市交通旅游投资集团有限公司	0.50%
			赣州市地方铁路建设投资有限公司	0.23%
			广东粤财资产管理有限公司	0.17%
			广东粤财创业投资有限公司	0.08%

表1-2 各省（市）铁路投资平台机构

序号	省（区市）铁路投资平台名称	成立日期	控股股东及比例（%）
1	北京市基础设施投资有限公司	2003	北京市国有资产监督管理委员（100）
2	天津铁路建设投资控股（集团）有限公司	2008.04.18	天津轨道交通集团有限公司（100）
3	河北建投交通投资有限责任公司	2007.06.26	河北建设投资集团有限责任公司（47.72）
4	华远国际陆港集团有限公司	2009.09.01	山西省国有资本运营有限公司（90）
5	内蒙古铁路投资有限责任公司	2019.02.01	内蒙古交通投资（集团）有限责任公司（100）
6	辽宁省交通建设投资集团有限责任公司	2016.01.01	辽宁省人民政府国有资产监督管理委员会（67.01）
7	吉林省铁路建设投资有限公司	2020.02.14	吉林省吉盛资产管理有限责任公司（100）
8	黑龙江省交投铁路建设投资有限公司	2019.05.07	黑龙江省交通投资集团有限公司（100）
9	上海申铁投资有限公司	2002.12.30	上海久事（集团）有限公司（99.74）
10	江苏省铁路集团有限公司	2018.05.01	江苏交通控股有限公司（96.25）
11	浙江省交通投资集团有限公司	2001.12.29	浙江省人民政府国有资产监督管理委员会（90）
12	安徽省铁路投资有限责任公司	2009.01.01	安徽省投资集团控股有限公司（100）
13	福建省铁路投资有限责任公司	1993	福建省投资开发集团有限责任公司（86.11）
14	江西省铁路航空投资集团有限公司	2006.11.01	江西省发展和改革委员会（7117）

041

续表

序号	省（区市）铁路投资平台名称	成立日期	控股股东及比例（%）
15	山东铁路投资控股集团有限公司	2018.11.01	山东高速集团有限公司（32.4）
16	河南铁路投资有限责任公司	2009.06.01	省人民政府（100）
17	湖北铁路集团有限公司	2014.09.19	湖北省人民政府国有资产监督管理委员会（93.89）
18	湖南铁路建设投资有限公司	2014.11.01	湖南轨道交通控股集团有限公司（100）
19	广东省铁路建设投资集团有限公司	2005.06.16	广东处人民政府国有资产监督管理委员会（90）
20	广西铁路投资集团有限公司	2008.11.25	广西交投集团（100）
21	海南省发展控股有限公司	2005.01.26	海南省政府国有资产监督管理委员会（90）
22	重庆铁路投资集团有限公司	2019.07.01	重庆发展投资有限公司（7578）
23	蜀道投资集团有限责任公司	2008.12.26（2021.05.28重组）	四川发展（控股）有限责任公司（100）
24	贵州铁路投资集团有限责任公司	2008	贵州省发展和改革委员会（7183）
25	云南省铁路投资有限公司	2005.04.28	云南省投资控股集团有限公司（72.55）
26	陕西省铁路集团有限公司	2016.08.25	陕西省交通投资集团有限公司（31.94）
27	甘肃省铁路投资建设集团有限公司	2007.09.01	甘肃省国有资产监督管理委员会（60）

续表

序号	省（区市）铁路投资平台名称	成立日期	控股股东及比例（%）
28	青海交通投资有限公司	2000.08.03	青海省交通控股集团有限公司（100）
29	宁夏铁路投资有限责任公司	2015.06.25	宁夏国有资本运营集团有限责任公司（72.46）
30	新疆维吾尔自治区国有资产投资经营有限责任公司	1998.04.01	自治区人民政府（100）

1.4.3　省级铁路资源整合案例

目前省级区域合资铁路公司整合在江苏、山东、浙江、黑龙江、重庆等省、市已经实施，湖南、江西、安徽等地也正在积极推进，但总体上仍处于探索期，尚未形成统一的模式，各地的做法也不尽相同。"一省一公司"的整合实施也影响到地方铁路投资建设管理体制的变化，如省域内铁路资源的整合和省级铁路投资建设平台的构架（一省一平台）。下面以山东省为例进行详细说明。

1.4.3.1　山东省铁路投资建设管理体制主要变化

① 省级铁路投资平台（一省一平台）：整合本省地方政府所属的铁路资源，组建山东铁路投资控股集团有限公司（简称山东铁投），作为省政府控股的铁路领域实施平台，统筹负责全省铁路投融资、建设、运营及综合开发等工作。

② 省域合资铁路公司（一省一公司）：由山东铁投与国铁集团对省域内有关合资铁路公司进行整合，组建山东铁路有限公司，作为地方控股的区域合资铁路公司，统筹负责纳入整合的既有合资铁路和山东境内路省合作新建合资铁路项目的投融资、建设、运营及土地综合开发等工作。

1.4.3.2　整合省内铁路资源成立山东铁投

（1）山东省地方铁路发展起步较早

1989年成立山东省地方铁路局，负责全省地方铁路的规划、建设和运营管理。2008年4月划归山东高速集团，并改制为山东高速轨道交通公司。2008年12月，以山东高速集团为主组建山东铁路建设投资公司，作为山东省铁路建设的出资人代表、项目投融资平台和推进主体，参与全省铁路规划、项目前期、投资建设和管理，业务管理由省发改委负责。2018年11月，按照山东省政府的要求，通过合并重组方式，整合山东铁路建设投资公司、济青高速铁路公司、鲁南高速铁路公司、山东铁路发展基金公司四家公司，由省市各级政府出资，组建山东铁路投资控股集团有限公司（山东铁投），履行省级铁路投资运营平台的职责。同时，注销山东铁路建设投资公司。山东铁投的功能定位是：支持山东省综合交通特别是高铁等重大基础设施建设，推动产业融合、协作发展的投融资主体；承担山东省铁路建设的主体职责，统筹铁路项目融资和投资、工程施工管理和建设协调、铁路沿线及站场土地综合开发，参与建成铁路的运营管理；利用多种融资工具吸纳社会资本，实现多元化经营。

（2）山东铁投四大主业板块发展现状

① 铁路建设板块。通过公开招聘、定向引进等方式吸引专业技术人才，组建了济青、鲁南两大铁路建设管理团队，完成了多个重大高铁项目建设。其中，济青高铁308 km，总投资600亿元，2018年年底开通运营，比批复4年工期提前1年；鲁南高铁477 km，总投资725亿元，实行分段建设（日临段和临曲段），2019年11月底开通运营，比设计工期分别提前1年和1.5年；淮莱高铁122 km，总投资116亿元，2018年1月开工，2020年11月26日通车。2020年全年完成铁路项目建设投资347.44亿元。

② 铁路基金板块。山东铁路发展基金公司定位为省政府主导设立的专项建设基金。承担"资金筹措，铁路投资，资本运作"三大任务。省政府批复的募资规模1000亿元，其中70%用作山东省铁路项目（包括国铁干线、

城际铁路等）省级资本金，其余资金通过多元化投资运作，提高基金运作整体收益，弥补社会资金成本。基金公司出资股东为山东铁路投资控股集团有限公司、山东省财金发展有限公司、山东发展投资控股集团有限公司、山东省土地发展集团有限公司和华鲁控股集团有限公司。截至 2020 年年底，在融资方面，累计筹措到位资金 471 亿元，其中省级引导资金 265 亿元，社会资金 206 亿元；在投资方面，多元化投资 217 亿元，其中财务投资 159 亿元，股权投资 58 亿元，累计实现投资收益 52 亿元。

③ 综合开发板块。经省政府批准成立综合开发公司，注册资金 25 亿元，作为山东铁投的全资子公司，负责土地综合开发，介入高铁产业链和战略新型产业拓展。截至 2020 年年末，与潍烟等 5 个高铁项目 33 个沿线市县区签署了综合开发协议，共划定高铁土地补亏约 1868 公顷，明确了开发用地选址和财政返还，在签约过程中积极探索创新土地反哺铁路和土地开发的有效模式，如龙口站约定了土地出让财政保底净收益，莱西北站协议约定了既有铁路站点土地再开发事宜。结合推进混合所有制改革开展综合开发，联合央企、高科技民企等市场主体，稳健介入新能源、新材料、高端装备制造等新兴产业。目前综合开发公司的混合所有制权属企业占比达 80%，合并资产总额约 100 亿元。

④ 铁路运营板块。2019 年 11 月，山东铁投与国铁整合有关合资公司成立山东铁路有限公司，组建铁路运营团队，试点开展铁路自管自营，逐步优化运营模式并扩大覆盖铁路范围，全面提高铁路资产运营能力，探索建立以高铁"建、管、养、运"为主的现代管理体系。

1.4.3.3 整合合资铁路公司成立地方控股的山东铁路有限公司

（1）组建方式

济南局集团公司为国铁集团出资人代表（会同中国铁路发展基金公司），山东铁投和山东铁路发展基金公司为山东省出资人代表，以省方控股的鲁南高铁公司以及国铁控股的德龙烟、海青、沂沭、东平、枣临、青荣、青连 7 家合资铁路公司的出资权益，以新设方式组建山东铁路公司。

2019年11月完成工商注册，2020年6月正式挂牌。其中，省方出资的地市级政府（含青岛、枣庄、济宁、日照、临沂、菏泽6市）出资由山东铁投统一代持；山东铁投作为山东铁路发展基金的实际管理人，济南局集团公司作为中国铁路发展基金的实际投资管理人。因此，山东铁路公司履行出资人权利的实际股东只有代表山东省方的山东铁投和代表国铁集团的济南局集团公司。

（2）注册资本及股比

路省双方对德龙烟等7家合资铁路公司持有的全部股权，暂按2018年年末的净资产，根据股权比例对各方股权进行折算的股权价值加鲁南高铁公司资本金，作为山东铁路公司暂定资本金，待审计评估并经路省双方确认后，再据实调整注册资本及股权比例。暂定注册资本700亿元，其中山东省方占56.57%（其中山东铁投占42.28%、山东铁路发展基金占14.29%），国铁集团出资占43.43%（其中济南局集团公司占40.01%、中国铁路发展基金占3.42%）。

（3）组织架构

整合后的8家合资铁路公司均保持法人地位，其中青荣城际、青连、海青铁路公司为全资子公司；德龙烟、沂沭、枣临、东平铁路公司和鲁南高铁公司，因另有社会股东出资，为控股子公司。山东铁路公司目前设四个职能部门，即综合管理部（党群工作部）、计划财务部、青岛经营部、临沂经营部。

（4）治理结构

公司党委会接受山东铁投党委、济南铁路局党委会双重领导，以山东铁投为主。董事会由5名董事组成，山东铁投、济南局集团公司各推荐2名；职工代表1名。董事长由山东铁投推荐，董事长、党委书记由一人担任。监事会由3名监事组成，山东铁投、济南局集团公司各推荐1名，职工代表1名。监事会主席由济南局集团公司推荐。经理层设总经理1名，济南局集团公司推荐人选；副总经理3名，山东铁投推荐2名，济南局集团公司推荐1名（兼总会计师）。副总经理及其他高管人员由总经理提名，董事会聘任或解聘。专职经营管理人员人事劳资关系纳入公司管理。

1.4.4 "十四五"地方铁路发展重点

"十三五"时期地方铁路发展成效显著，但仍然存在发展不平衡、不充分，发展质量不高、经济效益不好、结构不合理等问题。

当前，我国铁路发展已进入强化轨道交通引领、多层次轨道交通融合发展，更好服务国家战略的高质量发展新阶段。

地方铁路要准确把握铁路发展的基本趋势和重点。特别是在全国铁路营业里程达到 15 万 km 的背景下，铁路发展重点将由路网规模扩张转向管好、用好既有铁路，并在保证大动脉畅通的前提下，完善支脉系统，打通微循环。同时，铁路建设主战场将逐步由国家干线铁路转向国家干线与区域性铁路、城际、市域（郊）铁路并存，地方铁路将成为铁路建设的主力军。

"十四五"时期，地方铁路发展大有可为。"十四五"期间的铁路投资、建设、运营主体和发展模式路径都会发生一些明显变化。从投资看，随着城际铁路、市域（郊）铁路和铁路专用线加快建设，地方政府和企业投入明显增多，铁路建设投资以中央投入为主，逐步转向中央和地方并重。从主体看，城际铁路、市域（郊）铁路和铁路专用线主要由地方政府或企业组织建设和负责后期运营，国铁集团不再是委托建设运营的唯一选择，建设、运输业务市场主体呈现出多元化趋势。

地方铁路发展需要抢抓机遇、发挥优势、克服劣势、迎难而上，按照发展原则，提出地方铁路需要抓住三大重点。

1.4.4.1 发展城际铁路

城际铁路成为主要城市群城际交通的骨干方式，城际铁路主要站点成为区域重要综合交通枢纽，为我国城镇化发展和人民生活水平的提高提供了支撑和保障。京津冀、长三角、粤港澳大湾区、成渝等重点城市群形成规模适度、覆盖充分、衔接顺畅、分工合理的城际铁路网，城市群内部城市之间形成"1~2 小时交通圈"，其他城市群城际铁路因地制宜、有序发展。主要任务：以需求为导向，优化规划布局，充分利用既有铁路资源，建设便捷高效城际铁路网，服务区域节点城市之间及节点城市与邻近城市间的城际客流，在高速铁路覆盖 50 万人口以上城镇的基础上，尽可能覆盖 10 万人口以上城市。紧紧围绕疏解北京非首都功能，基本建成轨道上的京津冀；加快粤港澳大湾区城际铁路建设，形成"轴带支撑、极轴放射"的多层次网络；促进长三角轨道交通互联互通，有序推进成渝、山东半岛等区域城际铁路骨干通道建设。

1.4.4.2　发展市域（郊）铁路

市域（郊）铁路成为都市圈重要交通方式，与地区产业、城镇等空间布局匹配度明显提高，站城融合综合开发新业态取得重大进展。统筹新建线路和利用既有铁路资源，提供大容量、公交化、一体化的市域（郊）铁路运输服务，实现城市中心区域与周边城镇组团之间、城镇组团之间的便捷连通，打造"1 小时通勤圈"。主要任务：强化规划指导和衔接，以增强和优化通勤供给为重点，统筹利用既有铁路资源和新线建设，积极推进重点都市圈市域（郊）铁路发展，在城市轨道服务都市圈中心城市的基础上，重点实现对 5 万人及以上的外围城镇组团和重要工业园区、旅游景点的覆盖。优先考虑利用和改造提升既有线路、车站等资源条件发展市域（郊）铁路，以布局在市域（郊）客流主要轴线中的既有铁路为重点，用足用好既有铁路富余能力，通过优化运输组织、局部线路和车站适应性改造、增建复线支线及联络线、增设车站等方式，实现小投入、办大事。统筹市域（郊）列车与短途城际、中长途列车的开行，合理安排停站方案和频次，优化开行方案。有序推进北京、上海与周边区域，以及南京、广州、深圳、杭州等重点都市圈主要客流廊道的新线建设，增强铁路城际和城市交通服务能力。

1.4.4.3 发展支线铁路

铁路支线路网覆盖范围持续扩大、服务能力持续增强、基础设施效能持续提升，有力促进了本区域的国土资源开发，便捷连接了沿海港口和内陆口岸，推动了综合运输体系融合发展，形成了干支有效衔接、便捷多式联运的运输体系，与干线铁路协调匹配，实现了传统铁路货物运输向现代物流转型，因地制宜兼顾地区客运服务功能，整体效益显著提高。主要任务：推动运输结构调整，大力发展铁路多式联运，助力实现"双碳"目标，以环渤海港口群、长三角港口群、东南沿海港口群、珠三角港口群、西南沿海港口群等我国沿海五大港口群以及长江等内河主要港口为重点，加强集装箱、大宗散货等重点品类货物铁路集疏运需求分析，结合港口后方通道规划建设情况，积极向港区、码头布局建设支线铁路和专用线。积极推进港口集疏运铁路、年运量 150 万 t 以上的大型工矿企业、物流园区、重点物资储备库铁路专用线、专用铁路建设，有效打通铁路运输"前后一公里"。

"十四五"期间，地方铁路发展机遇与挑战并存，机遇大于挑战，要统筹好地方发展需求、前期工作深度、建设资金筹措、运营效益前景等因素，合理确定目标任务，扎实有序推进实施：一是坚持统筹规划，二是有序推进建设，三是加强一体衔接，四是创新体制机制。

展望 2035 年，地方铁路将继续发展壮大，逐步实现现代化。整体建成轨道上的城市群和都市圈，21 个城市群地区城际铁路运营规模达到 2 万 km 左右，16 个重点都市圈地区市域（郊）铁路网规模达到 1.5 万 km 左右。

1.4.5 新形势下地方铁路投资建设管理体制的应对

1.4.5.1 运用系统思维谋划省域铁路资源整合

省域铁路资源整合的核心，是按照推进新时代铁路高质量发展的要求，与未来铁路分层分类管理相适应，进一步理顺国铁集团与地方政府、省级与地县级政府之间的关系，其内容不仅涉及各类铁路存量资产的布局调整，而且对本省新建铁路项目以及未来铁路发展格局都将产生长远重大影响。因此，必须兼顾有关各方利益，综合考虑既有的铁路国有资本布局调整及运营模式、新建项目投融资及建设模式，以及土地开发、公益性服务补偿等因素，加强顶层方案设计的系统性、协同性，整体有序推进省域铁路资源整合工作。

结合目前一些省市的做法，并参照铁路行业政企分开改革的经验，按"一省一平台"模式搭建省级政府铁路投资建设实施平台，需要着重考虑以下问题。

第一，要明确定位，省级平台是全省统一的地方政府铁路实施主体，还是仅为省级政府的铁路实施主体。

第二，明确职能，平台是承担涵盖铁路建设、投融资工具（基金）、运营管理、土地开发等多元化经营的铁路全产业链综合性实体职能，还是仅限于履行地方政府出资人职责等铁路投融资功能的"壳公司"。

对于一省一公司（地方控股区域铁路公司）需要着重考虑以下问题。

第一，把握其战略定位和目标取向。适应铁路分层分类投资和发展省域内非国铁控股铁路的需要，立足于本省铁路未来整体格局，将省域铁路公司定位为承接合资铁路项目国铁和省方投资的载体，承担省铁投业务体系铁路建设和运营板块的实体，目标是成为混合控股型（即通过投资形成的股权主导或参与被投资企业的生产经营活动，自身也直接从事生产经营活动）的区域合资铁路一体化综合性企业。

第二，路地双方就路省合作重大事项尽可能具体约定。如争取国铁集团在运行图调整、径路选择、列车开行、资产注入、铁路规划建设等方面对本省铁路发展给予更大支持；在投融资方面，约定省内新建合资铁路项目，路省双方均通过区域铁路公司出资；在运营方面，约定对继续实行委托运输管理的，完善委托运输管理协议，路地双方继续支持区域公司改善经营，待条件成熟时，路方支持各合资铁路项目由区域公司自管自营；在运价方面，明

第 1 章 绪 论

确执行合资铁路运价政策，区域公司对所属合资铁路公司行使企业定价权，等等。对于个别区域合资公司新建铁路项目多、近期还贷压力大、财务效益较差的，路地双方对这类区域公司的重组后经营效果可作具体分析，采取化解债务风险、缓解经营压力的相应措施。

1.4.5.2 切实履行地方铁路投资建设和经营的企业主体责任

第一，省铁路投资平台公司和区域铁路公司应切实履行铁路建设项目投资建设和经营的企业主体责任，建立覆盖项目全生命周期的闭环实施机制。

在铁路建设中要坚持尽力而为和量力而行，科学有序推进铁路建设，防范债务风险，确保项目和企业的可持续发展。

第二，提前介入项目工作，争取项目方案优化和争取政策的最佳时机。

过去大多数省铁投或合资公司是在项目可行性研究报告批复后才介入项目具体工作，有的即使参与了项目前期工作，也主要履行项目审批程序，对项目前期的工程技术方案和土地综合开发方案研究关注力度不够。在新形势下，作为项目业主应负起责任，全过程参与项目勘察设计各阶段工作，在前期工作中进行把握功能定位、运量预测、技术标准、建设方案、投资规模、经济效益等技术经济评价，认真做好线路走向、站场选址、铁路与配套集疏运设施同步规划建设等工作，同时落实资金筹措方案、土地综合开发、运营补亏政策等相关举措，为提高项目的投资和经营效益打好基础。

1.4.5.3 做好铁路土地综合开发和车站商业资产经营工作

铁路公益性较强，项目具有投资规模大、回收周期长、投资回报率低等特点，单纯依靠票价收益难以支撑建设和运营成本。以 TOD 模式为重点的铁路车站和周边地区土地综合开发可以提高项目投资效益、节约集约土地资源、推进综合交通枢纽建设、实现铁路与城市有机融合，是促进铁路与城市高质量发展的重要途径。需借鉴国内外铁路土地综合开发的理念和经验，探索创新铁路土地综合开发收益支持铁路建设的途径和方法，建立和完善铁路土地综合开发反哺铁路的合作模式和利益共享机制。将土地综合开发与铁路工程建设同步推进，加大铁路站点及周边土地综合开发强度，统一规划分期实施，推进站城一体化开发。铁路客站商业经营开发是铁路经营收入的重要组成部分。结合城际、市域铁路等项目建设，地方铁路企业应在可研、初步设计和施工图等阶段与相关设计院根据市场需求共同做好做细铁路站内零售、餐饮等商业设施及广告设施的平面布局规划和具体设计方案，避免建设后期或开通运营后增加更改工程而造成的投资浪费或影响招商引资效益。

1.4.5.4　完善政府的地方铁路行业管理体制

铁路行业实现政企分开后，国家政府有关部门、国铁集团以及省市政府相关部门等对地方铁路的行业管理职责划分做了相应分工。但在实际运行中仍存在一些问题，如政府机构职能交叉、部分管理权限划分不清、配套法律法规不健全、地方铁路企业安全管理基础薄弱等。建议结合深化铁路改革，尽快完善与地方铁路发展相适应的地方铁路行业管理体制，建立健全地方铁路配套法律法规和技术标准规范等工作，全面推进地方铁路高质量发展。

1.5　研究内容及技术路线

1.5.1　研究内容

本研究内容结合不同国家和我国不同地区铁路建设的实际情况，从铁路建设的全生命周期管理的角度来进行展开,详细说明浙江省铁路"共建共管"模式,主要包括:前期投融资模式管理、建设期不同阶段的建设管理、运营期的运营管理以及建设管理后评估等内容。

1.5.2　技术路线

本研究技术路线主要收集整理国内外相关资料文献并进行分析,研究了解国外铁路建设管理模式、国内地方铁路建设管理情况。通过现场调研,分析不同铁路建设管理模式下的影响。最后提出建议,为地方铁路建设管理提供可靠的支撑。

首先,收集研习现有的相关文献并对其进行综述,结合当下正在实施的具体项目的实际管理情况,认真分析地方铁路建设项目固有的特点,发现用既存的项目管理成熟度模型来对地方铁路建设项目进行评价在个别方面存在的不适用性,指出"共建共管"模式的优越性。

其次,对比地方铁路与国家铁路建设模式的不同,分析造成该不同的原因和施工企业与业主方在管理的层级、角度、内容等方面的不同,将既有的高速铁路施工企业项目管理成熟度模型进行改良,结合浙江省在建的几个地方铁路建设项目,筛选出影响地方铁路业主方项目管理的系列因素,并将复杂的影响因素分解归类,按层次关系组成递阶层次结构,通过一致性检验,验证影响因素的合理性。通过敏感性分析得出对模型影响较大的因素,确定了地方铁路业主方项目管理成熟度评价要素和指标。利用文献分析法、实证分析法以及主观分析辅以客观计算等方法,研究相关的理论与方法,建立与地方铁路适用性较高的项目管理成熟度模型。

最后,用一个建设完成的地方铁路实际项目来验证该模型是否具备可操作性,检验"共建共管"模式的效果,其技术路线图如图 1-10 所示,并指出其不足之处,以及具体可行的一些解决方案,以便完善"共建共管"模式,使其能发挥更大的作用。

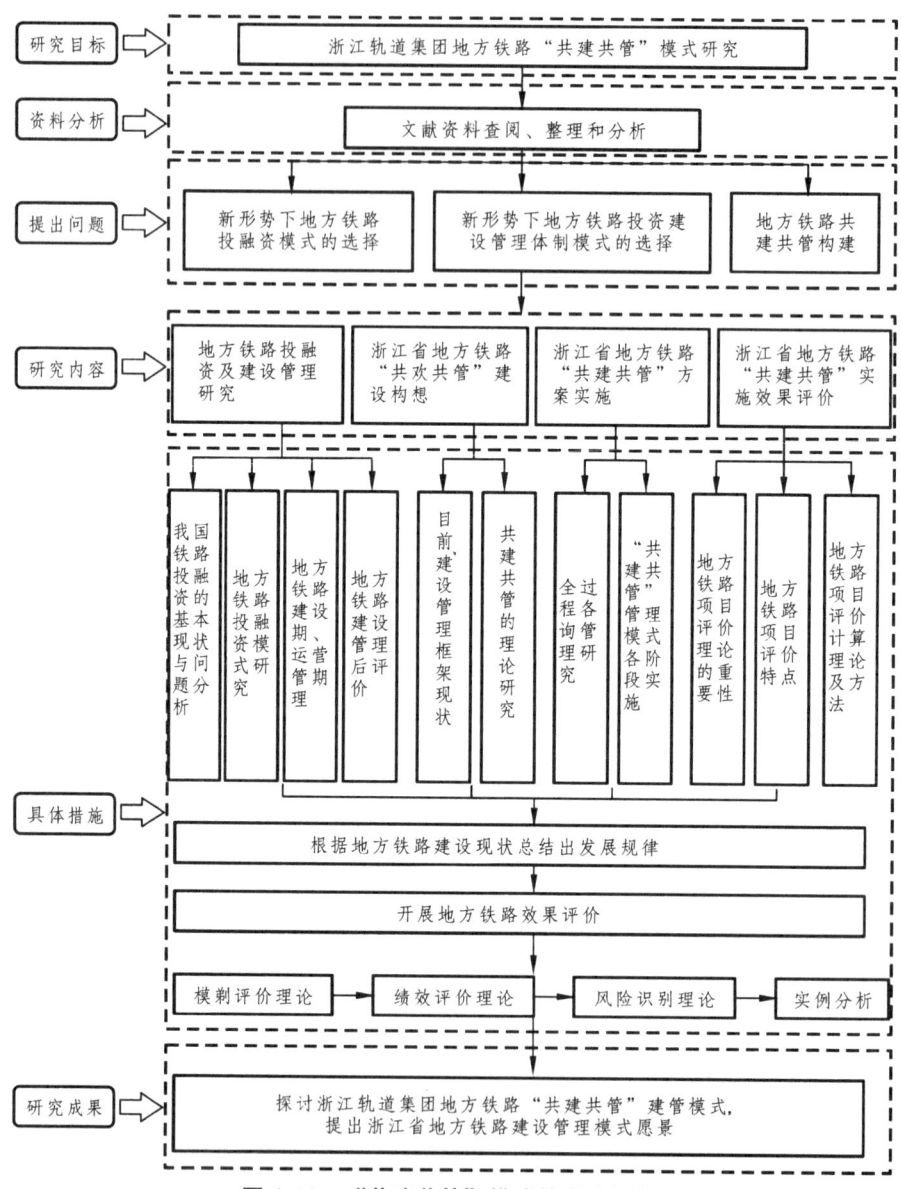

图 1-10 "共建共管"模式技术路线图

第 2 章　地方铁路投融资及建设管理研究

随着我国经济的不断增长，地方铁路在投融资规模和自身社会经济效益方面都得到了一定的发展，尤其是在融资方式和建设管理模式方面取得了一定的突破。地方铁路建设是促进地方经济发展的一块重要基石。但是，当前我国仍处于社会主义初级阶段，在进行投资融资和建设管理的过程中还存在一些问题，以致地方铁路建设与其相关政策、经济结构不一致。由此可见，对地方铁路融资建设以及建设管理模式的研究非常重要，能够推动地方交通运输水平的提升，更好地助力地方经济发展。

2.1　我国铁路投融资的基本特点与发展历程

2.1.1　铁路投融资的技术经济特点

2.1.1.1　投资门槛

铁路是关系国计民生的基础设施，具有网络经济和规模经济的特征，需要大量投资并形成一定规模的网络结构，才能发挥其最大的效益。具体表现为前期极高的固定成本和后期较低的边际成本，网络系统传输规模的消费者数量越多，空间分布距离越远，前期建设所需要的固定资本投资也越大。铁路投资的支出既包括沿线土地使用费，也包括拆迁、路基、桥涵、隧道、轨道、信号、供电等土木工程费用，以及机车车辆购置费和运营费用，每一项支出都耗资巨大。根据相关资料（如表 2-1 所示），速度 350 km/h 的中国高速铁路单位成本为 1~2 亿元/km（平均约 1.29 亿元/km），速度 250 km/h 的中国高速铁路单位成本 0.5~1.5 亿元/km（平均约 0.87 亿元/km）。而国外的铁路建设支出远远大于国内，日本当前在建的北陆新干线金泽—敦贺段高速铁路，全长 125 km，建设成本高达 125 亿美元（约合人民币 13 亿元），平均单位千米成本 0.99 亿美元/km（约合人民 6.5 亿元/km）。

一般来说，自然垄断型产业的网络性和规模性特征会对后续投资者产生较高的进入门槛，这也是铁路行业形成自然垄断的原因之一。同时，在当前我国"网运合一"的铁路管理体制下，外部投资者难以取得线路的运营权，以及对应的决策权。某一数量的外部资本进入规模性的国铁存量资产或增量资产时，往往就会被数量庞大的铁路国有资产所淹没。此外，铁路资产每年产生的巨额的折旧费用也会不断稀释外部资本，导致外部资本在铁路总资本结构中的比重微乎其微，无法发挥其应有的作用。长此以往，铁路投融资对于外部资本的吸引力就会不足，造成铁路的资本构成愈发单一。

表 2-1 国主要高速（快速）铁路里程和造价

高速/快速铁路线路	设计速度/（km/h）	长度/（km）	开通时间/年	总成本/亿元	单位成本/（亿元/km）
日本金泽—敦贺线	260	125	在建	813	6.5
德国科隆—法兰克福线	300	180	2002	423	2.35
法国莱茵—隆和线	320	108	2011	819	2.11
京沪高铁	350	1318	2011	2209	1.68
武广高铁	350	1069	2009	1166	1.09
贵广高铁	250	857	2014	918	1.07
西成高铁	250	658	2017	647	0.98

2.1.1.2 回收周期与流动性

铁路建设的工程量巨大，每个环节的推进有先后顺序要求，不能同步，因此项目建设周期较长，一般需要 2～4 年的建设期。项目投入运营后，往往也需要较长的周期才能收回本息。当前铁路投资收益的主要是来源是票价收入，在国家对铁路运输价格实施规制的背景下，线路的持续盈利需要大运量的支撑。而运量的提升一方面依赖社会经济发展、人们出行需求的增加，另一方面依赖铁路的网络效应和规模效应的不断展开。在这个过程中需要不断地追加投资，且每年高额的运营与维护费用进一步拉低了铁路投资的年回报率，也拉长了铁路投资回报的周期。

铁路作为自然垄断型产业，其资产具有极强的专用性，这也意味着铁路投资一旦投入，就很难挪作他用，也无法进行分割出售或转让，因此也就成为一种沉没成本，只能寄希望于未来运输收益来补偿。目前虽然也进行了一些尝试，如将铁路资产打包上市，分割成为股份进行交易，或者在铁路投融资项目中采取PPP模式，在特权期满后由政府收回，但是这些改革尚未形成一套具体、成熟的交易规范和退出补偿制度。因此，在缺乏政策保护的情况下，铁路投融资对于社会投资者来说风险较大。

2.1.1.3 风险性

铁路项目投资对资金规模、技术水平都有较高的要求，本身就具有一定的风险与不确定性。同时，由于目前铁路投融资的盈利渠道较为单一，且经营收益主要来源于客货运输收入，与社会经济的发展状况紧密相关，因此容易受到来自宏观经济环境等各方面潜在风险因素的影响。总之，铁路投融资面临的风险有很多，社会经济、金融环境、相关政策以及自然灾害等各类因素都可能导致铁路项目投资人、债权人，以及其他利益相关方的投资回报收益、债务本息或其他相关利益损失出现不确定性。例如，国家取消对铁路的财政补贴政策、税收优惠政策带来的政策性风险，突发疫情导致的客货运量不足，自然灾害风险对铁路基础设施的破坏以及运输市场价格机制的波动带来的市场风险等。

2.1.2 铁路投融资的分类

2.1.2.1 政府主导型

政府主导型铁路投融资体制，即政府作为铁路领域唯一的投融资主体，垄断铁路建设、管理、运营的投融资体制。这种体制具有以下特点：

① 政府既是铁路融资活动的主体，又是投资活动的主体。

② 政府依靠财政、税收等手段为铁路建设筹集资金。

③ 作为铁路的所有者，政府以公共利益为目标对铁路实行严格的计划调控和行政管理。

2.1.2.2 银行主导型

银行主导型铁路投融资体制，是指银行成为铁路领域投融资活动的主导者。它具有以下特点：

① 银行作为现代金融活动的中介，吸收并拥有大量的社会资金，可以满足铁路投融资对资金的巨额需求，成为铁路投融资活动的主体。

② 由大财团控制的银行逐步通过收购大量的铁路企业，逐步控制铁路企业的生产运营，形成"铁路托拉斯"。例如20世纪初，以美国摩根财团为代表的大银行，通过收购、并购等手段，曾经控制了美国六分之一的铁路。

③ 政府对于铁路的投资逐步收缩至公益性铁路，而银行则主导了大部分商业性铁路。

2.1.2.3 政策主导型

政府采取各种直接或间接的诱导方式吸引社会各投资主体参与铁路建设和运营，该种模式称为政策主导型铁路投融资体制。

该种类型的铁路投融资体制常见于新兴经济体中，如日本、韩国等都曾利用这种方式快速建设铁路，以满足社会经济快速发展对铁路的需求，我国目前就处于这个阶段。该种类型铁路投融资具有以下特点：

① 政府是铁路投融资的主导者，但并非唯一的参与者，形成了政府和社会资本在内的多元化投融资体系。

② 不同投融资主体之间的利益诉求不同，政府以社会效益最大化为目标，而社会资本以个体收益最大化为目标，因此需要在两者之间进行平衡。

③ 政府会通过各种方式鼓励社会资本参与铁路投资，包括税收优惠、财政补贴、特许经营权等。

④ 政府对铁路实行以市场为主导的宏观管理体系，特别是对铁路运输价格放松了管制，以鼓励社会资本进入铁路领域。

⑤ 政府通过宏观经济政策调控和监管铁路运输活动。

2.1.2.4 市场主导型

当铁路路网规模已基本满足社会经济发展的需求后，政府便会退出铁路投融资领域，转而由社会资本承担起铁路投融资的使命。该种类型铁路投融资具有以下特点：

① 社会资本是铁路领域主要的投融资主体，政府在铁路建设中的直接投资规模和比重较小。

② 铁路投融资活动是在市场经济条件下的自发行为，主要受资本逐利性影响。

③ 铁路投融资依赖于发达的资本市场进行直接融资，融资渠道多元化。

④ 铁路企业是铁路运输的经营者与管理者，政府则通过市场机制和宏观经济政策，调控和监管铁路企业。

2.1.3　我国铁路投融资体制及其改革历程

铁路投融资体制，是铁路投融资活动中所采取的组织形式和管理制度的总称，由投融资主体、投融资方式和政府管理的投融资调控体系三项要素组成。可以说，投融资体制改革是优化铁路资源配置的重要手段，是促进铁路发展的直接动力。

2.1.3.1　路局管理模式下的我国铁路投融资体制

中华人民共和国成立后，我国铁路长期实行的是集中统一的路局管理模式，当时的铁道部既有铁路行业行政管理的政府职能，也具有投资、生产、经营的企业职能，而各地方铁路局既不具备完全法人财产权，也不具备完整的生产经营权，铁路企业无法转型为法人主体和市场实体，不能面对市场独立地配置铁路资源。在这种管理体制下，我国铁路投融资基本是政府主导的、具有明显行政管理色彩的、带有计划经济性质的投融资体制。

在投融资主体方面，政府既是铁路唯一的融资主体，也是唯一的投资主体，由当时的铁道部统筹规划铁路的一切投融资事宜，并包揽铁路的一切建设、运营、维护活动。

在投资项目决策方面，铁路一切投资决策的权限都高度集中在政府手中。一方面，中央政府完全控制了铁路投资的一切活动，铁路投资总量、铁路投资结构等决策，都以明确行政指令性的方式层层下达并贯彻实施，各铁路企业只是政府行政决策计划下的执行者，没有参与投资决策的权利。另一方面，铁路投资项目的审批权高度集中在政府手中，无论是既有线路改造项目，还是新建铁路建设项目，都有严格的审批程序，从提出项目建议书、设计项目任务书，到出项目建设报告，都要上报各级政府有关部门进行审查批准。

在投资计划管理方面，基本上是单一的、强制的指令性计划方式，铁路建设项目的决策、资金的使用和物资的分配，以及项目的设计、施工等活动都严格按国家指令性计划进行，并依靠政府的行政手段分配铁路投资计划任务。在投资风险责任方面，当时的铁道部是唯一的风险责任方，但基本上没有任何投资风险责任约束，无论是全国性的路网建设投资总量结构、布局等决策发生失误，还是某个具体建设项目决策或设计、施工发生失误，都难以追究责任。

在融资渠道方面，政府的直接财政拨款、国家银行的贷款、企业的内源性融资是铁路融资的主要来源，但随着改革开放后我国铁路投资规模的不断扩大，国家也进行了一系列投融资体制改革的尝试，试图扩大铁路的融资渠道，补充铁路建设的巨额投资。

① 征收铁路建设基金。"八五"期间，国务院将铁路货运价格上调，收取专门用于铁路建设的资金，这被称为铁路建设基金。1991—2003年，累计

收取铁路建设基金近 4000 亿元，占同期铁路基建投资总额的 42%，这是这一时期铁路投资的主要资金来源。

② 发展合资铁路。从 20 世纪 80 年代起，铁路与地方政府、企业和有关部门共同合作，创造了集资建路、合资建路的新模式，调动了中央和地方共同建设铁路的积极性，带来了铁路建设和运营体制上的变革，初步建立起投资主体多元化、资金多渠道、决策多层次的投资体制。截至 2003 年，全国建成的合资铁路有三茂线、金温线、漳肖线、集通线、合九线、横南线、朔黄线、成达线、石长线、阳涉线、西一线、广汕线、孝柳线、水柏线、北疆线、邯济线等铁路。

③ 国外贷款。铁路利用外资，主要用于解决建设资金短缺问题、引进先进技术和先进设备。根据资料统计，1979 年至 2000 年我国铁路累计利用国际金融组织和外国政府贷款达 52 亿美元。2002 年铁道部发布的《铁路利用国外贷款项目投资计划管理办法（暂行）》（铁计〔2002〕22 号），进一步明确了国外贷款的投资计划管理方式，截至 2020 年年底，国铁集团使用国外借款合计 361.97 亿元（人民币），其中借款额排名前三分别为世界银行贷款 106.36 亿元、亚行贷款 180.06 亿元、德国政府贷款 32.99 亿元。

总之，路局管理模式下的我国铁路投融资体制是以政府的直接参与为基础，并全程控制的政企合一的投融资体制。虽然后续也进行了一些改革和调整，试图引入多元化的投资主体来弥补铁路建设资金的不足，但是缺乏相应的体制机制作基础，一些相关政策也难以得到全面的落实与执行。

2.1.3.2 集团公司模式下的我国铁路投融资体制

2013 年，根据第十二届全国人大一次会议批准的《国务院机构改革和职能转变方案》，实施铁路政企分开改革，分别组建中国铁路总公司和国家铁路局。中国铁路总公司主要负责国家铁路客货运输经营管理；国家铁路局承担铁道部的部分行政职责，主要负责行业监管。这一改革改变了铁路政企合一的管理体制，确立了铁路企业的市场经济地位，为进一步深化铁路企业投融资体制改革创造了良好条件。同年,国务院发布了《国务院关于改革铁路投融资体制加快推进铁路建设的意见》(国发〔2013〕33号),按照"统筹规划、多元投资、市场运作、政策配套"的基本思路,全面开放铁路建设市场,有效推动了铁路投融资体制改革。

在投资主体上,中国铁路总公司代替铁道部作为铁路投融资的主体,在国家宏观经济与运输发展规划的指导下,统筹规划与制定铁路投融资的具体事宜。一方面,政企分开打破了原有铁路事务由政府主管的局面,铁路与其他投融资主体间的关系由政府和企业之间的不平等市场地位,转变为企业与企业之间平等的市场地位,这提高其他投融资主体参与铁路投融资的热情。另一方面,公司制改革、集团化的管理运营模式权责匹配,赋予铁路企业在投融资决策、规划以及执行等方面更大的权限,能够发挥市场的灵活性,铁路企业内部各级投融资主体能够根据投资项目的不同特点自主制订不同的投融资方案,从而激发了投融资改革的热情。

在投资计划管理方面,由交通运输部负责拟订铁路规划和政策,组建国家铁路局并由其承担原铁道部的其他行政职责,负责拟订铁路技术标准,监管安全生产、服务质量、工程质量等履行行政规制职能;中国铁路总公司承担原铁道部的企业职责,负责铁路运输调度、经营客货运输、铁路投资建设等。在具体的铁路投资项目上,采取分类投资建设模式,国家干线铁路的投资建设和运营由中国铁路总公司负责和主导,地方政府参股投资,并承担项目所在地的征地拆迁工作。其他地方铁路项目逐步由地方政府为主投资建设,中国铁路总公司参与一定比例的投资或仅在业务上给予指导,建成后委托地方铁路路局公司进行运营管理。

在融资方式方面,逐步减少了国家的财政直接拨款,对铁路企业进行股份制改革,并在此基础之上提出进行铁路混合所有制改革,充分发挥社会资本的融资潜力,多渠道筹集铁路建设资金。

① 放开运输价格管制,增加铁路运输收入。在铁路货运价格方面,2014年2月,国家发改委发布《关于调整铁路货运价格有关问题的通知》(发改价格〔2014〕210号),铁路货物运价由政府定价改为政府指导价。在铁路客运

价格方面，2015年12月，国家发改委发布《关于改革完善高铁动车组旅客票价政策的通知》(发改价格〔2015〕3070号)，铁路运输企业可依据法律法规自主制定价格；也可以实行市场调节，根据市场供求和竞争状况等因素自主制定价格。

② 建立铁路发展基金。以铁路发展基金的方式募集社会资金参与投资，其定位为有中央政府背景的政府性铁路投融资平台，以财政性资金为引导的多元化铁路投融资市场主体。截至2020年年底，铁路发展基金共募集资金3800亿元，按照《基金管理办法》关于中央财政资金与社会资金1∶2~1∶3的比例估算，共募集社会资金2500亿~2800亿元。

③ 设立省级、市级政府铁路投融资平台。为了满足区域性铁路投资的要求，全国大部分省市都建立了各级铁路投融资平台，作为地方政府参与合资铁路建设的出资人代表，持有和管理相应铁路项目的地方股份。其中，江西、贵州、山东等19个省(直辖市、自治区)专门成立了省级铁路投资公司；浙江、山西、辽宁、吉林等省份成立了省级交通投资集团，将铁路投资建设纳入全省交通投资建设统筹规划。

④ 项目投融资模式。2015年，国家出台《关于进一步鼓励和扩大社会资本投资建设铁路的实施意见》，明确全面放开铁路投资与运营市场，规定列入中长期铁路网规划、国家批准的专项规划和区域规划的各类铁路项目，可以采取政府与社会资本合作模式(PPP、BOT、BT等模式)，向社会资本开放。

2.2 我国铁路投融资现状分析

2.2.1 我国铁路投融资能力分析

截至2020年，国铁集团年度财务报告显示，其资产总额为8.71万亿元，负债总额5.71万亿元，资产负债率为65.5%，略高于国有企业平均资产负债率64.0%，远远高于我国规模以上工业企业平均资产负债率56.5%。这一方面反映出国铁集团资产负债率过高的问题，另一方面也显示了国铁集团具有较强的投融资能力。根据企业投融资理论，企业的投融资能力与企业的生产经营状况、资产负债水平密切相关，主要反映在企业的营收能力、盈利能力以及偿债能力等财务指标上。

2.2.1.1 营收能力分析

如表 2-2 所示，自 2013 年铁道部改制后，国铁集团营业收入呈现出缓慢增长的态势，6 年间营业收入增长 8.8%，年复合增长率 1.4%。但在收入构成方面，却呈现出差异化增长的态势。国铁集团主营运输业务收入大幅增长，其中货运收入增长率 15.2%，年复合增长率 2.4%；客运收入增长率达 87.7%，年复合增长率 11.1%，客运收入在总收入构成中所占比例也由 20.1% 上升为 34.5%。与此同时，国铁其他收入则呈现下降趋势，其中其他运输收入下降 3.2%，铁路建设基金收入降 17.1%，其他业务收入下降最为明显，下降 27.2%，所占总收入比例也由 41.8% 下降为 28%。

表 2-2 路营收能力分析

	2013 年		2019 年		期间增长率	复合增长率
	金额	占比	金额	占比		
货运：货运收入	2661	25.5%	3065	27.1%	15.2%	2.4%
货运：税前建设基金	668	6.4%	554	4.9%	−17.1%	−3.1%
客运：客运收入	2086	20.1%	3918	34.5%	87.8%	11.1%
其他运输收入	652	6.2%	631	5.5%	−3.2%	−0.6%
其他业务收入	4366	41.8%	3180	28%	−27.2%	−5.1%
收入总计	10434	100%	11348	100%	8.8%	1.4%

从国铁集团营业收入的变化可以看出：

① 国铁集团主营业务收入增加，得益于货运铁路网络的完善，以及客运高速铁路的大规模建设与普及，客货运输收入都得到大幅增长，其中客运收入在总收入中的占比显著增长。

② 铁路建设基金收入逐年下滑。煤炭是铁路运输的主要货物，随着近年来我国能源结构的变化与国家去产能的政策调控，煤炭价格与产量持续下滑，导致铁路建设基金收入减少。

③ 其他业务收入减少。随着市场化改革的不断推进，国铁集团剥离了大量与主营运输业务无关的其他业务，同时国家给予的补贴性收入也在逐年减少，导致其他业务收入下降。但值得注意的是，2020 年铁路非运输业务迎来了发展的契机，根据国铁集团财务年报显示，2020 年国铁集团运输总收入仅为 6501 亿元，但其他业务收入却增长至 4843 亿元，较 2019 年增加了 1663 亿元，创历史新高。

2.2.1.2 盈利能力分析

如表 2-3 所示，随着铁路运营里程的不断增加，2013—2019 年国铁集团运输收入与运输成本都大幅增加，但是由于受新线交付所带来的折旧与财务费用快速增长等因素的影响，运输收入增速落后于运输成本增速。再加上政府对铁路运价的宏观调控政策，国铁集团的运输业务常年处于亏本经营状态。近些年，运输业务毛利率虽有所增加，但仍处于负值。

表 2-3　铁路盈利能力分析

	2013	2014	2015	2016	2017	2018	2019
运输收入	6068	5920	5837	5928	6942	7659	8168
运输成本	5977	6533	6724	7084	7695	8558	9044
运输业务毛利率	1.5%	−10.4%	−15.2%	−19.5%	−10.8%	−11.7%	−10.7%
其他业务收入	4366	4028	3325	3146	3212	3297	3180
其他业务成本	3563	2828	1911	1640	1890	1794	1732
其他业务毛利率	18.4%	29.8%	42.5%	47.9%	41.1%	45.6%	45.5%

值得注意的是，国铁集团其他业务收入与成本虽然呈现出逐年下降的趋

势，但毛利率却大幅上升。2013 年后国铁集团实施大规模市场化改革，如通过"事转企"改革剥离大量与主营运输业务无关的其他业务，因此出现了其他业务收入、成本双双下滑的情况。但是，改革也激活了下属企业的市场活力，提升了经营绩效。

如表 2-4 所示，从整体收益情况来看，在铁路建设基金逐年减少的情况下，国铁集团的利润总额与税后净利润近年来都有所增加。但若以资产收益率来衡量铁路盈利状况，可以看出近年来铁路投资与收益严重不对等，即使在考虑铁路建设基金的情况下，铁路资本收益率也仅在 0.58%~1.25%的区间，并且有逐年下滑的趋势。究其原因，主要是近年来铁路基建投资猛增，过高的债务成本将其盈利几乎全部转化为利息费用并在税前扣除。

表 2-4　铁路资本收益率分析

	2013	2014	2015	2016	2017	2018	2019
资产总额	50462	56099	62459	72512	76484	80023	83150
利润总额	697	625	531	396	608	706	770
税后建设基金	627	547	449	408	483	528	537
税后净利润	2.5	6.3	6.8	10	18	20	25
资本收益率 K_1	1.25%	0.99%	0.72%	0.58%	0.66%	0.66%	0.68%
资本收益率 K_2	0.005%	0.011%	0.011%	0.014%	0.023%	0.025%	0.03%

注释：K_1=（税后建设基金+税后净利润）/资产总额　K_2=税后净利润/资产总额

2.2.1.3　负债能力分析

如图 2-1 所示，"十三五"规划期间，大规模的铁路建设导致国铁集团总负债呈现出逐年增长的趋势。2013—2019 年国铁集团总负债由 33258 亿增长至 47657 亿元，其中长期负债由 26040 亿元增长至 47657 亿元，短期负债由 6218 亿元增长至 7202 亿元。但从负债增长率指标来看，近年来呈现出逐年下滑的趋势，总负债增长率由 13%下降至 5%，长期负债增长率由 17%下降至 5%，流动负债增长率由 15%下降至 5%，这说明当前国铁集团的债务规模已经进入稳定期。

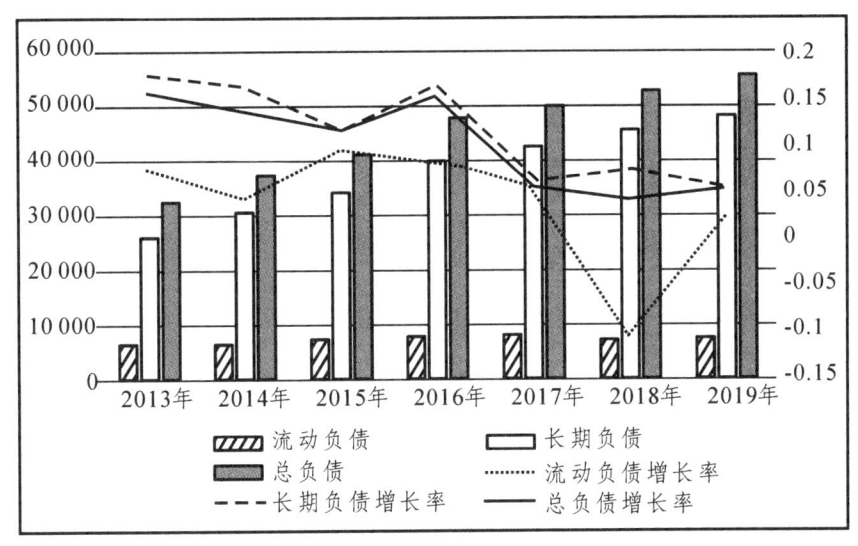

图 2-1　铁路负债情况分析

如表 2-5 所示，从短期偿债能力来看，国铁集团的流动比率、速动比率、现金流量比率指标并不乐观：3 类指标数值常年处于低位，呈现出逐年下滑的趋势，远远小于行业内普遍认可的企业流动比率基准值 2、速动比率和现金流量比率基准值 1。这说明当前国铁集团的短期偿债能力较差，未来可能面临着无法到期偿付日常债务的危机。

表 2-5　铁路短期偿债能力分析

年份	2013	2014	2015	2016	2017	2018	2019
流动比率	0.78	0.81	0.75	0.78	0.68	0.76	0.60
速动比率	0.66	0.69	0.64	0.68	0.59	0.64	0.49
现金流量比率	0.32	0.32	0.27	0.27	0.18	0.16	0.17

虽然国铁集团的资产负债率近些年有所稳定，但作为衡量长期偿债能力指标的利息保障倍数和现金流量利息保障倍数同样不容乐观。如表 2-6 所示，利息保障倍数指标是企业息税前利润与利息费用之比，国铁集团近年来该指标长期低于 1，说明国铁集团营业利润已经无法负担高额的利息费用。现金流量利息保障倍数是企业经营用现金流量与利息费用之比，近年来已由安全

值 3.7 下降至警戒值 1.2。虽然目前国铁集团现金流量尚能支持偿付利息，但目前现金流量已经处于偿还到期利息的临界值。

表 2-6　铁路长期偿债能力分析

年份	2013	2014	2015	2016	2017	2018	2019
资产总额	50462	56099	62459	72512	76484	80023	83150
利润总额	697	625	531	396	608	706	770
税后建设基金	627	547	449	408	483	528	537
税后净利润	2.5	6.3	6.8	10	18	20	25
资本收益率 K_1	1.25%	0.99%	0.72%	0.58%	0.66%	0.66%	0.68%

2.2.2　我国铁路投融资的主体与来源

2.2.2.1　铁路投融资主体

2013 年铁道部进行改革，政企分开后组建成立了中国铁路总公司，原铁道部所属 18 个铁路局（含广州铁路集团公司、青藏铁路公司）、3 个专业运输公司及其他所属企业的权益作为中国铁路总公司的国有资本。中国铁路总公司作为独立法人负责铁路项目的投融资规划与决策，享有铁路资产的权益，并承担相应的债务清偿责任。2019 年，为了进一步完成铁路市场化改革的目标，中国铁路总公司更名为中国国家铁路集团有限公司（简称"国铁集团"），组建起董事会、监事会、经理层的现代化公司治理结构，下属 18 个铁路局也相应完成了公司制改革，形成了国有独资属性的集团型企业。至此，我国铁路现代化企业制度改革基本完成。改革后的各项铁路投融资决策等重大事项由集团各级公司股东大会决议批准，但由于国铁集团是第一大股东且持有绝对比例，所以投融资决议的最终决定权以及债务的连带偿还责任仍由国铁集团承担。

除国铁集团外，其他铁路投融资主体还包括各级地方政府及下属的铁路类投融资平台、国有企业，以及少量的民营企业资本、个人资本。目前，我国合资铁路公司已达 200 多家，在一定程度上打破了铁路建设长期以来形成的国家投资、国铁集团独家建设与经营的格局,扩展了铁路投融资的多元主体结构,并在一定程度上缓解了铁路建设资金紧张的局面。近年来,随着铁路混合所有制改革的推进,铁路也开展了一些主体更为多元化的投融资试点工作,如京沪铁路上市融资、民资控股杭绍台 PPP 高铁项目、中铁顺丰公司等。但从目前来看,其他投融资主体的投资份额所占铁路总投资比例仍然处于较低的水平。据 2019 年铁路统计公告显示,当年我国铁路固定资产投资完成 8029 亿元,由国铁集团主导的国家铁路完成投资 7511 亿元,多元化投融资主体的地方合资铁路完成投资 518 亿元,仅占全国铁路固定资产投资总额的 6.45%。

2.2.2.2 铁路投融资来源

目前我国铁路投融资的主要来源可以分为国家财政拨款、铁路建设基金、铁路借贷、地方政府出资,以及社会资本出资五大类,2006—2019 年各类主体出资比例如图 2-2 所示。

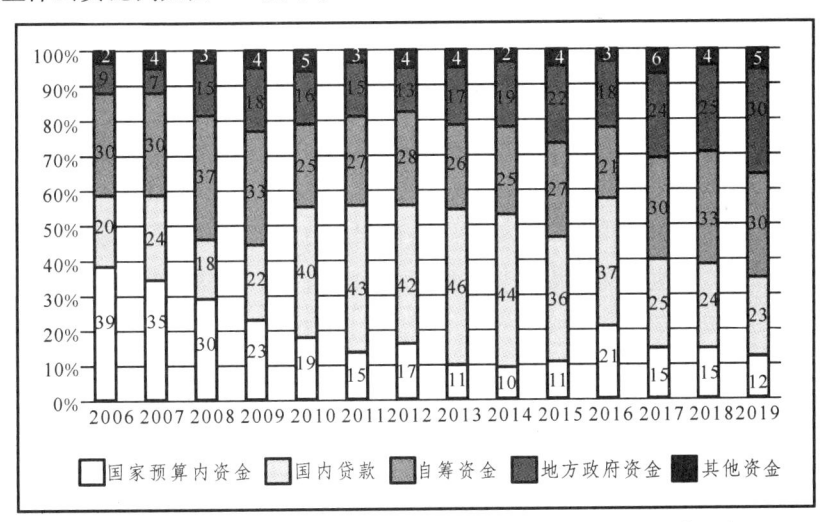

图 2-2 2006—2019 年铁路固定资产投资的资金来源分布比例

(1) 国家财政拨款

需申请投资补助的铁路项目由有关单位提出资金申请报告,经国家发改委审核批复，由中央预算内资金拨付，采用国库转移支付的方式给予直接的资金支持。目前，随着铁路运输市场化的逐步推进，国家财政对于铁路建设投资拨款在逐年收紧，在铁路整体投资中所占份额也逐年减少，投资对象也多为支援性的边疆铁路。据国家发改委报告，2019年中央预算内投资铁路1042亿元，其中436亿元为支持中西部地区铁路建设的专项资金，比上年增加140亿元。

（2）铁路建设基金

对于在国家铁路正式营业线和征收统一运价的运营临管线范围内运输的货物，按实际里程由发站征收的费用，用于铁路的铁路建设。早期的铁路建设基金在铁路投融资中发挥着重要的作用。据统计资料，1991—2003年铁路建设基金累计收取约4000亿元，占同期铁路基建投资总额的42%。然而近些年来，随着铁路建设投资的逐年增加，铁路建设基金已无法满足铁路投资的巨大需求，所占铁路投融资总额的比例逐年下降。据2017—2019年铁路统计公报显示，近三年的铁路建设基金支出全额用于偿还铁路贷款，已经基本失去了铁路建设投融资的功能。

（3）铁路借贷

铁路借贷包括铁路债券和银行借款，是当前铁路投融资的主要方式。铁路建设债券以国铁集团作为发行和偿还主体，包括中国铁路建设债券、中期票据、短期融资券等债务融资工具，5年期铁路债券利率为3%~5%，20年期利率为4%~7%。银行贷款是铁路建设部门直接通过向银行贷款获取建设资金的方式，所执行的利率多为银行贷款基准利率。虽然铁路借贷的利率较低，但由于铁路投资数额巨大，还是形成了巨额的债务负担。2018年铁路新增贷款5714.5亿元，占全部资金来源的54.21%，负债总额累计45154亿元，其中还本付息4901.4亿元，占当年铁路总投资的61.04%，形成了借债→投资→还债→借债→投资的恶性循环。

（4）地方政府投资

地方政府投资主要包括地方政府，及其下属的铁路建设类投融资平台。地方政府既可以用征地拆迁费用作价出资，直接参与铁路建设投资，也可以通过地方国资委下属的铁路建设类投融资公司，间接参与铁路投资建设。目前，省级国资委下属的专业铁路建设投融资公司已有 28 家，随着地方城际铁路建设热潮的掀起，不少地市级国资委也成立相应的铁路投资公司，以满足地方性城际铁路建设投融资的需求。

（5）社会资本投资

早在 2005 年，铁道部就出台了《关于鼓励支持和引导非公有制经济参与铁路建设经营的实施意见》(铁政法〔2005〕123 号)，鼓励社会资本进入铁路领域。随着铁路混合所有制改革的开展，铁路进一步放开了社会资本的进入限制。2015 年，国家发改委出台了《关于进一步鼓励和扩大社会资本投资建设铁路的实施意见》(发改基础〔2015〕1610 号)，支持社会资本以独资、合资等多种投资方式建设和运营铁路，全面开放铁路投资与运营市场，广泛吸引社会资本参与，扩大铁路建设资金筹集渠道，优化存量资产结构。

综上可述，当前我国铁路的投融资主体较为单一，投融资来源也基本以债务性融资为主，以国铁集团为代表的铁路企业，以及各级地方政府仍是最主要的投融资主体，其他投融资主体虽然也参与其中，但总体上投资力度不够。此外，铁路投融资长期以来依赖借贷的融资手段，债务性融资占比过高，权益性融资占比过低，造成了铁路企业资产负债率不断提高。

2.2.3 我国铁路投融资规模与结构

2.2.3.1 铁路投融资规模

近年来，随着社会经济的发展，人流和物流的规模不断扩大，对铁路客货运输的需求不断增长，迫切需要增加铁路建设投资。根据"十三五"规划，2020 年中国铁路网总里程将达到 15 万 km，其中高速铁路网总里程达到 3 万 km，到 2025 年中国铁路网总里程将达到 17.5 万 km，其中高速铁路网总里程达到 3.8 万 km。在如此迫切的铁路建设任务之下，我国铁路每年固定资产投资都稳定在 8000 亿元左右，2020 年即便受到疫情的影响，铁路依然完成了 7819 亿元的固定资产投资规模，2011—2020 年铁路固定资产如图 2-3 所示。

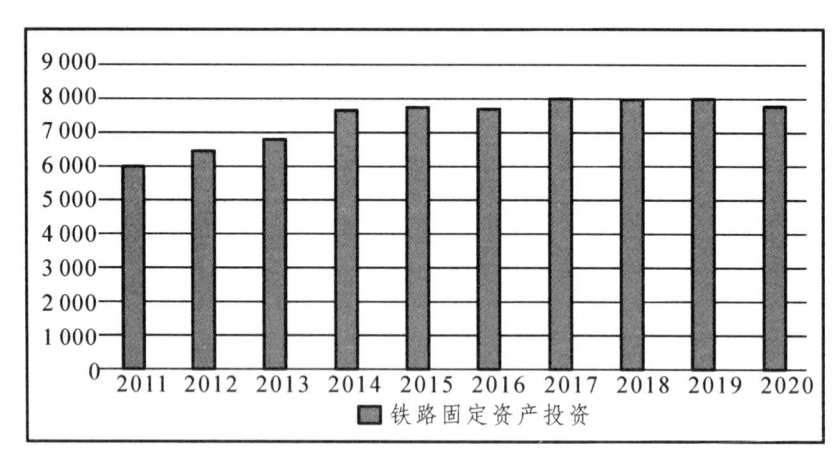

图 2-3　2011—2020 年铁路固定资产投资额

如图 2-4 所示，高速铁路建设投资的进展尤为迅速，2020 年我国高铁营业里程已达 3.8 万 km，年复合增长率 19.4%。2013 年后铁路投产新线中高速铁路占比在 50% 以上，个别年份甚至达到 88%。当前，中国高速铁路网规模已居全球第一，以"八纵八横"为骨架的高速铁路网络基本成型，并由大城市逐渐向中大型城市延伸，区域内城际高铁网络在不断充实，已经覆盖了大部分省、自治区、直辖市。

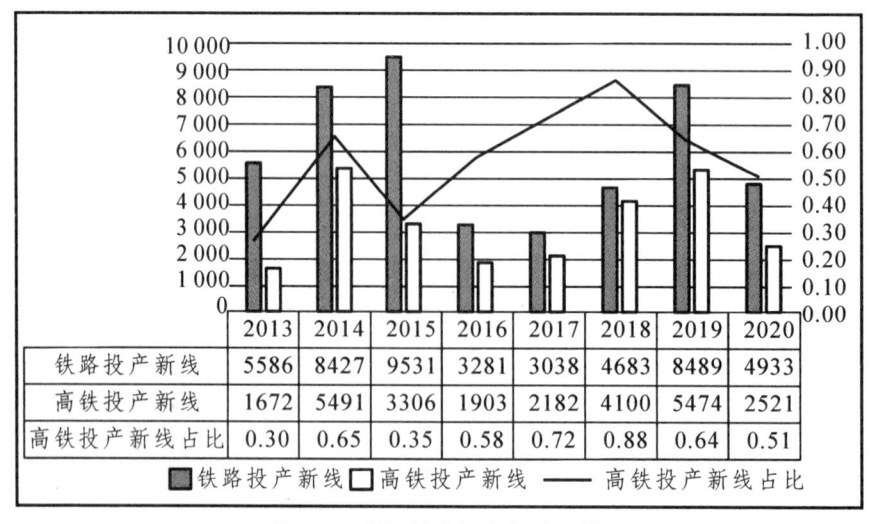

	2013	2014	2015	2016	2017	2018	2019	2020
铁路投产新线	5586	8427	9531	3281	3038	4683	8489	4933
高铁投产新线	1672	5491	3306	1903	2182	4100	5474	2521
高铁投产新线占比	0.30	0.65	0.35	0.58	0.72	0.88	0.64	0.51

图 2-4　我国铁路投产新线规模

如图 2-5、图 2-6 所示,与世界其他发达国家相比,我国的铁路网密度处于相对较低的水平,未来仍然有较大的提升空间。根据国铁集团以及世界银行的相关数据,截至 2019 年,我国不管从每万平方千米的铁路里程数,还是每万人的铁路里程数来说都处于较低水平,这在一定程度上反映未来我国铁路建设仍然有较大的投融资空间。

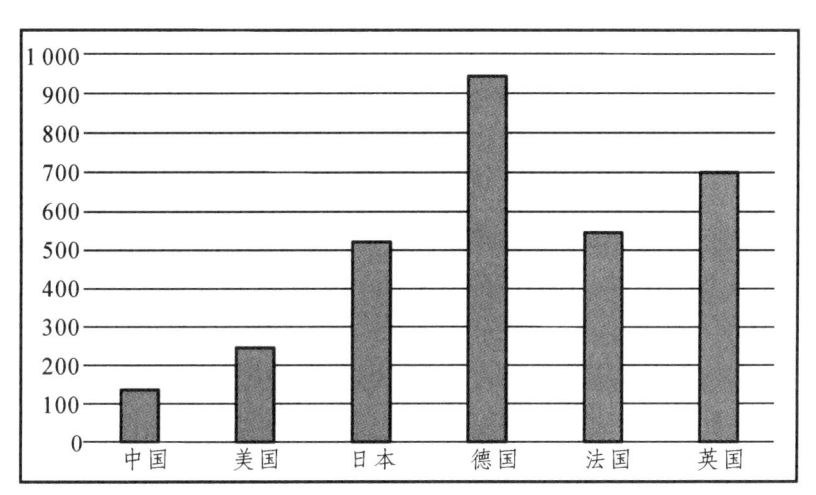

图 2-5 2019 年世界各国铁路网密度比较(km/万 km²)

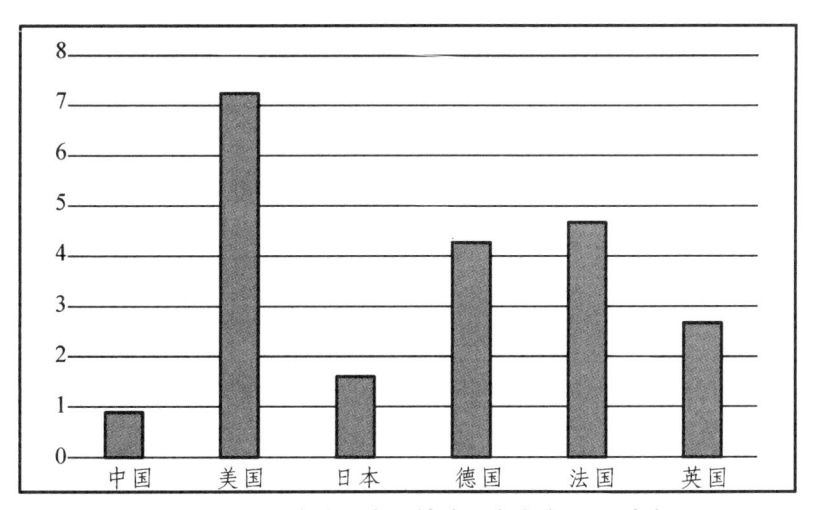

图 2-6 2019 年世界各国铁路网密度(km/万人)

2.2.3.2 铁路投融资结构

如图 2-7 所示，不同铁路投资项目的投融资主体，会导致项目之间的投融资结构具有差异化特征。作为铁路路网的干线铁路——国家铁路，由国铁集团负责投资建设，一般是由中央直接出资，包括中央预算内资金、交通运输部车购税资金、国铁集团自筹资金。"三横五纵"铁路干线以及部分铁路支线皆为国家铁路。铁路路网的支线铁路包括地方铁路和合资铁路，投融资主体相对多元。地方铁路一般由地方铁投平台投资建设，铁投平台是各地方政府出资成立的铁路投资、建设、运营的主体，项目最终管理权归地方政府。合资铁路一般是由国铁集团下属铁路局与地方政府下属铁投平台、其他社会资本合资建设和经营的铁路，可分为国铁控股和地方控股两种类型。此外，还有少部分铁路专线是由其他单位投资和管理的，如负责内蒙古地区煤炭运输的赤大白铁路由国家电力投资集团旗下内蒙古中电物流路港有限责任公司运营。

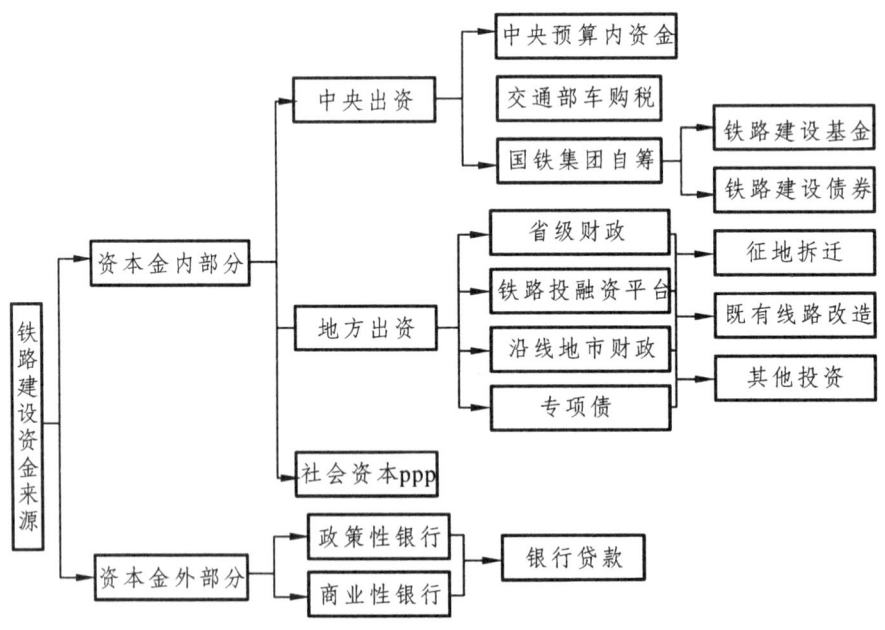

图 2-7 我国铁路建设项目资金来源

关于铁路投资的资本金比例，2000年来进行过多次调整。2004年，为了抑制经济过热的问题调高了最低资本金比例；2009年，为发挥经济托底作用降低了比例；2015年，又进一步将铁路投资资本金比例由25%下调至20%。2019年11月，国务院常委会提出："对补短板的公路、铁路、生态环保、社会民生等方面的基础设施项目，在收益可靠、风险可控前提下，可适当降低资本金比例，下调不超过5个百分点。"这意味着铁路投资的资本金比例最低可达15%。但从发改委实际批复的项目情况来看，资本金比例远高于最低资本金要求，基本都为50%。欠发达地区的资本金比例更高，如和田至若羌铁路、西宁至成都铁路资本金比例达到100%。资本金以外的资金通常利用国家开发银行等国内银行贷款来解决。

关于资本金部分中央和地方的出资比例，因项目类型、区域差异而各不相同，总体来说中央出资比例有减小的趋势。中央的出资主要包括中央预算内资金、交通运输部车购税资金、国铁集团自筹资金，而国铁集团（原铁道部、原铁总）自筹资金又主要包括铁路建设基金和铁路建设债券（铁道债）。地方出资部分来源于省级财政、铁投平台和沿线地市财政出资，2019年9月，国务院常委会提出对于投向重点基建领域、重大基础设施领域的专项债均可用作项目资本金。铁路沿线征地拆迁工作由地方政府负责，相关费用及土地经出资各方认可后计入地方出资以及项目公司股份。征地拆迁费用通常占地方政府出资的1/3至1/4。既有线路的改造通常作为单列投资，由地方政府全额出资。表2-7为2015—2020年部分铁路投资及资金比例结构。

表 2-7　2015—2020 年部分铁路投资及资金比例结构

批复时间	铁路线名称	总投资/亿元	资本金比例/%	中央、地方出资比例/%
2015.10	银川至西安高铁	805.1	50	63/37
2016.01	北京至霸州高铁	274.3	50	35/65
2016.10	贵阳至南宁高铁	757.6	50	40/60
2016.11	赣州至深圳铁路	641.3	50	54/46
2017.01	安庆至九江高铁	336.3	50	50/50
2017.10	盐城至南通高铁	262.8	43	25/75

续表

批复时间	铁路线名称	总投资/亿元	资本金比例/%	中央、地方出资比例/%
2018.01	南昌至黄山铁路	485.7	50	36/64
2018.05	和田至若羌铁路	221.5	100	50/50
2019.06	包头至惠农高铁	546.3	74	49/51
2019.09	沈阳至白河高铁	722.91	67	38/62
2019.12	集宁至原平铁路	339.3	70	24/76
2020.01	西宁至成都铁路	814.9	100	58/42
2020.04	西安至十堰高铁	476.8	50	44/56

2.2.4　我国铁路投融资存在的问题分析

2.2.4.1　规模矛盾

当前我国铁路投融资面临最突出的矛盾是投资规模与融资规模之间的矛盾，表现为巨额的铁路投融资项目与相对单一的融资主体、渠道之间的矛盾。根据2015年国家铁路局发布的《铁路中长期发展规划》，到2025年我国铁路网规模达到17.5万km，其中高速铁路3.8万km，这意味着10年间要新建普通铁路5.1万亿km、高速铁路1.3万km。如此巨量的铁路建设项目，意味着需要巨量的投资来满足，这也是近年来我国铁路每年固定资产都超过8000亿元的原因。

与巨量的铁路固定资产投资相比，铁路融资规模则相对较小。目前，我国铁路融资方式主要是银行贷款、铁路债券、国家财政拨款、铁路建设基金四项融资渠道，其中2020年中央铁路预算铁路建设资金389.3亿元，铁路建设基金353.4亿元，与铁路每年8000亿元的投资相比只是杯水车薪。作为主要融资渠道的银行贷款、铁路债券等债务融资渠道，随着2013年铁路政企分开，铁路投融资主体由政府机构变为企业法人，铁路投资所需的商业借款需要更多的担保,增加了持续借债的门槛。同时,国铁集团高达 65.1%的资产负债率,也不允许继续扩大借债规模。因此,铁路急需更为多元的融资主体与渠道,增加融资规模,以满足铁路建设投资的巨大缺口。

2.2.4.2　效率矛盾

当前我国铁路投融资面临最根本的矛盾是投融资效率之间的矛盾,表现为过高的投资成本与过低的投资收益之间的矛盾。铁路投融资规模矛盾、结构矛盾的根源是效率矛盾,社会资本具有逐利性特征,偏好回收期短、风险低、收益高的投资项目。然而,铁路投资回收期长、风险高、收益低,不符合社会资本的投资标准,诸如大秦铁路、京沪高铁这样的稳定盈利的铁路优质线路毕竟只是少数,大部分铁路线路运营仅能做到保本经营,甚至不少线路存在亏损的问题。在这样的背景下,虽然政府和铁路企业出台了一系列铁路融资优惠政策,但社会资本仍然不愿意投资铁路。

深入探究,铁路投融资效率问题并非无法改变。首先,铁路改革最大的问题是残留的政企合一的管理体制,通过经营体制、管理模式等公司治理的方式可以提高铁路企业的经营效率,能够有效增加投资收益。其次,铁路投资收益的最主要来源是运输收入,通过运价的市场化改革,以及公益性铁路收入补贴等制度改革,可以增加铁路的运输收入,提高铁路投资收益。最后,铁路具有网络性、外部性等产业特征,通过不同投融资项目的优化组合,能够实现铁路的产业化、规模化经营,也可以相应地提高投资收益。

2.2.4.3　结构矛盾

当前我国铁路投融资面临最现实的矛盾是投融资结构的矛盾,具体表现如下。

① 融资结构不合理。当前我国铁路投融资债务融资比例过高,而股权融资比例过低,以信贷为主的债务融资占总融资比例的 60%以上,不少新建铁路项目还未开始运营便背上了巨额的债务包袱。

② 股权结构不合理。目前铁路开展了一些股权融资项目，如铁路基础设施 PPP 项目，以及多元化经营项目等。但是，为了保持铁路资本的控制权，往往会对社会资本的股权比例做出一定的限制，这在一定程度上限制了社会资本的功能发挥。股权结构是公司治理结构的基础，对一些商业化程度较高的项目，适度提高社会资本的股权比例，能够实现优化资源配置，提高公司的治理能力。

③ 投资业务结构不合理，侧重铁路运输基础设施与运输业务的投资，忽略了铁路多元化经营业务的投资。从上文铁路财务数据的分析可以看出，铁路多元化经营业务毛利率高达 45%，其经营效益远远高于铁路运输业务。但是，由于长期以来僵化的管理体制以及惯性思维的影响，铁路在多元化业务领域缺乏市场参与能力，甚至出现了多元化业务收入逐年减少的情况。这反映了铁路长期以来对多元化业务投资并不十分重视，导致本应弥补铁路主营运输业务亏损的铁路多元化业务收入增长缓慢。

2.3 地方铁路投融资模式

交通基础设施对经济发展具有重要的支撑和引领作用。中国经济高速增长常伴随着大规模的交通基础设施建设。铁路因具有耗能低、占地少、运载量大等优势，成为促进经济增长、制定国家发展战略的重要工具。2004年中国第一个铁路发展规划《中长期铁路网规划》颁布，推动铁路加速建设，运营里程从 2000 年的 6.87 万 km 突破到了 2021 年的 15 万 km，约增长了 2.18 倍。特别是，中国高速铁路建设从无到有，运营里程超 4 万 km，占全球高铁总里程逾 2/3。另外，由于铁路建设工期长、投资巨大且回报率低，建设资金压力一直很大，铁路行业建设供给与社会需求不匹配的矛盾长期存在。为此，在改革开放的大环境下，铁路行业开展从计划经济到市场经济的体制改革，历经几十年追随式发展，逐渐适应市场化背景下的交通运输环境。

计划经济时期，铁路建设由国家出资按计划进行。改革开放后，铁路建设实行权力下放，国家允许地方政府和国企参与铁路建设。21世纪初，中国加入WTO后实现全方位开放，相较已市场化的航空、高速公路等交通行业，铁路行业管理权集中、建设资金短缺等问题导致竞争力下降。在外部压力和内部驱动的双重作用下，2004年，广东省试点"部省协议"模式（PMA），标志着铁路融资进入第三阶段，开启了多元化主体建设。2013年，国务院宣布铁道部政企分离，成立中国铁路总公司和国家铁路局分别承担铁道部企业和制定政策职责，降低了地方政府和社会资本进入铁路行业的门槛。铁路建设进入新阶段，逐渐形成以中央政府为主、地方政府和社会资本参与的多元多层级发展主体共同作用的局面。[①]

铁路建设事关我国经济、社会和国防安全，以前均由国铁集团投资，委托各铁路局集团公司代为建设与运营。随着我国铁路建设里程迅速增加，我国已投入运行的铁路里程15.5万km，其中高铁运营里程4.2万km，已跃居世界第一，给我国的经济社会发展、人民交通出行、货物运输带来了极大的便利。但铁路建设技术复杂、投资额大、运营成本高，给国铁集团带来了较大的资金压力。为了减轻国铁集团的资金压力，丰富铁路建设项目投融资模式，扩大项目资金来源，同时加快各地的铁路建设进展，以促进当地的经济社会发展，从2016年起，国家开始允许地方政府资本和民营资本投资铁路建设项目。国家发改委于2016年公布了首批共计8个由地方政府资本或民营资本参与投资的铁路建设项目。其中，杭州—绍兴—台州高铁建设项目的投资中，民营资本占比为51%，成为我国首个民营资本占控股地位的高铁建设项目。[②]

由于铁路基础设施投资巨大，近年来分层分类建设铁路的模式正逐步推行。一般来说，城际铁路、支线铁路等由地方政府负责大部分资金和建设，不同的建设管理方式也产生了不同的承包模式。为缓解地方铁路建设筹资压

[①] 孔冰清，王磊，段学军. 中国铁路建设与国土空间发展的关系演变——基于多层级管治视角[J]. 热带地理，2023，43（5）：859-871.

[②] 陈星. 浅谈项目融资模式在铁路建设项目中的应用[J]. 铁路采购与物流，2022，17（10）：30-32.

力，发挥市场在资源配置中的主体作用，应积极推动地方铁路建设投融资模式创新，为地方铁路建设与发展提供有力的资金保障。

2.3.1　外国地方铁路投融资模式

2.3.1.1　日本

在二战爆发之前，日本政府对铁路建设就已经投入了大量资金，铁路占公共事业投资总额比重最高时达到77%，最低也占45%以上。

日本第一条新干线是始建于1959年4月的东海道新干线，其于1964年7月份完工，连接了日本最重要的两座城市东京和大阪，全长500多km，完工后正好服务于东京奥运会。东海道新干线和山阳新干线基本上是以国铁自筹绝大部分债务资金修建的；在东北新干线和上越新干线的投资中，日本政府的财政投入占13%。

随着越来越多新干线的建设，高铁项目获得了政府越来越大的支持。国铁民营化以后，日本政府正式确定新干线的建设费用按照公司、国家和地方共同分担的原则分摊，并逐步加大了地方政府承担的比例。

国铁民营化后，1989年日本确定了后续新建新干线建设费用分摊办法，1989—1996年调整为JR公司以租赁费方式支付约50%，中央政府承担约35%（包括JR公司支付的转让新干线资金），地方政府承担约15%。

由于民营铁路运营公司承担建设费用的压力太大，该投融资模式于1997年调整，调整后总投资约95%由政府承担，其中中央政府约占2/3，地方政府约占1/3，各JR公司则只以线路租赁费或税负名义承担剩余的约5%。地方的资金则有相当部分来自发行债券。

2.3.1.2　法国

法国从20世纪80年代初到1996年，陆续建成1281 km的TGV高速线，主要资金来源是法国国营铁路SNCF发行的债券及贷款，国家仅对部分非营利线路给予4%~30%的补贴。例如TGV东南线（巴黎—里昂），完全是由

SNCF 在资本市场上通过债务融资兴建的，没有获得任何政府补助。

随着铁路建设的增加，国家对其投资和补助日益增加。法国大部分铁路建设项目都由法国政府财政拨付投资，如法国 2000 年开工的 TGV 东欧线一期工程，中央政府承担了 39%的建设费用。

法国还积极运用市场机制进行融资。法国铁路的投融资模式大致是：首先根据铁路项目建成后的盈利能力来决定法国路网公司的投资额，剩余投资资金则由法国中央政府、地方政府和其他受益者分担。在这种投融资模式中，中央政府出资比例约为 1/3，地方政府出资比例约为 1/3，法国路网公司和法国国营铁路公司共同承担 1/3。

另外，法国政府还得为铁路部门拨付很大一部分资助性投资，诸如线路使用费、地方运输费用补贴、社会性运输补贴、偿还债务和退休人员专业资金等。例如，TGV 大西洋线（巴黎—勒芒），成本 110 亿法郎，其中部分公共补贴达到 30%。TGV 北方线（巴黎—里尔/加来），成本 169 亿法郎，部分公共补贴达到 4%。

近几年，法国还在探索使用 PPP 投融资模式进行建设个别小区段的铁路线路，以吸引私人资本进行铁路的修建和经营。但到目前为止，其运行效果不太乐观，常出现严重亏损现象。

法国新线建设中开创了没有先例的组合性投资方式，从欧盟和其他欧洲国家吸收了大量资金。例如 TGV 东欧线（巴黎—斯特拉斯堡），总投资 300 亿法郎，一期投资 205 亿法郎。其中，中央政府占 39.0%，RFF 投资占 23.4%，沿线四个大区占 23.9%，欧盟占 10.2%，受益国卢森堡大公国占 3.4%。

2.3.1.3 德国

在德国，《联邦铁路线路改扩建法》规定，铁路建设投资方面的分工是联邦政府负责长距离（全国骨架性）铁路建设，短距离（地方性）铁路由州和地方政府负责。联邦政府负责对干线铁路拟定规划、裁决铁路基础设施建设的议案，提出并制订铁路的建设计划，以及负责铁路建设的投融资，包括欧洲城际快车、城际快车和城际特快列车，形成了连接欧洲大陆和德国主要城市的主干铁路网。在地方铁路方面，各州拥有立法权，有权规划建设地方铁路，包括区域特快铁路、区域铁路和城市铁路，主要服务于德国支线的乡镇和地方社区。近年来，部分短途铁路的基础设施已经由所在州政府投资建设，预计以后将成为一种趋势。

一般德国铁路建设投融资模式为：资金由联邦政府、联邦政府贴息贷款和德国铁路股份公司自筹三部分组成，其中联邦政府财政拨款和联邦政府贴息贷款每年大约投入 70 亿马克的资金。另外，联邦政府每年从汽油税收中拿出大约 80 亿马克用于补贴德国铁路股份公司。

由于技术的进步，尤其是一票制的实行，民众乘车无须检票，减少了对车站场所的使用，大量站房闲置。德国有 5400 个车站，对其中 2200 个车站进行了综合开发。德国北威州政府和德铁联合成立了铁路土地开发公司，任务是对铁路两侧土地特别是场站进行综合开发，改建成厂房、商店等进行出售或出租。对于大型车站，结合周边地区进行了整体土地综合开发，对铁路可持续发展发挥了重要作用。例如，2003 年建成的波茨坦广场地区火车站，在 1990 年建设车站之前，就已经开始策划波茨坦广场城市综合体建设工作，其占地面积达 11.1hm^2，包括规划建设配套现代化办公写字楼和商业设施，表现了柏林作为欧洲及世界大都市的特点。同时历经 10 年，建成了波茨坦广场大厦和索尼中心等大型建筑，包括各种商业及娱乐中心，将波茨坦广场变成为柏林市新地标。每天有近 8 万人光顾周边 100 多个各类专店、众多餐饮店和大型食品超市。该广场的地下停车场拥有车位数达 2500 个。另外，还聚集了数家高科技电影院和一家现代化音乐剧院等娱乐场所。

2.3.1.4 美国

美国对铁路建设的支持来自联邦政府和地方政府。1850—1873 年，联邦政府对铁路的资助额大约为铁路投资的 30%；1865—1890 年，联邦政府的赞助总数达 15~20 亿美元，占这一时期铁路投资的 10%~15%。土地赠予是联邦政府铁路投资中最重要的方式。联邦政府对于铁路建设支持最具代表性的表现是《太平洋铁路法案》，法案规定：政府保障援助为用于邮政、军事和其他目的而建设的由密苏里河到太平洋的铁路线和电报线路；政府负责赠送大批国有土地和资助大量资金。1850—1871 年，联邦政府给各铁路公司的土地总计达 17 500 万英亩（1 英亩＝4 046.86 平方米）以上，其中大约有 13 100 万英亩为铁路公司实际所有。"联邦政府给予铁路公司的土地如此之多，以至于占了明尼苏达和华盛顿州面积的 1/4，威斯康星、阿依华、堪萨斯、北达科他和蒙大拿州的 1/5，内布拉斯加的 1/7，加利福尼亚的 1/8 和路易斯安那的 1/9。"巨额的土地投资为铁路公司解决了资金问题。按联邦政府的援助政策，铁路公司所获得的赠地是可以自行处理的，各铁路公司为了把这些土地转化为资本，一般采取两种方式：① 直接向移民高价出售；② 组织城镇开发公司，进行镇址投机。各铁路公司都依靠土地的收入作为修路的主要资金。例如，1856 年建成的伊利诺伊中央铁路，5/6 的费用靠出售国有土地支付，政府赠予土地价值占中央太平洋铁路总投资的 26%，占联合太平洋铁路总投资的 34%。

美国铁路行业大部分运营机制为私营企业运营，自负盈亏，但政府在铁路建设阶段会制定若干优惠政策以提供各种援助和支持。《太平洋铁路法案》规定：每铺设 1 英里路轨另外给予铁路两侧 10 平方英里的备用地段，并且按首次抵押条件给予贷款，一般每英里可得 1.6 万美元贷款，但是丘陵地则为 3.2 万美元，山区为 4.8 万美元。

联邦政府充当投资主体，并不意味着政府财政直接承担所需全部资金，而是通过多种形式进行，如充分利用金融工具进行资金借贷、债券融资和发行股票、融资租赁、税收、商业化开发等。对于银行贷款，铁路建设者可运用铁路向银行做抵押贷款，而且美国政府每年都会提供一定额度的贷款担保。对于债券融资和发行股票，美国一些优良的铁路都由上市公司来运营，这些上市公司可以通过发行和出售股票和债券来募集资金。19 世纪 50 年代中期，仅外国人购买的美国铁路债券即达 1.5 亿～2 亿美元。19 世纪 80 年代初，欧洲资本家在美国铁路建筑方面的投资达 15.35 亿美元。对于商业化开发，主要通过土地开发商的私人出资、停车场等公共位置广告费收入或发行彩票等方式进行商业化开发，以获得基础设施建设资金。

2.3.2 国内地方铁路投融资模式

目前,我国地方铁路的投融资环境有以下五个特点。

(1)政府投资占据主导地位

在铁路建设中,政府投资是最主要的资金来源。这包括中央政府和地方政府的投资,以及国家铁路公司和地方政府合作投资等。政府对铁路建设的支持和主导作用显著,尤其是对于一些大型和关键的铁路项目。

(2)多元化的投融资渠道

除了政府投资,地方铁路的投融资渠道还包括国内银行贷款、铁路债券、上市融资和企业多元投资等。这些渠道在一定程度上缓解了单纯依靠政府投资的资金压力,也提高了铁路建设的可持续性。

(3)资金来源的区域性差异

不同地区的铁路建设资金来源可能存在差异。比如,一些发达地区可能更能够吸引多元化的投资,包括私人企业、外资等。而在欠发达地区,政府投资可能占据更大的比例。

(4)投资回报的长期性

铁路建设投资大,回收周期长,这是由铁路项目的性质决定的。虽然如此,但长期来看,铁路项目通常具有较高的社会效益和经济效益,这有利于吸引更多的投资者。

(5)受政策影响大

政府的政策对铁路投融资环境有显著影响。政府的政策导向、财政政策、货币政策等都会对铁路投融资环境产生直接或间接的影响。

习近平总书记高度重视经济金融工作。党的十八大以来,金融改革不断深入。党的十九大报告指出,要增强金融服务实体经济能力,提高直接融资比重,促进多层次资本市场健康发展。铁路建设是近年来经济发展的重点,亦是投资的重点。探索地方铁路基础设施投融资的市场化改革、引入更多社会资本成为关键因素。一方面,需要拓宽铁路项目融资渠道,缓解省资本金出资压力;另一方面,需要持续完善铁路项目公司治理,提升公司经营效益。

浙江铁投、广西铁投、四川铁投、山东铁投等地方企业都在积极探索。

中国目前地方铁路发展较好的为华南、华东和华中地区。下面主要介绍发展较好地区的地方铁路投融资发展模式。

2.3.2.1 面向民间投资公开招标模式

公开招标方式有国内、国际竞争招标两种。但从国内来说，具体招标的时候，可以选择在报刊、电子网络等媒体上公布招标文件，吸引众多企业单位参加投标竞争。在招标期限截止之后，招标单位可以结合实际情况，选择更为合适的投标单位。其中依法必须公开招标的项目主要有三类：

① 国家重点项目和省、自治区、直辖市人民政府确定的地方重点项目（《招标投标法》第十一条）。

② 国有资金占控股或者主导地位的依法必须进行招标的项目（《招标投标法实施条例》第八条）。

③ 其他法律法规规定必须进行公开招标的项目。例如，《政府采购法》第二十六条规定，公开招标应作为政府采购的主要采购方式；《土地复垦条例》第二十六条规定，政府投资进行复垦的，有关国土资源主管部门应当依照招标投标法律法规的规定，通过公开招标的方式确定土地复垦项目的施工单位。

依法必须公开招标的项目，因存在需求条件和市场供应的限制而无法实施公开招标，且符合法律规定条件情形的，经招标项目有关监督管理部门审批、核准或认定后，可以采用邀请招标方式。

公开招标的方式体现了市场机制公开信息、规范程序、公平竞争、客观评价、公正选择以及优胜劣汰的本质要求。公开招标因为投标人较多、竞争充分，且不容易串标、围标，有利于招标人从广泛的竞争者中选择合适的中标人并获得最佳的竞争效益。

依法必须进行招标的项目采用公开招标，应当按照法律规定在国家发展改革委和其他有关部门指定媒介发布资格预审公告或招标公告，符合招标项目规定资格条件的潜在投标人不受所在地区、行业限制，均可申请参加投标。

能够使业主在广泛范围内对施工单位加以选择，以便于开展竞争，防止出现垄断，有效提高承包商的竞争实力，使得工程质量得到提高，缩短工期，降低造价。但是，其缺点为招标人需要对投标人资格加以审查，并且投标文件数量十分大，耗费较多的时间，增加招标费用。

具有代表性的项目有广佛环线佛山西站至广州南站段等 5 个城际项目。该环线环绕于中国广东省广州市和佛山市的城际铁路，途经佛山市南海区、禅城区、顺德区及广州市番禺区、海珠区、天河区、白云区、花都区，由广东省铁路建设投资集团有限公司负责投资建设，委托广州地铁集团下属子公司广东城际铁路运营有限公司负责运营。投资方、建设方和运营维护方各自管理自己职责内事务，不能形成较好的联动和效率。

2.3.2.2　BOT 模式

——BOT 模式的概念

BOT 是英文 Build—Operate—Transfer 的首字母组合。世界上一些权威组织对 BOT 的定义如下。

世界银行的定义。政府通常采取这种方式给予某些公司新项目建设的特许权。私人合伙人或某国际财团愿意自己融资，建设某项基础设施，并在一定时期内经营该设施，特许期满后将此项目移交给政府部门或其他公共机构。

亚洲开发银行的定义。项目公司计划、筹资和建设基础设施项目，经所在国政府特许在一定时期内经营该项目，特许权到期时将项目资产的所有权移交给国家。

联合国工业发展组织的定义。在一定时期内由私有组织对基础设施进行筹资、建设、维护及运营，特许期满后所有权移交为公有。

我国普遍接受的 BOT 模式的定义。国家或者地方政府部门通过签订特许权协议，授予投资者或其代表基础设施项目融资、建设、运营和维护的权利；在协议规定的特许期限内，基于项目成立的项目公司拥有项目的运营权，通过收取使用者适当的使用费用，回收投资并获得合理的回报；特许期届满，项目公司将项目无偿移交给政府部门。

——BOT 模式的特征

（1）特许权的先决性

BOT 项目的投资者只有取得政府转让的在特许期限内允许社会资本参与国家基础设施的投资建设特许权后，才可以从事项目的建设与运营。取得特许权是先决条件。

（2）投资客体的特定性

BOT 模式不同于一般的商业经营。它的投资客体一般是与一个国家或地区的发展规划有关的基础设施。投资者在未获得特许权之前，BOT 项目的建设和经营权掌握在政府手中，具有特定性。

（3）投资数额的巨大性、投资回报的长期性

基础性设施的投资数额巨大，动辄十几亿、上百亿的投资，对投资人的资金实力有较高的要求。BOT 项目运作时间和建设周期都较长，投资者得到的回报来自项目运营中收回的资金，回收率不是很高，投资回报的时间比较长。因此，BOT 项目的特许期限一般是 20~35 年。

（4）项目产权的独特性

BOT 项目的行为主体是作为独立法人的项目公司，项目通过股东注入股本和抵押项目资产作为资本金，以项目公司为主体安排融资，从而获得建设资金。所以，BOT 项目实质上是一种股权与债务的混合体，虽产权明晰，但是具有独特性。项目公司所拥有的始终是不完全的物产所有权，具有阶段性，项目最终的所有权归政府。

（5）参与主体的多元性

BOT 项目涉及投资者、政府、银行及其他金融机构、承包商、材料设备供应商、项目运营商、保险担保机构、咨询顾问机构等众多的参与方，参与主体具有多元性。

（6）项目的高风险性和风险分散性

BOT 项目由于投资数额巨大，建设与运营周期长，外部与内部系统不确

定性因素多，因此具有高风险性。由于参与方众多，BOT项目风险承担的主体一般包括上述多个项目参与主体，各参与主体之间形成复杂的合同关系，共同分担风险，管理项目，具有风险分散性。

（7）融资追索的有限性

BOT融资项目以项目为主体进行融资，项目的风险与投资者的其他资产隔离，融资追索具有有限性。如果项目收益无力偿还借贷资金，贷款人只能获得项目的收入与资产，而对投资者的其他财产无追索权。

（8）法律关系的复杂性

由于项目参与主体众多，各参与主体之间的权利义务关系复杂，项目投资者与其合作伙伴、金融机构、项目公司、政府之间都有不同内容的权利义务关系。BOT项目是基于一系列合同协议基础之上，由各参与方组合而成的商业运作系统。一个完整的BOT项目基本结构如图2-8所示。

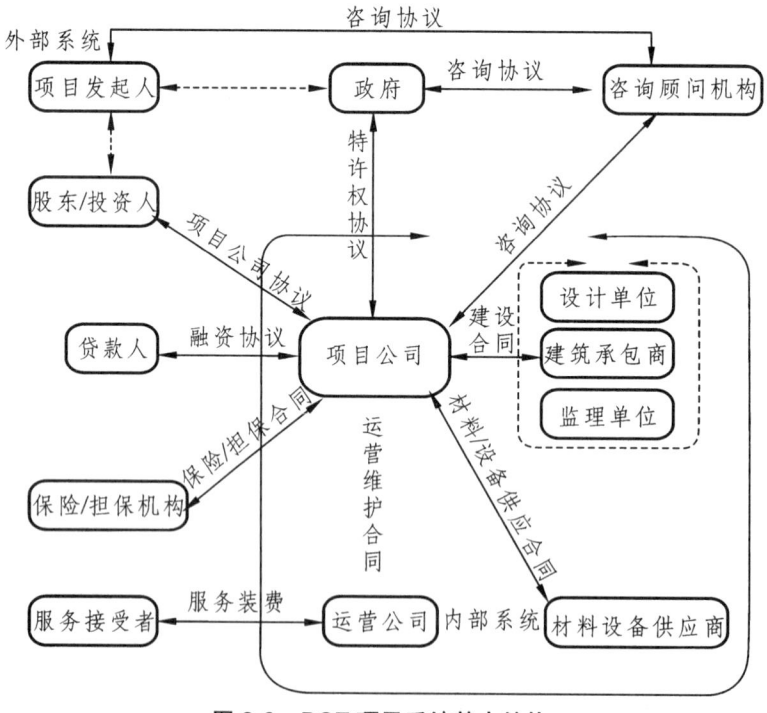

图 2-8 BOT 项目系统基本结构

BOT模式的上述特征，决定了其运作过程涉及面广，涉及的行业分散，各参与方配合复杂、困难，不可能实现完全模式化的运作管理。对于不同行业的实际操作只能依据BOT模式的实质精髓，具体项目需要具体分析。

——BOT模式的派生形式和变形

在BOT融资模式发展过程中，由于建设项目的实际情况不尽相同，BOT的具体结构发生了一些变化。因此，不但BOT的基本模式有几种变形，而且也产生了很多派生形式。在世界银行《1994年世界发展报告》中，BOT包含三种基本形式，即BOT、BOO、BOOT。不管是基本形式还是派生形式，在基本原则和思路上都没有实质性的差别，均为投资者基于政府赋予特许权的基础上的活动。现在将其基本模式的变形和几种重要的派生形式进行简单介绍。

（1）BOT模式的基本形式变形

① BOO（Build—Own—Operate），即建设—拥有—经营。投资人根据政府赋予的特许权建设经营项目，但最终并不移交给政府。

② BOOT（Build-Own—Operate—Transfer），即建设—拥有—经营—移交，指项目公司在项目建成后在特许权协议规定的期限内拥有项目的所有权并进行经营，期满后将项目移交给政府。这种形式与标准BOT模式的差别在于，BOOT模式下项目公司在特许期限内对项目既有所有权，也有经营权。而且，一般BOOT模式的特许经营期比标准的BOT更长。

（2）BOT模式的派生形式

① BT（Build—Transfer），即建设—移交。投资者在项目建成以后以一定的价格将项目资产移交给政府，由政府负责项目的经营和管理。这种形式取消了投资者经营项目的工作，只负责建设和移交，大大降低了运营风险。

② BOOST（Build—Own—Operate—Subsidy—Transfer），即建设拥有—经营—补贴—移交。投资者在项目建成后，在特许经营期限内对项目有所有权和经营权，但是风险很高或经济效益差，政府会给项目提供一定的补贴。特许期满后，项目公司将项目移交给政府。

③ BLT（Build—Lease—Transfer），即建设—租赁—移交。投资者在项

目建成后，出租给政府经营，收取租金。特许期满后，将项目资产移交给政府。

④ ROT（Rehabilitate—Operate—Transfer），即修复—经营—移交，投资者把项目修复好，在特许期内经营，获取收益，特许期满后将项目资产移交给政府。

⑤ ROO（Rehabilitate—Own—Operate），即修复—拥有—经营。投资者在政府授权下对项目进行修复，并取得项目资产所有权，进行经营管理。

⑥ TOT（Transfer—Operate—Transfer），即移交—经营—移交。政府将项目移交给投资者，投资者进行项目的经营和管理，特许期满后移交给政府。

采用 BOT 模式的何种形式，要视项目的具体情况来决定，只是具体 BOT 的结构不同，原则和原理则是一样的。①

——BT 模式概念

由于 BT 模式投资者的投资回收期大大缩短，并且资金回收有保障，投资者风险较小，有利于吸引投资者，因此下面详细研究 BT 模式。

BT 项目模式中 BT 是英文 Build（建设）和 Transfer（移交）的缩写形式，意即"建设—移交"，是政府利用非政府资金来进行非经营性基础设施建设项目的一种融资模式。BT 模式是 BOT 模式的一种变换形式，指一个项目的运作通过项目公司总承包，融资、建设验收合格后移交给业主，业主向投资方支付项目总投资加上合理回报的过程。采用 BT 模式筹集建设资金成了项目融资的一种新模式，项目发起人通过与投资者签订合同，由投资者负责项目的融资、建设，并在规定时限内将竣工后的项目移交项目发起人；项目发起人根据事先签订的回购协议分期向投资者支付项目总投资及确定的回报。大部分 BT 项目都是政府和大中型国企合作的项目。

其运作模式是：政府根据当地社会和经济发展需要对项目进行立项，完成项目建议书、可行性研究、筹划报批等前期工作，将项目融资和建设的特许权转让给投资方（依法注册成立的国有或私有建筑企业），银行或其他金融机构根据项目未来的收益情况对投资方的经济等实力情况为项目提供融资贷

---

① 李晓霞. BOT 融资模式在铁路建设项目中的应用研究[D]. 北京：北京交通大学，2013.

款，政府与投资方签订 BT 投资合同，投资方组建 BT 项目公司。投资方在建设期间行使业主职能，对项目进行融资、建设并承担建设期间的风险。项目竣工后，按 BT 合同，投资方将完工验收合格的项目移交给政府，政府按约定总价（或计量总价加上合理回报）按比例分期偿还投资方的融资和建设费用。政府在 BT 投资全过程中行使监管权力，保证 BT 投资项目的顺利融资、建设和移交。但是，投资方是否具有与项目规模相适应的实力，是 BT 项目能否顺利建设和移交的关键。一些现金流充足、业绩较好、有一定融资能力的总承包企业就可以采用 BT 模式，扩大企业的业务量，延伸企业经营的范围，扩大市场占有量。①

BT 融资模式流程如图 2-9 所示。

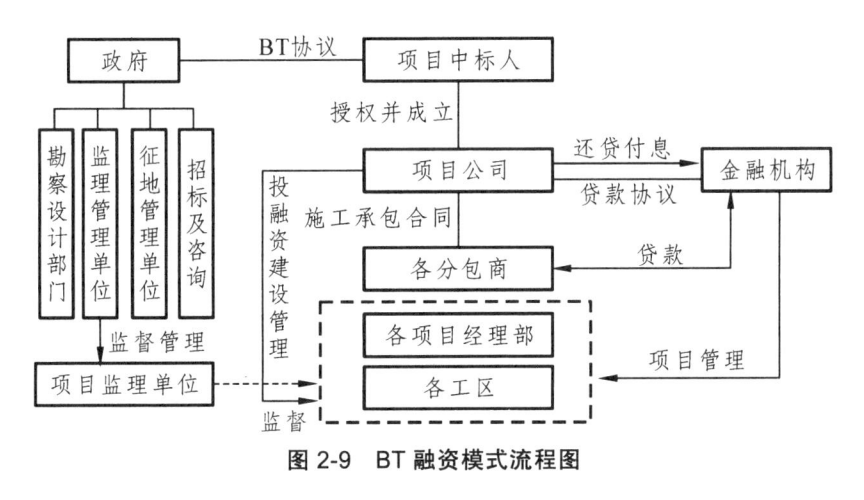

图 2-9　BT 融资模式流程图

其运作的依据是：《中华人民共和国政府采购法》第二条"政府采购是指各级国家机关、事业单位和团体组织，使用财政性资金采购依法制定的集中采购目录以内的或者采购限额标准以上的货物、工程和服务的行为"以及中华人民共和国建设部〔2003〕30号《关于培育发展工程总承包和工程项目管理企业的指导意见》第四章第七条"鼓励有投融资能力的工程总承包企业，对具备条件的工程项目，根据业主的要求按照建设—转让（BT）、建设—经

---

① 张佑文. 采用 BT 模式进行公路工程项目融资的相关问题[J]. 中国科技信息, 2005(16): 158-161.

营—转让（BOT）、建设—拥有—经营（BOO）、建设—拥有—经营—转让（BOOT）等方式组织实施。"

随着我国经济建设的高速发展以及国家宏观调控政策的实施，基础设施投资的银根压缩受到前所未有的冲击，筹集建设资金成了基础设施建设的关键。原有的投资融资格局存在重大的缺陷，金融资本、产业资本、建设企业及其关联市场在很大程度上被人为阻隔，资金缺乏有效的封闭管理，风险和收益分担不对称，金融机构、开发商、建设企业不能形成以项目为核心的有机循环闭合体，优势不能相补，资源没有得到合理流动与运用。BT 模式作为一种新兴的工程建设管理模式，在国内得到了蓬勃发展，较好地解决了因为建设单位资金紧张而不能实施工程的难题，尤其是在一些政府牵头开发投资的公益性项目上的应用。BT 发展时间短，是新生事物，是由 BOT 衍生而来的。BOT 的演变形式除了 BT 外，还有 BOOT 方式（建设—拥有—运营—移交）、BOO 方式（建设—拥有—运营）、BLT 方式（建设—租赁—移交）、BOOST 方式（建设—拥有—运营—补贴—移交）、BTO 方式（建设—移交—运营等）。标准意义的 BOT 项目较多，但类似 BOT 项目的 BT 项目并不多见。

自 20 世纪 80 年代我国第一个 BOT 项目（深圳沙角电厂项目）建设以来，经过多年的发展，BOT 融资模式已经为大众所熟悉。而 BT 模式作为 BOT 模式的一种演变，也逐渐作为政府投融资模式的一种，被用来为政府性公共项目融资。大型 BT 项目有：佛山市市政基础设施 BT 建设项目工程、天津津滨轻轨项目、北京地铁奥运支线、珠海市区至机场城际（拱北至横琴段）、南京地铁二号线一期工程等。中国交建和中铁电气化局组成的联合体中标是成功的落地案例。

2004 年国务院颁布的《国务院关于投资体制改革的决定》（国发〔2004〕年 20 号）明确规定："放宽社会资本的投资领域，允许社会资本进入法律法规未禁入的基础设施、公用事业及其他行业和领域""各级政府要创造条件，利用特许权经营、投资补助等多种形式，吸引社会资本参与有合理回报和一定投资回收能力的公益事业和公共基础设施的建设"。此政策背景可谓 BT 模式获得发展的一个重要因素。

但是 BT 模式仍存在一定风险，其风险在于：

（1）政治风险、自然风险、社会风险、技术风险较大；需增强风险管理的能力，最大的风险还是政府的债务偿还是否按合同约定。

（2）安全合理利润与约定总价的确定比较困难。

（3）做好项目法人责任制，对项目资金筹措、建设实施、资产保值增值实行全过程负责的制度。加强项目的建设管理，合理降低工程造价，降低工程成本，降低融资成本，获取较大的利息差收入。

（4）适当的利润率（大于资金的综合水平）水平和资金的有限监管投入与增值退出，便是合理令人满意的水平，最大的安全保障就是最大的效率。

随着我国工程建设领域投融资体制的改革，越来越多的工程项目尤其是基础设施项目，开始采用建设—转让即 BT 模式进行建设。在实践中，由于整个行业对 BT 模式的认识不够，有关立法工作还处于探索阶段，诸多问题无据可依，BT 模式频频被滥用。有的以 BT 之名行垫资之实，有的仅有招标单位出具的还款承诺而无任何实质性担保，有的在用地、立项、规划等方面明显违反基本建设程序等。诸如此类的不规范之处，给介入 BT 项目的建筑企业带来了巨大的风险。

除了完善 BT 运行机制、强化政府对 BT 项目的监督之外，建立 BT 应对风险机制，确定风险种类，拟定相应的风险回避对策显得非常重要。另外，政府运作 BT 应考虑引入独立第三方的中介服务。国内外著名投资工程咨询和设计单位都有很强的 BT 投资专业知识和技能，如中国国际工程咨询公司等。在融资和资本运作上可以聘请证券公司或著名投资咨询公司为其服务。

由于我国 BT 诞生的时间短，经验不足，因此，最基本、最重要的是要有明确的合同法律保护。同时，在管理上，对项目的投资概算、设计方案的确定、工程质量的检验以及财务审计都应在法律上确定。但我国尚没有关于 BT 的专门立法，所以更应加快立法步伐。

2.3.2.3　PPP 模式

——PPP 模式的概念

PPP（Private-Public-Partnership）又被称作为公私合伙制模式，指的就是在某项目的基础上，政府部门、非营利单位以及营利性单位共同合作的一种模式。利用 PPP 融资模式，合作各方都能够实现比自己单独进行项目更好的预期效果。在参与某一个项目过程中，政府部门并不会将项目全部责任都移交到私人单位，而是由各方一同承担责任以及所面临的投融资风险。PPP 融资模式最为明显的一个特点便是把私人单位引入建设公共基础设备设施中，以有效提高公共设施设备的服务和营利水平。政府部门跟私人单位在 PPP 融资模式下，不再是控制和命令关系，而是一种合作关系。在这种关系下，风险和责任可以更好地被分担，而政府的投资风险减小，政府财政能得到控制。

PPP 融资模式所进行的应用项目，多是在公共设施这方面。通过 PPP 融资模式，不但能够提供给大众非常满意的使用体验，也能给社会各方面带来优质的生活环境（如公共服务、财物等）。在进行融资这一关键性过程中，政府部门和金融机构主体一般会根据某种模式签订协议合约；与此同时，还会明确双方的基本权利和义务。为确保项目融资可以顺利地进行，提升公共设施质量以及共同合作的效率，政府部门必须要科学检验和确定人们的基本需求，从中寻找对社会最有利的项目。在 20 世纪 90 年代，PPP 理论已经在西欧诞生，被称为公共私营合作制，目的是在建设公共基础设备设施过程中，将社会私营企业的经济也纳入共同投资。无数实践已经充分证明，通过 PPP 融资模式，项目运营所获取的融资预期效果要比单独行动更好，政府部门不但可以从社会市场吸纳各种类型的资金，还能够迎合市场，并且合理地结合人们所需，构建与社会大众生活、居住乃至工作更相符的公共设施设备。而从财政开支上也能够明确地看出，PPP 融资模式可以很好地帮助政府部门减少财政压力，并真正地从项目实际出发，明确市场不同主体之间共同合作新方向。

PPP 融资模式流程如图 2-10 所示。

```
┌─────────────────────────────────────────────────────────┐
│              PPP项目五个阶段十九项流程                    │
└─────────────────────────────────────────────────────────┘
```

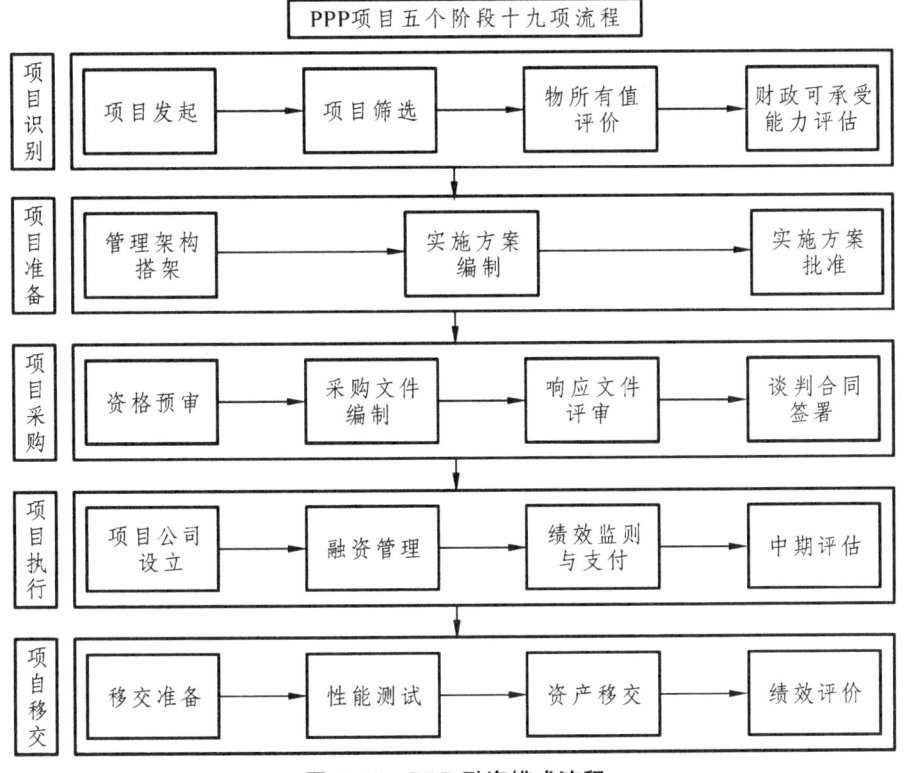

项目识别：项目发起 → 项目筛选 → 物所有值评价 → 财政可承受能力评估

项目准备：管理架构搭架 → 实施方案编制 → 实施方案批准

项目采购：资格预审 → 采购文件编制 → 响应文件评审 → 谈判合同签署

项目执行：项目公司设立 → 融资管理 → 绩效监测与支付 → 中期评估

项目移交：移交准备 → 性能测试 → 资产移交 → 绩效评价

图 2-10　PPP 融资模式流程

——PPP 模式的特征

近年来，随着国家对社会资本进入铁路投资领域的政策支持力度不断加大，各类以 PPP 模式投资的轨道交通类建设与运营项目不断涌现。此类以 PPP 模式建设运营的地方铁路有以下基本特点。

（1）投融资金额大

地方铁路作为地方政府开发建设的、关系区域经济发展的重大项目，投入资金动辄数十亿计。在 PPP 模式下项目对社会资本合作方的实力有较高要求。因此相对于一般民间资本，大型国企则更适宜充当社会资本的角色。

（2）投资回报周期长

受地方铁路的建设周期、运营成熟期、市场成熟期等因素的影响，参与 PPP 项目投资的各方很难在短时期内实现投资回报。因此，政府方授权社会资本的特许经营期一般为 20 年左右，以力保社会资本在合作期内达到盈亏平衡进而获得合理回报。

（3）专业化程度高

地方铁路虽整体规模相对较小，但因铁路具有行业特点，必须有专业的队伍来运行与维护，这样才能保证安全畅通，保证 PPP 项目出资各方利益诉求的实现。这就对地方铁路运营队伍的选择提出了较高的素质要求。

——PPP 模式的类型

根据财政部《政府和社会资本合作模式操作指南》，铁路 PPP 融资项目运作方式主要包括委托运营、管理合同、建设—运营—移交、建设—拥有—运营、转让—运营—移交和改建—运营—移交等。具体运作方式的选择主要由收费定价机制、项目投资收益水平、风险分配基本框架、融资需求、改扩建需求和期满处置等因素决定。

铁路 PPP 融资模式的类型如表 2-8 所示。

表 2-8　铁路 PPP 融资模式的类型

类型	定义	合同期限	备注
委托运营	指政府将存量公共资产的运营维护职责委托给社会资本或项目公司，社会资本或项目公司不负责用户服务的政府和社会资本合作项目运作方式	一般不超过 8 年	政府保留资产所有权，只向社会资本或项目公司支付委托运营费
管理合同	指政府将存量公共资产的运营、维护及用户服务职责授权给社会资本或项目公司的项目运作方式	一般不超过 3 年	政府保留资产所有权，只向社会资本或项目公司支付管理费；通常作为 TOT 的过渡方式
租赁—运营—移交	指将存量及新建公共资产的运营管理职责、维护职责以及用户服务职责转移给社会资本的 PPP 运作模式，政府仍然承担公共资产投资的职责并保留公共资产的所有权	一般为 20~30 年	对于存量项目，LOT 模式属于 MC 模式范畴

续表

类型	定义	合同期限	备注
转让—运营—移交	指政府将存量资产所有权有偿转让给社会资本或项目公司，并由其负责运营、维护和用户服务，合同期满后资产及其所有权等移交给政府的项目运作方式	一般为20~30年	项目有偿转让后，政府暂无资产所有权；TOT模式较BOT模式风险小，投资回报率适当
改建—运营—移交	指政府在TOT模式的基础上，增加改扩建内容的项目运作方式	一般为20~30年	ROT模式属于TOT模式范畴
建设—运营—移交	指由社会资本或项目公司承担新建项目设计、融资、建造、运营、维护和用户服务职责，合同期满后项目资产及相关权利等移交给政府的项目运作方式	一般为20~30年	
建设—拥有—移交	指由社会资本或项目公司承担新建项目设计、融资、建造、运营、维护和用户服务职责，必须在合同中注明保证公益性的约束条款，社会资本或项目公司长期拥有项目所有权的项目运作方式	长期	由BOT方式演变而来

——铁路PPP融资模式的运作机制

在我国，由于铁路融资建设的历史较长，运作机制也各有不同。我国铁路PPP融资模式的主要运作机制如图2-11所示。这样的划分有助于分析我国铁路PPP融资模式的重点和难点。

```
                        我国PPP模式主要运作机制
                    ┌───────────┼───────────┐
                已有铁路项目   改扩建铁路项目   新铁路项目
                ┌───┴───┐    ┌───┼───┐    ┌───┼───┐
               委托  管理   改建 租赁 购买   建设 建设 建设
               运营  合同   运营 建设 建设   移交 运营 拥有
                         移交 移交 运营   运营 移交 运营
```

图 2-11 我国铁路 PPP 融资模式的主要运作机制

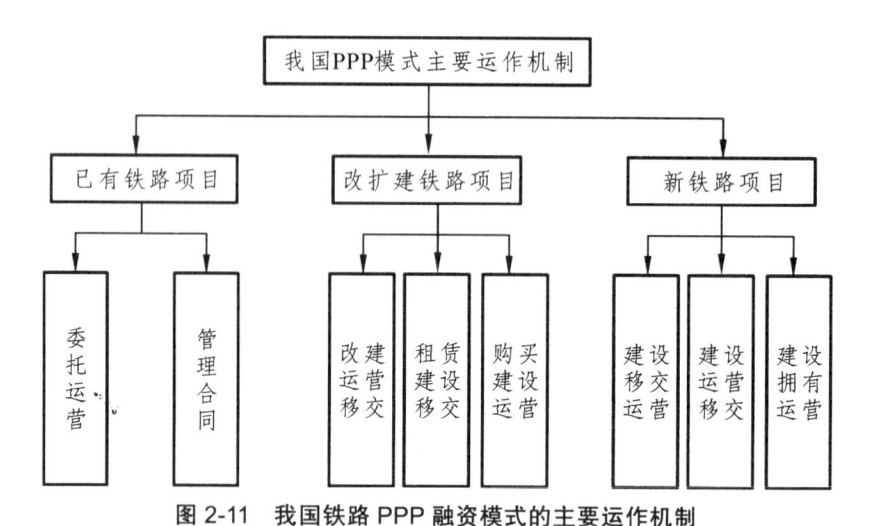

（1）风险分担机制

铁路建设项目具有投资大、周期长、内部结构复杂、所涉及因素众多等特点，因而会有大量的风险。因此，要想吸引民营投资者，就要设计合理的风险分担机制。合理的风险分担机制是项目具有吸引力的关键因素。项目的风险分配是根据每个参与者的具体情况，将某类风险分配给最适合承担的参与者，从而使项目的整体满意度提高。在铁路 PPP 融资项目中，采用项目完工担保、资金缺额担保，也可对一些风险进行投保，如对建设工程一切风险（CAR）的保险，对预期利润损失风险（ALOP）的保险，对第三者责任风险（TPL）的保险等。

（2）政府职能机制

铁路 PPP 融资模式，实际上是在过去垄断的公用事业项目中引入市场竞争机制，而政府职能的合理定位和有效履行是实现这一目标的决定性因素。对于私人投资者而言，其最关心公私合营协议中的政府监管风险，包括特许权招投标过程是否透明、协定的运价制度是否能遵守、投资者是否具有真正的运营自由、政府是否能按时进行财政拨款等。

（3）政策保障机制

基础设施建设公益性的特点使其定价不能完全遵循市场化的原则，同时，基础设施建设流动性风险较大。政府在制定相关政策时，应给予基础设施投资一些优惠，如税收优惠、低息贷款、担保贷款、铁路沿线的土地开发优惠等，充分调动民营资本的积极性。

（4）法律保障机制

铁路项目进行PPP融资模式运作，要在项目设计、融资、运营、管理和维护等各个阶段对政府部门与企业各自承担的责任义务和风险进行明确界定，以保护双方的权益。

——PPP融资模式在铁路项目中的优势

（1）减少重复建设

当PPP融资项目被提上议程的时候，参与其中的政府公共部门和社会资本机构，都需要从自身效益方面将项目的功能、建设可行性、设施商业性、融资平台能力等方面，进行深入的理论和技术探讨。如此不仅可以在这个过程中酝酿出效率最高的建设方案，还能够根据具体的施工情况将成本控制在合理的范围。由于PPP融资模式的项目必须由政府审批，所以在私营机构参与其中的时候，可以获得更好的信息咨询服务，能够有效地降低项目合同风险、资金流动风险。这种融资模式与传统的贷款相比，不仅专款专用能够得到保证，而且可以在建设工期内按时完成项目，保证建设的独特性、专业性和商业性。

（2）转换政府职能

将PPP融资模式引入铁路建设中，政府利用市场化手段筹集资金，引入私人部门，打破政府的垄断地位；政府可以从繁忙的事务中抽出身，从原来的参与者变为监管者，将更多的精力放在项目的质量上，为群众提供更好的设施服务。我国的PPP融资项目管理框架仍然在不断完善，政府的角色也不会长久地占据双重身份。这种市场动力是政府进行改革的根源，只有将政府角色固定化和单一化，才能够保证政府作为监督者，严厉地打击公共基础设施建设过程中出现的不合理现象，在保证PPP融资项目质量的同时，得到社会资本的信任，获得更好的资金来源，扩展更多融资渠道。这不仅能够减轻政府财政拨款的压力,而且有利于推动社会资本的运作模式,保证政府能够对资金链条的走向进行合理的指导和维护,在出现融资问题的时候,政府作为调节者能积极参与项目。

(3)投资主体多元化

随着铁路建设力度的不断加大,仅靠政府的财政资金已经无法满足庞大的资金需求,PPP融资模式将私人部门资产引入铁路建设中,扩大了资金来源,同时私人部门也会提供更多的技术支持,推动铁路建设施工管理的革新,提高办事效率,既有效解决财政资金不足的问题,也促进融资体制的改革。原有的政府拨款建设项目的情况被打破,社会资本参与到社会建设中,不仅可以带来更加具有商业价值的资金链,也能够从市场发展的正确方向,去制订更好的资金分配、技术整合、人才管理方案,保证投融资体制改革的科学性和现代化。正是社会私营机构能够利用自己的资金、技术和管理能力,将PPP融资项目进行更优品质的体系维护,才提高了现代社会中公共基础项目的市场化,从商业价值角度创造性地开拓出更好的项目运营理念。而对于私营机构来说,可以在与政府合作的过程中获得更多经验,根据市场变化来协调各个方面的社会关系,打开新的融资渠道、商业空间。

(4)推进公营、私营部门的合作

政府部门与私营企业合作,前提就是双方能够将资源优势发挥出来。不仅如此,公私合营的这种建设模式,能够使最终完成的项目实现优势互补。PPP融资项目属于社会公共项目,在使用过程中,公民的使用体验是检验项目有效性的唯一标准,社会公众认同了项目服务功能,说明公私合作的模式与成效就达到了预期目标。

(5)战略联盟的形成

在整个PPP融资项目的设计、建设、管理、运营阶段,投资方、承包方、建设方、运营方之间都存在着互惠互利的关系,只有各方关系协调稳定之后,才能够稳定与维护共同利益。当市场出现变化的时候,共同利益联盟要面对利益的再次分配,政府在这个过程中要协调好,不仅要给联盟成员带来合理的市场资源管理框架,还要对有价值的PPP融资项目进行动态的补充和调整,确保项目的社会公益性、商业性。

(6) 合理分配项目风险

我国的 PPP 融资项目在建设初期就已经开始降低和分配风险，由于参与项目中的主体有公营和私营的区分，政府要承担的风险更多地来自资金、信息方面，而社会私营机构要承担的风险主要是市场变化、国际项目变化。在分散的风险关系模式下，给 PPP 融资项目带来更合理的资源占用方向，既让投资方、承包商降低金融方面的风险，又提高政府获得融资的效率，从而给 PPP 项目融资成功提供途径。由于政府拥有监督权和控制权，这个双重角色虽然有严重的弊端，但是现阶段也给私营机构带来一定的获取信息的优势，让市场风险能够更有效地分散。项目实施前，可以确定哪些是可以进行融资的。PPP 融资模式可以让民营企业参与铁路建设项目的确认、设计和可行性研究，在项目的初始阶段进一步分析整个过程中可能出现的风险问题，有效地实现对项目的掌控。政府在铁路建设中也会承担一些风险，这就降低了承建商和投资商的风险，使风险分配合理化，提高了项目融资成功的概率。

(7) 有利于采用私人企业的先进技术和管理经验

我国铁路具有垄断经营性质，没有直接竞争对手，容易导致运营效率低、服务水平差。而 PPP 融资模式的经营者会主动降低运营成本，提高运营管理效率，不断创新意识。采用 PPP 融资方案可以使有意向参与项目建设的私人企业与政府或有关机构在铁路建设项目的论证阶段，共同商讨项目建设过程中所采用的技术方案，从而有可能采用较新的研究成果。

(8) PPP 融资项目建设普及度高

由于 PPP 融资模式下的项目工程都带有明显的社会公共关系，一般适用范围主要是水利、电力、供水、供暖等，也有铁路、机场、公路、医院、学校。单纯从 PPP 融资模式的应用范围来说，基本上是不存在硬性限制的，很多社会资本出于公益性和商业性的共同考虑，会在相当长的时间内不受到参与限制的影响。这种优势给社会各个项目创造了新的资金进入空间，可以灵活地从不同的社会团体获得资金。因此，这种模式下的项目建设，有更稳定的生命力结构。

（9）消除费用超支

政府和私人部门在项目初始阶段都要进行可行性研究。私人部门通常是以利润最大化为目标，一旦它投入项目中，就会运用先进的技术工艺、成熟的管理经验，缩短建设的周期，降低项目的费用，节约成本，降低到期未完成的风险，避免原来政府单独投资造成建设超期、超过成本等问题。研究表明，80%的PPP融资项目都能按时完工，比常规项目完工率提高了2.67倍。在PPP融资模式下，80%的项目可以在规定的预算期内完成，可以为政府节约5%~20%的费用，大大减轻政府的财政负担。

（10）在一定程度上保证民营企业的盈利

民营企业的投资目标是寻求既能够还贷又有投资回报的项目。采取PPP融资模式，政府可以给予民营企业相应的政策扶持作为补偿，如税收优惠、贷款担保、给予民营企业沿线土地优先开发权等，通过实施这些政策，提高民营企业投资铁路项目的积极性。[1]

——PPP模式的应用

2017年11月27日，亚洲开发银行发布了第一份成员国政府和社会资本合作监测报告《PPP监测》。报告指出，中国拥有最多融资已到位的PPP项目，通过吸引更多私营部门企业参与，中国在PPP领域将大有作为。但是，亚太地区PPP发展仍面临多重挑战，包括如何加强融资机制发展、推动投资者的进一步多元化、开发一批可靠的PPP项目以及将PPP扩展至能源以外的领域。"PPP项目是亚太地区国家发展的重要驱动力，但这需要一个有利的环境才能取得成功。"亚行行长中尾武彦表示，"这份报告将有助于政策制定者和投资者做出明智决策，更好地管理风险，并确保为PPP项目创建一个更稳定的环境。"

许多新建国铁、城际铁路项目，大多是在PPP模式下建成的。台州市域铁路S_1线一期工程是国内首条采用PPP模式建设的市域铁路项目，起于杭绍台高铁台州中心站，终于温岭市城南站，线路全长52.568 km，设站15座。建

---

[1] 王卓. 我国铁路PPP融资模式研究[D]. 长春：吉林大学，2017.

成通车后，台州城市发展将从"公路时代"迈向"轨道时代"，实现"椒江—温岭"半小时交通圈，成为中心城区与外围组团间快速客运联系的通道，进一步促进台州都市区融合发展。除此之外，广西沙河至铁山港东岸铁路支线PPP项目签约仪式于2022年9月16日在南宁举行，标志着广西第一条以PPP模式建设的铁路落地实施。广西壮族自治区交通运输厅与中国铁建昆仑投资集团有限公司签订项目协议。根据项目协议，中国铁建昆仑投资集团有限公司在合作期内对项目进行建设、运营和维护，提供项目范围内的货物运输服务和非货物运输服务。据介绍，项目建设采用政府和社会资本合作（PPP）模式，旨在通过引入社会资本参与项目的投融资、建设、运营，充分发挥政府和社会资本的各自优势，降低政府的直接投资压力，提高广西货运铁路行业运营管理效率。沙河至铁山港东岸铁路支线PPP项目的实施，将有助于拓宽广西交通基础设施建设融资渠道。

2.3.2.4　中国铁路发展基金模式

铁路发展基金的推出标志着铁路投融资体制改革迈出了实质性步伐。

铁路发展基金定位为有中央政府背景的政府性投融资平台，设立的目的是满足国家政策意图、吸引社会资本参与、盘活铁路用地资源、逐步扩大建设资金规模。方案指出，铁路发展基金主要投资国家规定的项目，社会投资人不直接参与铁路建设、经营，但保证其获得稳定合理的回报。据国家发改委网站的消息，由国家发改委牵头会同相关部门单位召开会议，要求抓紧出台铁路发展基金管理办法，尽早组建铁路发展基金公司，抓紧将支持铁建实施土地综合开发的意见报国务院，确保完成社会投资铁路建设目标。国务院常务会议上已经确定深化铁路投融资体制改革、加快铁路建设的政策措施，设立铁路发展基金是一个非常重要的措施。

按照设想，成立铁路发展基金的目的是吸引更多的资金投入铁路建设。从目前铁路建设的进展来看，资金始终是困扰铁路投融资的一个问题。

由政府出面成立基金专门为某项投资筹集资金，并不是一个新事物，也不是我国特有的现象。在某种程度上说，它是借鉴了国外信托基金的做法，如美国也设有高速公路信托基金和航空信托基金，专门为高速公路和航空发展筹措资金。这些专项信托基金一般是指"受法律限制适用于指定的项目和指定的用途"，主要收入来源是一些特定的专项税收。以美国为例，在1995年，150种以上的信托基金在政府预算中占了近40%的联邦收入总量。而在1950年，信托基金所占的比重还不到10%。

专项信托基金与一般性税收相比，具有减少预算划拨的不确定性、减少财政赤字和使用者付费的优势。不过，最重要的优势在于其使用者付费的原则，会让资金使用更有效率。

因为信托基金只是向特定人群收取，而且将其用于特定的项目，充分体现了"谁受益谁付费"的原则。近年来，铁路投资额逐年增加，但是铁路的收益却在下降，很多线路的收入还不够维持其运营成本。如果在这个基础上再大规模开建铁路，更可能发生的事是由财政补贴铁路。近年来开工建设的大多是高铁，这意味着会出现低收入人群补贴高收入人群的不合理现象。

在基金管理方面，国家铁路发展基金将采取封闭式公司型基金形式（暂定15年）。该基金由政府委托铁路总公司为主发起人，联合全国社保基金理事会等高信用等级机构发起设立。其中，中国铁路总公司是基金公司的普通股东，作为中央财政性资金的出资人代表；其他投资人为基金公司的优先股东，不参与基金公司的日常经营管理。基金运作初期，以委托铁路总公司独资或控股的基金投资管理公司为主。

全国各地都设立了铁路发展基金，如广东省铁路发展基金、河北省城际铁路发展基金、山东铁路发展基金，等等。其中，广东省铁路发展基金存续期15~20年。中国铁路总公司作为政府出资人代表，以及铁路发展基金主发起人，积极吸引社会投资人。中国铁路总公司与社会投资人签订出资人协议，确定双方的权利、责任、义务，管理基金公司，保证社会投资人按约定取得稳定合理的回报。社会投资人作为优先股股东，不直接参与铁路发展基金经营管理。在这种模式下，成功落地的代表案例是2015年9月份设立广东省铁路发展基金，募资主要投向国铁和城际项目。

2.3.2.5 综合开发模式（地铁+物业）

综合开发模式（地铁+物业模式）或称港铁模式，是指以地铁为核心，沿线开发新的社区作为配合，形成一种良性循环的开发模式。地铁建设方便了出行，缩短了时距，形成车站附近的大量客流，由此蕴藏的巨大商机对房地产开发构成了吸引力。同时，开发后的房地产又积聚了更多的客流，对地铁运营的票务收入起到了支撑作用。该模式在国内始于香港，在"地铁+地产"的实践过程中，香港政府授予地铁公司物业发展权，地铁公司通过全盘规划、项目招标、施工监督、收益分享等措施把握整个开发价值链，如增值较大的拿地、规划设计、经营管理等环节，而将成本较高、风险较大的施工建设环节主要交给开发商操作。在政府、地铁公司、开发商三个主要市场参与者中，地铁公司扮演了"向上承接政府战略，向下启动市场资源"的角色，成为整合政府与市场资源的平台。而香港地铁公司之所以能成为这一平台，是因为其围绕地铁沿线土地物业开发权，充分实现了规划升值。

香港地铁模式的操作方法是，政府授予香港地铁一定的沿线物业开发权，在物业开始建设时，香港地铁公司按地铁建成以前的地价水平向政府缴付地款。地铁建成后，香港地铁公司利用沿线的物业升值这一部分的收益再去建设新的地铁项目。将地铁与物业综合考虑，互补共赢，有效地利用土地资源，促进地铁客流效益提升，实现了香港政府、香港地铁公司与公众三方共赢。

该模式下实施的具体工程有香港地铁机场快线，从香港岛到赤鱲角机场的专线铁路，全长 34 km，设 7 个车站，建设总投资 340 亿港元，其中政府投资 196 亿港元。同时，香港政府将香港站、九龙站和青衣站等上盖约 340 万 m^2 建筑面积土地开发权交给港铁公司，用于弥补建设投资缺口和建成后的运营亏损。九龙站的上盖物业开发就是"地铁+物业"的一个成功案例。

香港地铁是世界上为数不多的、能够从其核心业务赢利的地铁公司之一，"地铁+物业"模式只是港铁在其可持续发展路途上得到的一部分经济回报。香港地铁通过获得地铁沿线的综合发展权，在向政府缴纳地价的同时，真正实现了将地铁沿线土地增值收益回馈于地铁建设，而地铁物业也为地铁运营培育了源源不断的客流。在"开源"的同时亦需"节流"，通过对资产实施寿命周期风险管理，针对不同资产的关键程度等级，在保证安全、可靠性等资产服务表现的前提下，采取优化资产维修模式、适当延长资产寿命、平滑资产长期计划中的年度财务支出等措施，降低运营成本，实现公司的持续获益。例如，港铁已成功将地铁车辆的服务寿命由25年延长至40年，将地铁车辆的检修周期由3.25年延长至4年，将交流发电机更换成静态变流器，提高了能量转换效率，降低了维修成本。该模式在广东、深圳亦运行良好。

2.3.2.6 股权投资+施工总承包

我国股权投资+施工总承包的投资模式主要在山东采用，江苏、广州等地也采用较多。中国建筑集团有限公司参与济青高铁项目投资，出资26.1亿元，持有项目10%的股权，同时获取项目总承包工程约150亿元。除此以外，2022年6月28日下午，张靖皋长江大桥施工暨股权投资A_1~A_6标和监理JL_1、JL_2项目合同签约仪式在张家港举行。一直以来，江苏交控与江苏省交建局不断加快高速公路项目投融资模式创新步伐，本次张靖皋长江大桥就是江苏省首次采用"施工承包+股权投资"形式招标的项目，对创新交通项目投融资模式、推动央地合作发展等具有重要意义。江苏交控总经理、党委副书记顾德军指出，应用"施工承包+股权投资"模式，引入社会资本参与江苏省交通基础设施投资建设，有效调动了各类资本的能动性，有利于放大资本功能，有利于长期战略市场配置，有利于建设期工程品质的提升，有利于营运期形成叠加效益，是"功在当下，利在长久"的探索实践。

2022年1月28日，广州广花城际轨道交通有限公司（以下简称"广花城际公司"）正式挂牌成立，标志着广州东至花都天贵城际铁路（以下简称"广花城际"）项目建设运营管理平台由筹备阶段进入全面运行阶段。广花城际也是广州市首条采用"股权投资+施工总承包"模式推进建设的城际线路。广花城际公司于2022年1月11日完成工商注册，注册资本10亿元人民币，是由广州地铁集团、中国平安建设集团、中国铁建、广州建筑等多家企业合资组建，负责广花城际项目的建设、运营、管理。其中，广州地铁集团是单一最大股东，持股比例占40%。

广花城际公司董事长王春生表示，将进一步加强顶层设计，优化管理机制，坚持互利共赢，不断创新思路，优化工作方法，积极推行绿色、智慧工地建设，全面提升工程建设效能，实现高品质建设与运营管理。广花城际是广州都市圈南北向的重要客流走廊，也是粤港澳大湾区城际轨道交通网的重要组成部分，线路起自广州东站，经天河区、白云区、花都区至新白广城际的花城街站，全长约39.6 km，设站7个，均为换乘站；线路所1座，配套车辆段1座。广花城际公司的挂牌成立具有里程碑意义，将进一步加速广花城际工程项目建设，提升广州都市圈的综合交通枢纽功能，助力打造湾区内"一小时交通圈"。

2.3.2.7　股权投资计划+IPO

股权投资计划+IPO是一种新型投融资模式，在投资+IPO、REITS等工具包落地后，可以优化综合开发模式，形成铁路建设、资源开发、投融资一体两翼的良性循环。这方面的典型项目为京沪高铁，投资由平安资管牵头，于2007年由7家保险机构募集资金160亿元投资京沪高铁，2020年1月16日A股上市。铁路建设等国家重大基础设施项目具有投资规模大、回报周期长的特点，与保险资金期限长、规模大、稳定性高等独特优势天然匹配。除"平安—京沪高铁股权投资计划"外，中国平安还于2015年投资中国铁路发展基金145亿元，主要用于国家批准的铁路建设项目。另外，中国平安旗下平安资管还先后以债权投资计划形式参与投资赣铁集团、湖南铁投、贵州铁投等重大项目，累计金额超过280亿元。

2.3.2.8　其他资本运营（经验来源于债转股模式和ABS模式）

所谓债转股，是指国家组建金融资产管理公司，收购银行的不良资产，把原来银行与企业间的债权债务关系，转变为金融资产管理公司与企业间的控股（或持股）与被控股的关系。债权转为股权后，原来的还本付息就转变为按股分红。国家金融资产管理公司实际上成为企业阶段性持股的股东，依法行使股东权利，参与公司重大事务决策，但不参与企业的正常生产经营活动。在企业经济状况好转以后，通过上市、转让或企业回购形式回收这笔资金。也就是说，由金融资产管理公司作为投资的主体，将商业银行原有的不良信贷资产，也就是国有企业的债务转为金融资产管理公司对企业的股权。它不是将企业债务转为国家资本金，也不是将企业债务一笔勾销，而是由原来的债权债务关系转变为金融资产管理公司与企业间的持股与被持股、控股与被控股的关系，由原来的还本付息转变为按股分红。

在国内，厦深铁路是债转股项目的典型案例，引入了社会资本 35 亿元。金融资产管理公司凭借控股权对不良负债企业进行重组改造，不仅为追回权益提供了保证，而且有可能以此为契机开辟出国有企业改革的一条新路。金融资产管理公司对企业资产拥有明晰所有权，确立了国有企业原先虚置缺失的所有者主权位置，构造出有具体所有者对企业负责的产权结构，又引进具体的国有资本来解决国有企业内所有者不清晰、不具体所导致的产权激励不足、债权人权益模糊、贷款约束软化以至不良负债大量发生的问题，并以此为基础建立适应市场竞争的现代公司治理结构，在解决不良负债的过程中实现国有企业体制上的深刻变革。

2.3.3　各种投融资模式下铁路基础设施投融资市场化改革建议

铁路项目投资收益率相对其他市场项目偏低，铁路项目普遍具有较强的公益属性，社会效益良好，但铁路公益性运输缺少对应的公益性补偿，导致经济效益相对偏低。但是，社会资本对股权投资的收益要求普遍较高。即便是超大型金融机构，在 2020 年资金收益率大幅调整的背景下，其投资决策委员会对投资铁路项目的收益率要求都高于 4%。

归纳上述历史总结、改革工具等内容，得出铁路基础设施投融资的市场化改革框架，实质上是融合铁路、资本市场、政府等相关方，发挥工具包市场化效力的策略安排，并逐步形成良性循环。从框架的系统性看，要逐一解决推进主体、改革协调、改革策略等环节的问题，具体做法如下。

2.3.3.1 推进主体

按照国企改革总体部署和框架，铁路基础设施投融资的市场化改革，首先同样需要在治理结构、改革方向等方面（环节）完善权责，将市场化改革要求融入地方铁路建设投资公司的根和魂。但需注意的是，由于涉及省、市、外部市场、上级政策等多重因素，且此项改革主体又有特殊性，不同于一般国有资产管理体制中强调的委托代理关系，仅靠公司主体是无法彻底破解上述问题的。因此，在推进主体上，需要一个省级重要机构协同参与，以更宏观的角度、视野，可以横向打通、纵向连通的职能，强有力地破解上述矛盾。以此为轴，公司主体则既作为执行方，主动解决落地问题，又作为市场化改革主体，承担破解责任。

2.3.3.2 改革协调

在市场化改革进程中，需融合铁路、资本市场、政府等相关方的差异点，以可行的工具或更高层次地根据差异点动态优化政策创新工具，破解改革难点。其中，地方铁路公司按改革方向重点协调、解决市场化方面的差异点和问题，细化包括铁路项目投资收益率相对市场项目偏低问题、期间流动性收益满足问题、投资退出渠道问题、项目运输管理问题、社会资本投资需求问题、市场超长期资金收益率参考价格问题、社会资本进入资金成本对比基准问题等。省级机构则重点在横向、纵向协调解决政府事权，属地以及政策创新等方面的问题。

2.3.3.3 改革策略

在推进主体、改革协调大力推动的基础上，面对多相关方的复杂情况，可考虑采用以短、中、长期目标为导向，匹配相应工具，持续创新和推动改革的动态策略。按照当前的市场情况，可参考的改革思路如下。

（1）短期

以把握 2020 年始资金成本下调的良好时间窗口和 REITS 的改革窗口，

通过结构化地方铁路项目池，选择收益率和现金流表现贴近市场的地方铁路项目，政府和企业两端互相支持，找到铁路基础设施投融资市场化合作点。铁路项目端，挑选规模适中、涉及面及股权结构相对清晰简单的项目，同时需从资本需求角度考虑优化属地有关资源开发落地安排、降低成本等问题，减少运营管理约束问题等，持续提高项目收益率或预期。在资金端，积极与社会资本对接，理解和突破存在的障碍，协同形成方案，获得审批方认同。在工具端，积极推进基金模式元化股权方式、综合开发模式等工具或组合工具包。同时，选择最优质项目自动REITS的证券化征途，争取试点机遇，破解多年积存的历史问题。

（2）中期

在短期工作的基础上，以点带面推动系列开发政策、运营管理政策的再优化，实现大型铁路基础设施投融资项目市场化；建成REITS等资本平台，初步发挥独立的地方铁路基础施投融资平台功能，降低对财政的依赖。在铁路项目端，进一步选择存量或新建大型项目，以控股平台为标的，推动投融资市场化合作，推动控股平台治理市场化和现代化。在资金端，除大型社会资本外，构建面对公募资本市场的对接，并有序推动健全中长期资金开展价值投资体系和完善资金基准体系。在工具端，落实多元化股权，投资+IPO、REITS等工具包落地，优化综合开发模式，形成铁路建设、资源开发、投融资一体两翼的良性循环。

（3）长期

在短、中期工作的基础上，全面对接资本市场，充分发挥地方铁路基础设施投融资资本运作平台和运营平台的作用，以市场化推动政策创新和改革，进一步适应新时代地方铁路建设需要。在铁路项目端，完成由点到面的市场化对接，除特别政策性项目外，全面推动地方基础设施项目投融资市场化合作。在资金端，以超大型的先进资本运作平台对接国际市场，有序引导中长期资金开展价值投资。在工具端，推动整体上市等工具全面落地，引导政策推动工具创新，以与新时代铁路建设需要相契合。

上述短、中、长期策略，均需以提前构建的、适度领先的铁路项目资本运作体系、组织架构体系、人才体系、投研体系为基础。[①]

2.4 地方铁路建设期管理

2.4.1 地方铁路建设管理模式

地方铁路工程规模变动幅度较大，投资渠道多样，其项目管理模式有传统项目管理（DBB，设计—招标—建造模式）、工程总承包（EPC）、项目管理总承包（PMC）和铁路局代建四种模式。

2.4.1.1 DBB 模式

Design—Bid—Build，是 DBB 模式的英文全称，翻译为中文为"设计—招标—建造"模式。这种传统管理形式在我国始于 20 世纪 50 年代，经过 70 多年的发展依然在国内延续使用。此管理模式较为传统，不但在工程领域具有国际通用性，而且多用于世行、亚行贷款项目和依据 FIDIC（国际咨询工程师联合会）合同条件的项目中。其主要特点表现在项目管理的顺序实施上，即根据设计—招标—建造的流程进行项目建设管理，当本阶段完成后才可以进行下一阶段的任务；通常在具体过程中，管理工作的落实由业主派遣代表来与项目实施单位沟通，并担负项目管理任务。

相应的业主管理内容涵盖项目前期阶段、准备阶段、施工阶段的相关工作。前期阶段，业主自主或托付咨询企业实施前期工作，如对项目进行可行性分析。在准备阶段，业主同样以自主方式或委托方式进行招标工作，对设计单位、承包单位和监理单位进行有效筛选，同时管控设计工作。在施工阶段，监理介入前，针对承包单位的施工管理通过业主组建管理机构来实施；监理活动进行后，相应的管理工作由监理单位指派的监理工程师来承担。另外，为了实现预期目标，业主还需要负责筹划部署工作、制订具体计划方案，

[①] 曾奕. 关于地方铁路基础设施投融资市场化改革的探索与思考——以广东地区实践为基础[J]. 决策探索（下），2020，667（10）：15-17.

以及协调各环节、各部门间的相关工作等。

采用DBB模式有两种形式：

① 平等分包，即业主根据施工任务、物资采购等工作的性质，将工程分解并承包给不同的承包商，同时与每个承包商签订相应的协议。业主决定承包合同条例以及合同款项，几个承包单位相互独立且平等，各自履行合同约定的相应责任。从业主立场考虑，这一分包方式存在多个乙方，因此给业主的协调管理工作带来一定的难度，并且针对每个承包单位都要制定相应的合同条款并签订合同，加大了招标管理的工作量。

② 施工总承包，顾名思义，承包单位是总承包商，总包承揽施工任务后再自主进行分包，得到业主审核批准后与分包单位签订协议。这种总包—分包的形式，没有建立业主和分包单位的直接关系，但分包单位的活动也需要遵循总承包商与业主签订的总承包合同，也就是说分包要对总包负责，总包要对业主负责。从业主角度出发，合同关系只发生在总包单位身上，合同数量不多，并且总包实施分包的监管工作。所以，这种方式不但精简了业主的合同管理过程，提高了合同管理质量，还强化了业主的协调组织管理工作。

2.4.1.2　EPC 模式

——地方铁路 EPC 的概念

EPC 项目是指采用 EPC 总承包模式的工程建设项目。EPC（Engineering Procurement Construction）总承包模式是指设计、采购、施工一体化的工程总承包模式。从事工程总承包的企业（简称总包商）接受业主的委托，按照合同确定的事项对工程项目的设计（Engineering）、采购（Procurement）、施工（Construction）等实行总承包，通常采用总价合同，是一种总包商对承包工程的质量、安全、工期、成本等全面负责的工程建设组织实施方式。由于 EPC 项目是 EPC 总包商按照 EPC 总承包模式进行全部设计、采购和施工工作，最终为业主提供配套完善、交钥匙即可投产运行的项目，因此 EPC 项目也被称为交钥匙（Turnkey）工程项目。2019 年 12 月，住房和城乡建设部发布了《房屋建筑和市政基础设施项目工程总承包管理办法》。该办法指出，工程总承包是指承包单位按照与业主签订的合同，对工程设计、采购、施工或者设计、施工等阶段实行总承包，并对工程的质量、安全、工期和造价等全面负责的工程建设组织实施方式。这是当前我国对工程总承包最新和最权威的定义。

铁路建设项目的 EPC 总承包模式则是指工程总承包企业（总包商）接受业主的委托，按照合同规定的事项承担铁路建设项目的设计、采购、施工等工作，最终总包商对项目的质量、安全、进度、成本等全面负责的工程建设组织实施方式，其采用的合同计价模式往往为固定总价或可调总价承包模式。本研究所指的地方铁路 EPC 项目是采取 EPC 总承包模式的地方铁路建设项目。EPC 项目常见的组织结构如图 2-12 所示。

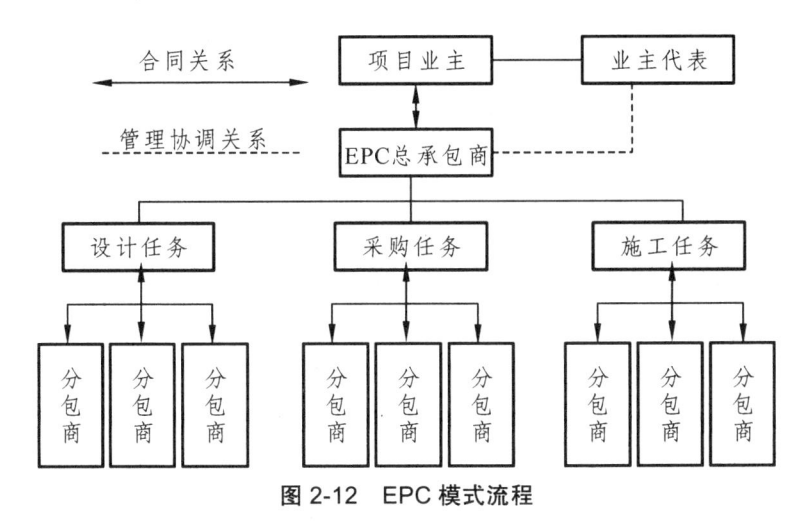

图 2-12 EPC 模式流程

——地方铁路 EPC 项目的特征

地方铁路 EPC 项目与传统 DBB 建设项目有较大差别，地方铁路 EPC 项目与房建市政 EPC 项目相比也有较大差别。与别的项目相比，地方铁路 EPC 项目的特征主要是参建方更加复杂、建设方介入程度更深、参建方承担责任和风险更大、运营维护单位介入程度更深。地方铁路 EPC 项目的最主要特征可以归纳如下。

（1）地方铁路 EPC 项目仍保留国家铁路建设的特点

我国铁路建设行业长时间由国家统一规划、投资、建设、运营，形成了完善的国家铁路标准体系。除了地铁项目和极少的城市轨道交通项目，绝大部分铁路建设项目都按照国家铁路的统一标准进行建设。因此,现在地方铁路也是按照国家铁路的标准进行规划、建设、运营的,工程的规划、建设、运营仍需要国铁集团提供支持,地方铁路 EPC 项目的建设会保留传统国铁建设的特点,如项目可能会委托地方铁路局作为代建单位、EPC 项目的发包需要按照规定在初步设计之后进行、建设单位深度介入施工、项目各方均对项目质量负责、项目运营单位提早介入施工等。

(2)地方铁路的建设模式多样

地方铁路的投资主体多元化,地方政府和社会资本在项目投资中处于主导地位,因此业主单位(项目公司)一般是由地方政府或企业主导,项目的建设管理可以由业主单位(项目公司)自主进行,也可以委托代建单位进行。项目承包商一般为国内大型工程公司或设计集团。项目的接轨和运营维护一般会交给地方铁路局,这也是因为铁路接轨和后续的调度主要由铁路局统筹。由于铁路局需要对项目运营负责,铁路项目也会涉及既有线的改造和接轨,因此铁路局一般会提早介入工程建设管理,不同的介入方式也会导致 EPC 项目的模式发生变化。铁路局的代建部门通常以代建的形式全程参与工程项目建设。在地方铁路 EPC 项目中,根据项目现状,铁路局代建部门也会采用工程咨询的形式参与项目建设,或只在联调联试和验收移交时介入。因此,地方铁路 EPC 项目的参建方还需要考虑运营单位的参建方式,这也使得地方铁路的建设模式多样。

(3)地方铁路 EPC 项目对总包商的要求更高

铁路项目的专业众多,包含线路、桥梁、隧道、路基、轨道、站场、建筑、供电及变电、电力牵引及接触环网、通信及信号等。EPC 项目涉及设计、施工等阶段,虽然业主和运营会对项目进行介入,但是项目的具体工作还是由承包商完成。因此地方铁路 EPC 项目的总包商需要有懂设计和施工以及全过程统筹管理能力的全专业人才,否则容易让 EPC 项目变成被人们所诟病的"三边工程"。因此,相较于传统项目,地方铁路 EPC 项目对承包商的要求更高。

(4)地方铁路 EPC 项目的总包商承担风险更大

铁路建设项目具有建设时间长、投资大、质量标准高的特点,铁路线路一般跨越多地，涉及的外部协调细节也较多，因此铁路项目的不可预见性较大。相较于别的项目，建设管理单位在工程建设过程中的介入程度更深，对项目的控制更多。通过 EPC 合同，业主的大部分风险已经转嫁给 EPC 总包商，而业主通过合同委托给 EPC 总包商的控制权往往不足，再加上运营单位对项目建设的介入，EPC 总包商面临的风险会更大，地方铁路 EPC 项目对 EPC 总包商的能力是一个较大的考验。

（5）地方铁路的运营一般委托地方铁路局负责

目前地方铁路的业主单位是专门为该铁路投资成立的项目公司，对项目的投融资、建设、经营负责。在建设期，项目公司会依据项目实际情况选择是否将建设管理的职能交由代建单位。在运营期，项目公司一般会选择委托地方铁路局负责，一方面是由于铁路局有丰富的运营经验和庞大的检修队伍，可以保障运营安全；另一方面可以使地方铁路进入国家铁路运输网络，充分发挥国家路网优势。委托运营的形式包括业主整体将项目出租给铁路局，盈亏和维护成本由铁路局负责；业主支付铁路局固定的管理费用，承担维护成本，享受最终的项目运营收益；业主支付较少的费用或成本，与铁路局约定运营收益的分配比例。不论是哪种运营形式，都使地方铁路的业主在运营期最主要的工作是进行资产经营，而安全责任主要由铁路局承担。因此，在项目建设、项目移交、接轨运营时，需要充分考虑运营单位的要求，必要时让运营单位介入施工，以保证项目建设质量符合铁路局的运营要求。

——地方铁路 EPC 项目主要实践情况

铁路项目的建设管理多年来主要采用传统的 DBB 建设模式。2006 年，铁道部曾在部分项目上试行过以施工单位为牵头方的设计施工单位组成联合体进行工程总承包的模式。由于这种模式存在不能充分发挥设计单位的作用等问题，没有得到推广应用。从总体上看，在很长一段时间内，铁路行业的工程总承包业务发展缓慢。由国铁集团投资、建设、运营管理的项目一直在沿用传统建设模式。

随着铁路投融资体制改革，各省市陆续成立铁路投资集团，铁路项目的业主也变得多样化，此时业主对EPC总承包的需求也在不断增加。2017年以来，地方城际铁路项目不断落地，地方城际铁路项目绝大部分为新建地方铁路项目。地方铁路EPC项目也开始爆发性增长。目前已有地方政府和企业主导投资建设如克塔铁路、盐通铁路、昌景黄铁路（安徽段）、宣绩铁路、龙龙铁路、汕汕铁路、广湛铁路、杭绍台铁路，均采用EPC模式进行项目建设。克塔铁路、盐通铁路、昌景黄铁路（安徽段）、宣绩铁路、龙龙铁路、汕汕铁路、广湛铁路、杭绍台铁路都是以国有铁路标准进行设计和施工的，这些地方铁路EPC项目主要是由设计院主导建设。在地方铁路EPC项目实施过程中也出现了较多的问题。因此，研究地方铁路EPC项目治理有较为重要的意义。本书的研究范围主要是国内的地方铁路EPC项目，非按照国有铁路标准建设的铁路不在研究范围内。

——地方铁路EPC项目的治理现状

现在地方铁路EPC项目缺乏系统的政策指引，地方铁路EPC项目主要处于探索阶段，因此各地方铁路EPC项目都在逐渐摸索自身的项目治理体系。由于地方铁路EPC项目参建方众多，覆盖专业多，地方铁路EPC项目治理主体较多。由于各治理主体之间的契约关系不同，地方铁路EPC项目呈现出模式多样化、组织结构多样化。因此，在每种模式下，各主体间责权利配置也有所不同。

在传统铁路投融资体制下，地方铁路项目的建设管理单位和运营维护单位往往都是当地铁路局的不同部门。但是，随着地方政府或社会资本逐渐参与铁路项目的投资建设，项目业主往往是新成立的项目公司，项目公司可以选择直接进行项目的建设管理，也可以寻找铁路局作为代建单位代替项目公司进行建设管理。铁路局在建设期间可能会作为建设管理单位或是被聘请的咨询单位提前介入施工。根据近年来地方铁路EPC项目建设资料，按照各主体间组织结构和职责分工不同，地方铁路EPC项目主要可以分为三大类别，分别为：模式Ⅰ"（业主+铁路局）+EPC总包商"模式、模式Ⅱ"业主+（EPC总包商+铁路局）"、模式Ⅲ"业主+EPC总包商"模式，各模式典型项目如表2-9所示。

表 2-9 地方铁路 EPC 项目主要模式

类型	项目	建设管理单位	工程承包单位	职责分工	模式内涵
模式 I	盐通铁路	江苏高速铁路公司为业主委托上海铁路局苏北铁路指挥部代建	中国铁路设计集团为 EPC 总包商	业主单位（项目公司）负责铁路项目投融资，铁路指挥部负责现场具体建设管理工作，中国铁路设计集团负责履行工程总承包合同的设计、采购、施工工作，监督管理施工单位、供货商的履约行为	模式 I 即"（业主+铁路局）+EPC 总包商"模式，该模式下业主将设计、采购、施工发包给 EPC 总包商，同时业主聘请铁路局代业主履行建设管理职责。铁路局是以业主方代理的身份介入施工
模式 I	龙龙铁路	福建福平铁路公为业主，龙龙铁路指挥部进行建设管理	中国铁路设计集团为 EPC 总包商		
模式 II	杭绍台铁路	杭绍台公司	中国铁路设计集团为 EPC 总包商，上海铁路局沪昆公司受聘作为管理咨询方参加现场管理	业主单位（项目公司）负责铁路项目投融资、建设管理工作，中国铁路设计集团负责履行工程心承包合同的设计、采购、施工，监督管理施工单位、供货商的履约行为，沪昆公司作为管理咨询方协助 EPC 总包商进行项目管理、外部协调等工作	模式 II 即"业主+（EPC 总包商+铁路局）"，该模式下业主将设计、采购、施工等任务发包给 EPC 总包商，同时总包商或业主聘请铁路局建设管理公司作为管理咨询单位，参与总包商项目管理。铁路局作为咨询单位直接参与项目建设，对业主和总包商负责

续表

类型	项目	建设管理单位	工程承包单位	职责分工	模式内涵
模式Ⅲ	汕汕铁路 / 广湛铁路	广东省铁路建设投资集团下属广汕公司	中国铁路设计集团为总包商	业主单位（项目公司）负责铁路项目投融资、建设管理工作，中国设计集团负责履行工程总承包合同的设计、采购、施工工作，监督管理施工单位、供货商的履约行为，铁路局作为运营维护单位主要在联调联试、接轨运营等阶段介入	模式Ⅲ即"业主+EPC总承包商"模式，该模式是EPC的基本模式，只涉及业主和EPC总包商两大主体，铁路局不直接介入项目建设

在传统的 EPC 项目中，建设单位和 EPC 总包商就是项目最重要的两个主体。但是在地方铁路 EPC 项目中，需要考虑项目后续接轨和运维，因此运行维护单位在项目实施过程中是极其重要的相关者。地方铁路 EPC 项目之所以能衍生出不同的模式，主要是因为运营维护单位在项目建设过程中扮演的角色不同。在地方铁路 EPC 项目实施过程中，项目建设管理单位、EPC 总承包单位、项目运维单位是最主要的对接单位，可以说在地方铁路 EPC 项目中涉及三个最重要的主体：项目建设管理方、项目 EPC 承包方、项目运营维护方。其中，项目建设管理方一般为项目业主单位（项目公司）或者代建单位，项目 EPC 承包方是有相应资质的设计施工单位，项目运营维护方是项目所在地的铁路局或铁路公司。项目建设管理单位和 EPC 总承包单位是 EPC 项目的两大合同主体，而项目所在地的铁路局或铁路公司作为运维单位会对拟建项目的实施产生重要影响。因此，按照主体的职能划分，参加地方铁路 EPC

项目的治理主体可以分为建设管理单位、EPC承包单位、运营维护单位。

地方铁路EPC项目的治理主体较多，组合关系也多样，这就导致项目结构复杂，不同模式下责权利划分不一。在地方铁路EPC项目的摸索实践中，也出现了不同模式下各主体间的责权利配置不合理、体制机制不完善等问题。因此，现在地方铁路EPC项目治理主要有项目治理主体较多、治理结构复杂多样、项目治理过程中的责权利配置不均、项目治理机制不完善等问题，地方铁路EPC项目的治理结构和治理机制有待进一步完善。

——地方铁路EPC项目的实例分析

传统铁路建设项目中，投融资、建设管理、运营维护往往都是国铁集团下属铁路局或铁路公司作为主体单位。在铁路投融资体制改革和EPC模式推行的背景下，地方政府和社会资本投入铁路行业，催生地方铁路项目，此时铁路建设项目的投资、建设、运营不再由一家单位掌控，相关职责也逐渐分割，项目中出现多个职责不同的主体，各主体间依靠契约关系组成了现有EPC项目的组织结构。通过对治理现状的梳理可以得知，目前地方铁路EPC项目按照主体的组织关系可以划分为三类，本书分别选取三类模式对应的盐通铁路、杭绍台铁路、汕汕铁路作为典型案例进行分析。

（1）盐通铁路

盐通铁路项目业主是江苏高速铁路有限公司，江苏省高速铁路有限公司是隶属于江苏省铁路集团的二级子公司。2018年1月，中国铁路设计集团与原苏北铁路有限公司签订了《新建盐城至南通铁路铁路建设工程工程总承包合同》，盐通铁路EPC总包商需要负责盐通铁路的施工图设计、工程施工、设备材料采购、竣工及保修等内容。2019年，江苏省高速铁路有限公司和中国铁路上海局集团有限公司签订代建协议，负责盐通铁路业主方的工程建设管理工作，项目公司作为业主单位主要负责投融资工作，铁路局作为建设管理单位对工程实施进行全面管理。由此，盐通铁路EPC项目采用了模式Ⅰ"业主+铁路局代建+EPC总包商"的建设管理模式。项目结构如图2-13所示。

图 2-13 盐通铁路项目结构

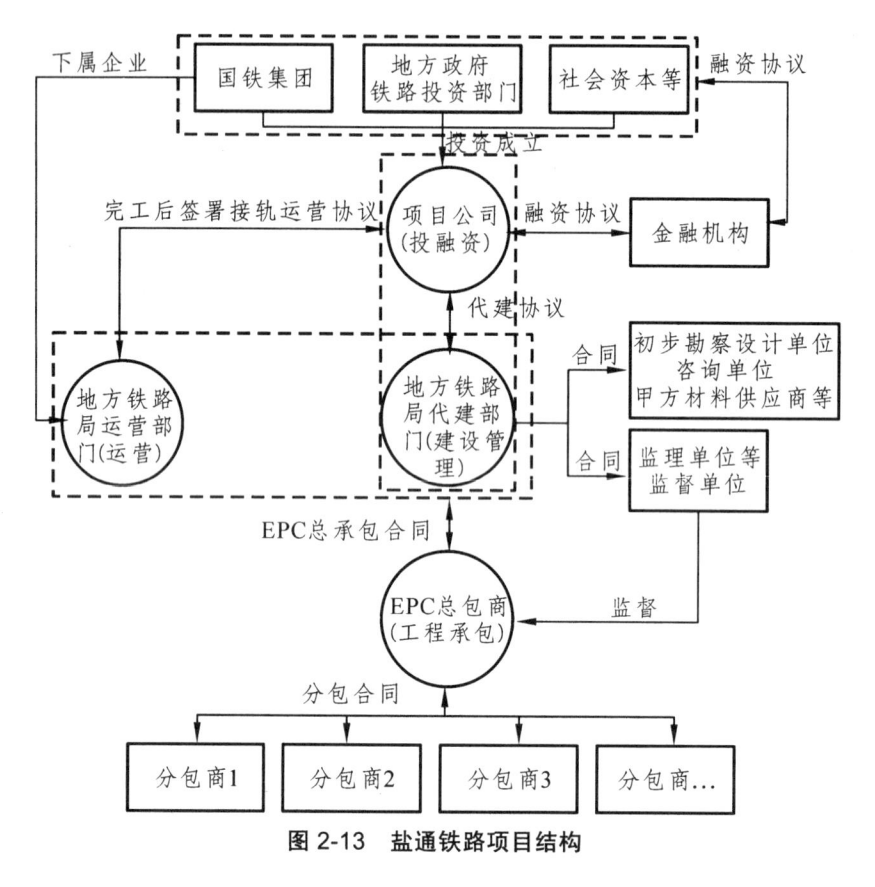

(2) 杭绍台铁路

杭绍台铁路项目投资人组建杭绍台铁路有限公司进行项目的投融资、建设等,其中地方政府投资主要用于土地征拆。政府设实施机构对项目进行监管。项目 EPC 总包商是中国铁路设计集团有限公司,负责项目设计、施工。由于杭绍台铁路在上海铁路局管理范围内,项目完工后需要交由上海铁路局接轨、运维,因此上海铁路局作为咨询方参与铁路建设管理,在项目完工后杭绍台铁路有限公司将与上海铁路局协商既有线接轨以及项目运营维护问题。EPC 总包商和上海铁路局下属沪昆客专浙江公司共同组成 EPC 管理机构进行项目建设管理工作。项目的监理单位与项目公司签订监理合同,组成总体监理部,对项目公司负责。杭绍台铁路 EPC 工程总承包项目实施的是模式

Ⅱ"业主+（EPC总包商+上海局集团公司管理咨询单位）"的建设管理模式。项目结构如图2-14所示。

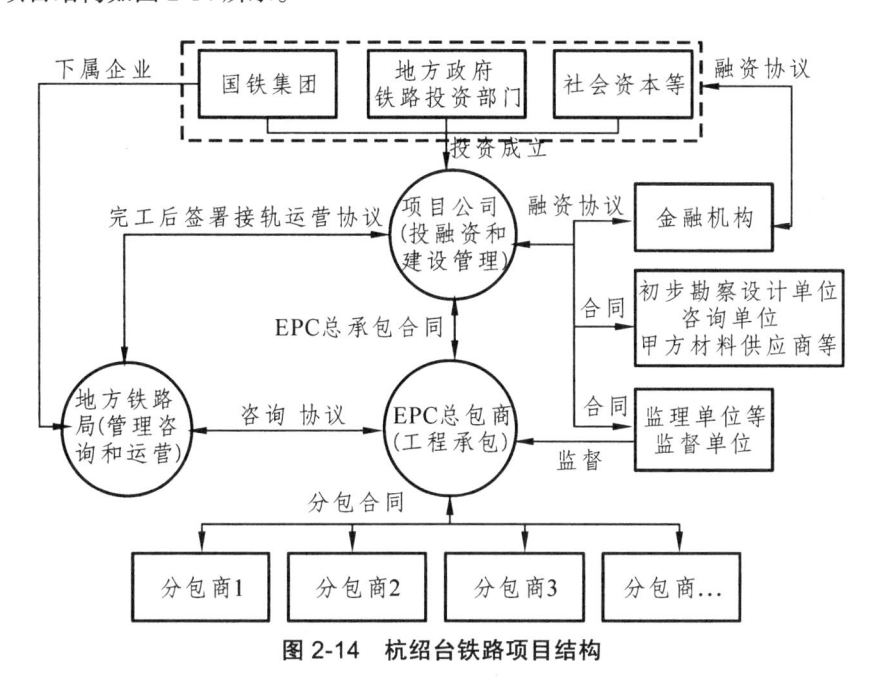

图2-14 杭绍台铁路项目结构

（3）汕汕铁路

汕汕铁路项目被纳入广汕铁路公司，由广汕铁路公司负责项目管理。项目由中国铁路设计集团采用EPC工程总承包模式建设，建成后委托广州局集团公司负责运输管理。汕汕铁路EPC工程总承包项目实施的是模式Ⅲ"业主+EPC总包商"的建设管理模式。项目结构如图2-15所示。

通过以上分析可知，地方铁路EPC项目的治理主体主要是项目业主、建设管理单位、工程承包单位、运营维护单位。监理单位、分包单位等其他单位在各模式中的契约关系和责权利相对固定，无明显变化，且在EPC模式下职能更接近监管部门和建设单位，因此不作为主要的治理主体进行研究。在模式Ⅰ中，项目业主为项目公司，建设管理单位和运营单位分别是铁路局的代建和运营部门，工程承包单位是EPC总包商。模式Ⅱ中的业主和建设管理单位均为项目公司，管理咨询单位和运营单位均为铁路局，工程承包单位是EPC

总包商。模式Ⅲ中的业主和建设管理单位均为项目公司，工程承包单位为EPC总包商，运营单位为铁路局。

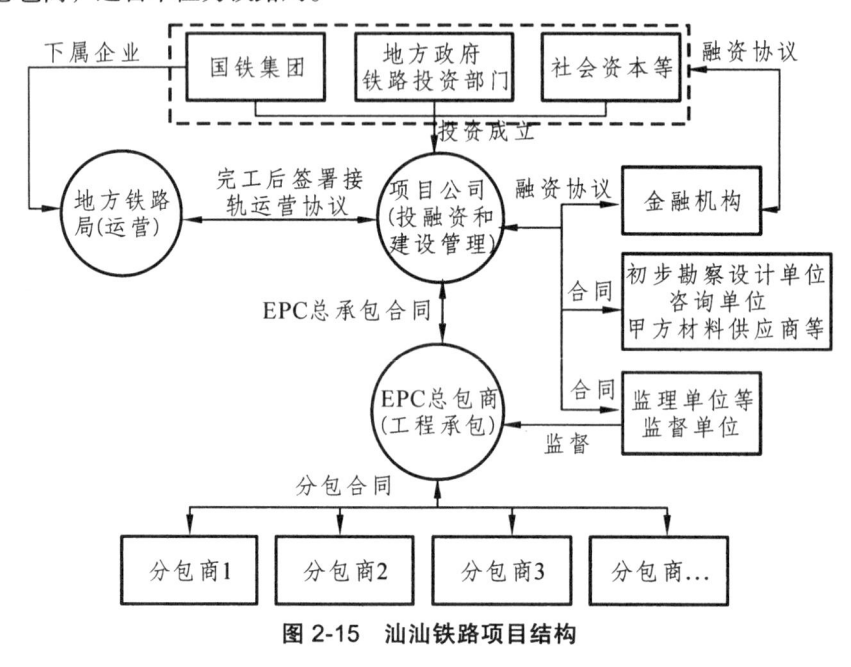

图 2-15 汕汕铁路项目结构

2.4.1.3 PMC 模式

——PMC 模式的概念

项目管理承包（PMC模式）是指具备相应资质、人才和技术的项目管理承包商，受业主委托，按照合同约定，代表业主对工程建设项目的组织实施进行全过程、全方位的管理和服务，协助业主完成项目前期策划、项目定义、可行性研究、项目融资等工作，在整个实施阶段至试运行阶段进行成本、进度、质量的控制。

——PMC 模式的特点

与传统的工程项目承发包模式相比，PMC项目模式具备一些鲜明的特征：
① PMC采用业主参与型的集成管理方式。PMC承包商与业主管理机构之间存在紧密的协调关系，代表业主进行项目决策，但最终决定权在于业主，

双方共同承担项目风险与利益。

② PMC 模式更重视项目的增值。不同于其他模式中承包商代表其自身利益，PMC 直接代表业主的利益，并使得 PMC 自身品牌的信誉、利润与业主利益同步。

③ PMC 在管理上更加重视以系统论为指导的管理思想与方法，强调把体系建设与流程设置作为管理工作实施的基础。

④ 强调信息管理。重视内外部沟通与部门、单位之间的协调关系以及文件程序顺畅，信息动态管理对于项目的中间成果与最终结果均能起到考核控制作用，实现 PDCA 闭环管理。

——PMC 模式的优势

PMC 模式充分反映了业主方规避风险的客观需求和市场专业化分工的必然趋势，是一种能有效对项目进行专业化、系统化、集成化管理的模式，具有显著的优势：

（1）降低业主风险

PMC 具备与工程规模相匹配的专业管理团队，有效地规避了业主因其自身经验、管理体系、人力资源的不配套为项目带来的各类风险。

（2）便于实现全过程集成管理

PMC 在项目中介入较早，相比其他模式具备更大的管理范围，其系统完整的工程建设管理体系可以实现从项目策划至实施、试运行阶段的全面协调管理。

（3）专业化管理提升工程建设水平

其专业性、针对性的组织模式能够构建 PMC 与业主之间科学、紧密的协调关系，项目管理班子的整体性与一致性能大大提升业主决策效率，提高工程建设水平。

（4）节约项目成本

PMC 合同一般具备约束激励机制，约定节约业主投资利益分成与突破投资实施追责的方式，因此 PMC 运用其自身的技术优势可对项目进行设计优化。

（5）优化项目现金流

在部分组织结构中，PMC可作为业主的融资顾问，通过其丰富的融资、财务管理经验，协助业主对项目的现金流进行优化。

常见的PMC项目组织模式如图2-16所示。

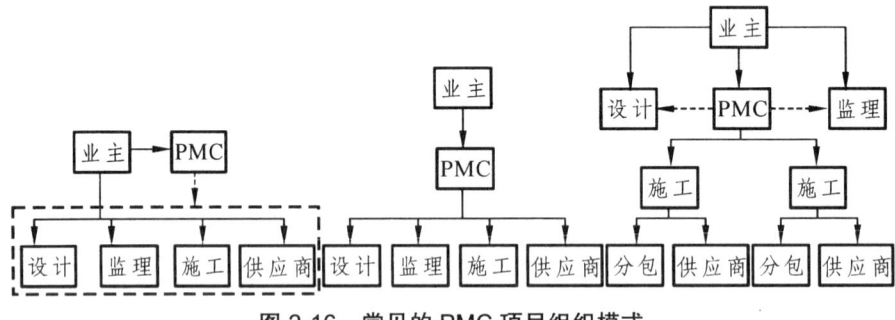

图 2-16 常见的 PMC 项目组织模式

2.4.1.4 铁路代建制模式

——代建制模式的定义

建设工程的代建制模式是国际上通常采用的一种工程项目管理模式，是指政府主管部门对政府投资的基本建设项目，按照使用单位提出的使用、建筑功能要求，通过招投标的市场机制选定专业的工程建设单位（即代建人），并委托其进行建设，建成后经竣工验收备案，移交给使用单位的项目管理方法。代建制是比建设项目法人负责制度更为进步的一种管理模式。与目前常用的铁路建设项目管理方法——总承包制和项目管理制相比，代建制的特点表现为：代建单位具有项目建设阶段的法人地位（即项目业主、甲方），拥有法人的权利（包含在政府监督下对建设资金的支配权），同时承担相应的责任（包含投资保值责任）。不论是总承包企业还是项目管理企业，都不具备项目法人资格，都不能取代原有的基建班子，都不能规避原有的管理弊端。

铁路建设项目点多线长，专业构成复杂，行业特殊性较强，加上铁路建设项目管理的市场化发育程度还不高，所以在铁路建设项目管理模式中引入代建制尚需更多的探索。从目前国内铁路采用代建制实施铁路建设项目的情况来看，昆明铁路局集装箱网络中心站是全路唯一的试点项目。该项目业主为中铁集装箱公司，代建单位为昆明铁路局。根据现在的实施效果来看，采用代建制项目管理模式确实提高了项目专业管理水平，充分说明代建代管是保证工程质量、加快建设周期、提高投资效益的有力措施。由此可见，在铁路建设项目中实现代建制项目管理模式是可行的，也是必要的，是铁路建设在遵循社会主义市场规律对大中型项目进行优化管理的重要举措和新的尝试。

——代建制各方的基本职能

（1）政府部门的职责

① 负责审批项目可行性研究报告，审查确定设计方案，审核设计规模标准预算。

② 下达投资计划，安排建设资金，按计划及时拨付建设资金。

③ 通过公开招标方式确定代建人，监管代建人履行合同。

④ 稽查工程规模标准及实施过程中的重大变更和资金调整计划，协调工程建设中的重大问题。

⑤ 依法监督、查处项目管理公司在建设过程中出现的违规现象。

（2）项目管理公司（代建人）的职责

① 根据建设方（甲方）要求，编制设计任务书，组织设计招标、评标，筛选最佳方案供建设方审定。

② 代建单位内各专业的技术人员与设计单位配合完成扩初设计、组织扩初设计及投资概算审核工作，报建设方审定。

③ 协助建设方办理扩初设计的申报立项工作；与设计单位密切配合，组织施工图设计；负责办理施工前的全部报批工作。

④ 与招标单位配合编制施工图预算（或工程量清单），编制发标文件，对投标单位进行技术、管理及诚信度的考查，在招标机构的组织下进行开标评标。

⑤ 负责全部合同管理工作，签订设计委托、施工总承包与专业分包合同，对施工单位编制的施组设计、进度计划、施工方案进行审定，并组

织技术交底会议，对设计、变更、预算调整、施工总分包各方面计划进行协调。

⑥ 在施工阶段配备各专业技术人员的项目部进驻工地，进行全方位的工程监控。

⑦ 代建单位进驻工地的专业技术人员与监理人员密切配合，对施工单位的工程月报逐条审定；根据施工合同中有关付款办法的约定，确定按月或按阶段的付款金额呈报业主按时审付，以保证不出现透支或拖欠的情况发生。

⑧ 按照国家有关规定和取费标准，确定设计费、施工价款、工程结算，接受业主及国家有关部门的审计。

⑨ 组织竣工验收，并负责整理项目的全部技术文件和竣工图纸报送业主，以便存档。

（3）使用单位的职责

① 负责根据本单位的实际需要和发展规划提出项目建议书。

② 在项目方案设计阶段提出项目功能需求。

③ 在建设过程中提出意见和建议，实行工程质量、工期、资金合理使用的监督，并监督代建人的行为。

④ 参与工程验收，负责接收竣工建筑物以及其使用、维护。

——铁路建设项目实行代建制的配套措施

在铁路建设项目中积极推行代建制，可避免因建设单位基建管理人员业务不熟、专业不精和临时组建、建完解散等带来的弊端，减少盲目"交学费"的现象。但是，结合我国铁路建设的现实情况，铁路建设项目代建制模式的推行涉及面广、政策性强、制约因素较多。为了使之得以顺利推行、具有可操作性，就必须具备一些必要条件。

① 在运行代建制时，代建单位（代理人）可能会成为相关政府部门（委托人）的下属单位，这往往会导致激励不足、约束不力的情况出现，以致代建单位因市场化水平很低而缺乏独立经营活动能力。在政府部门与代建单位

的委托代理关系中，假如缺乏市场机制，由于委托人和代理人都具有垄断性，代建制管理模式中的委托代理关系在激励和约束两方面都存在一定的缺陷，会造成效率损失。[①]因此，必须理顺政府部门和代建单位之间的关系，这是铁路建设项目实行代建制管理模式的一个重要的先决条件。

② 代建单位必须通过招标产生，这能够降低铁路建设项目的总体成本，体现市场竞争。

③ 代建单位与政府、使用单位三方之间必须签订《代建合同》，通过合同约束三方的行为。代建单位须依照《代建合同》的约定，向政府缴纳一定比例的履约银行保函，为从经济上制约代建单位的违规行为提供保障。对项目竣工验收后决算投资低于批准投资的，可按财政相关规定，从节余资金中给予代建单位提成奖励，从机制上鼓励代建单位加强管理，降低成本。

④ 项目代建费应包括代建单位在项目前期、建设准备、实施、验收及保修阶段发生的成本、应缴的税费（如营业税及附加、所得税）和合理的利润。项目代建费应依据工作内容、难度和承担的责任，在政府指导价的引导下由市场主体确定。在代建单位招标过程中，明确要求投标单位在投标书中列示费用明细和取费依据，并请评标专家就代建费做出专项评审。同时，要防止低于成本中标的现象发生。

⑤ 目前在我国实行的工程项目代建制尚未能对工程建设实施全方位管理，仅仅涉足于工程前期动拆迁以及工程质量、安全、进度以及外部矛盾的协调等方面，在投资控制方面缺乏足够的主动性。事实上，从代建制本身的含义来看，项目代建阶段宜界定为：从项目批复立项至保修期结束。项目建议书批复后，涉及土地、规划和计划等政府部门的有关项目选址、规划条件、投资规模和建设内容等事项基本确定，代建单位可据此开展后续工作。同时，项目竣工验收不能作为项目代建工作的终点，有必要再延续到保修期结束之日。这样做不仅便于施工合同的甲方（代建单位）和乙方（施工单位）完整

[①] 张强. 关于铁路建设项目代建制模式的研究[J]. 基建优化, 2005（3）: 23-26.

地履行各自的权利和义务，而且便于使用单位在代建单位的指导下，逐步熟悉并掌握建成项目的使用和管理要求。

⑥ 代建单位必须满足相应的资质条件并具备保质保量地履行代建合同的能力，方能真正承担铁路建设项目的代建任务。例如，在上海市颁布的《关于本市市政行业开展代建制（工程建设管理）试点方案》一文中，就对代建单位规定了较为详尽的具体条件。主要包括如下几条：代建单位应当具有甲级监理单位资质、前期拆迁资质和招标代理资质，具有5年以上工程管理资历，公司注册资金应大于500万元，管理公司的主要负责人和技术负责人应由具有高级职称的在职人员担任，管理公司应有专业技术职称的在职人员不少于50人等。就铁路建设项目而言，其投资额较普通的市政工程往往要大，对于工程质量、进度和成本的控制要求也更严格，所以对于铁路建设项目代建单位的要求必然会相应提高。怎样结合铁路建设项目的特点制定相应的针对代建单位的准入条件，是一项非常重要的工作。

⑦ 对代建单位的管理以及代建行为，目前尚无一套完整的管理规范。比如，一个单位承接了代建工程后，管理班子如何组织，需要怎样的专业人员配备，这些人员在资格业绩上有何要求，甚至代建单位的资格如何管理，其所代建工程的范围如何确定，什么等级的代建单位代建什么等级的工程项目等，均没有规定。而现状就是由代建单位自由发挥，能做到什么程度就做到什么程度。因此，必须尽快建立起一套行之有效的代建制管理体系，以改变有关法规建设滞后的不利局面。

⑧ 在现行铁路建设项目管理中引入监理公司的本意，是改革传统的铁路建设项目组织管理方式，因此最初对监理公司的定位是"三控一协调"，即进度控制、投资控制、质量控制和协调合同关系。但是，在实践中，监理单位并没有履行上述职能，尤其是不能协调合同关系。由此可见，在一定程度上，代建制改革是为了完成监理改革未能完成的历史使命，而且其范围要延伸至项目前期（这也是最早的监理理念）。代建制推行之后，监理单位的职责主要限于施工质量和安全监理。当然，如果有实力的监理单位具有相应的项目管理能力，也可以做代建业务。

⑨ 发达国家相当重视项目管理专业人才的培养和资质认定，美国 PM 工学会主办的项目管理专业资质 PMP 考试和资质证书，得到了社会的承认。而我国对项目管理的系统研究和行业实践起步较晚，因此，项目管理人才的培养也相对落后。为了提高我国项目管理人的素质，必须针对工程建设的特点，采取理论培训和实践培训双管齐下的方式。要坚持大学基础教育与行业组织的岗位培训相结合、国内培训与国外培训相结合，经常开展项目管理学科的国内外经验交流和专题研讨。同时，应该在高等学校建立学科点，设立硕士点和博士点，培养一批具有较强专业知识、懂经济、精法律、善管理、精通计算机和外语的高素质项目管理人才，为代建制在我国工程项目管理中的推广应用输送更多更好的专业人才。

4）有关铁路建设项目代建制的结论

代建制工程与传统建设工程的运作模式相比，在形式上，它把过去的建设单位、使用单位合二为一的格局，转变为建设单位、使用单位相分离，政府投资主管部门的职能由管理具体项目转移到招标代建单位，通过与代建单位签订的代建合同来规范代建单位的行为，使用单位从直接管理项目转变为加强对项目工程质量、工期和资金使用的监督，不再直接参与项目建设管理过程。作为工程项目管理的一个重要制度，代建制已在我国许多城市和行业试点，并且已经取得了一些经验和效果。借鉴发达国家和地区的通行做法，由政府设立专门机构（如工务局），直接组织铁路建设项目的实施，或组建铁路建设项目管理公司等专业化机构，实行铁路建设项目代建制或其他模式，将是我国铁路建设项目实施的主要方式。铁路建设项目建设单位通过代建制委托专业的铁路建设项目管理单位代为管理，发挥专业化和社会化的优势，可提高铁路建设项目管理水平，也有利于工程建成后的管理。

2.4.2 建设期各阶段管理

随着地方铁路建设管理经验的逐渐丰富、地方铁路建设环境的不断变化，建设期各阶段的管理也在进行不断的调整。地方铁路建设严格按照立项决策、勘察设计、工程实施和竣工验收的基本程序组织建设，铁路项目建设涉及的建设流程繁杂、参与部门繁多，参与主体之间既独立工作，也需要高度的协调配合，共同推进铁路建设进度，保证铁路建设项目顺利开展。铁路项目建设流程如图2-17所示。

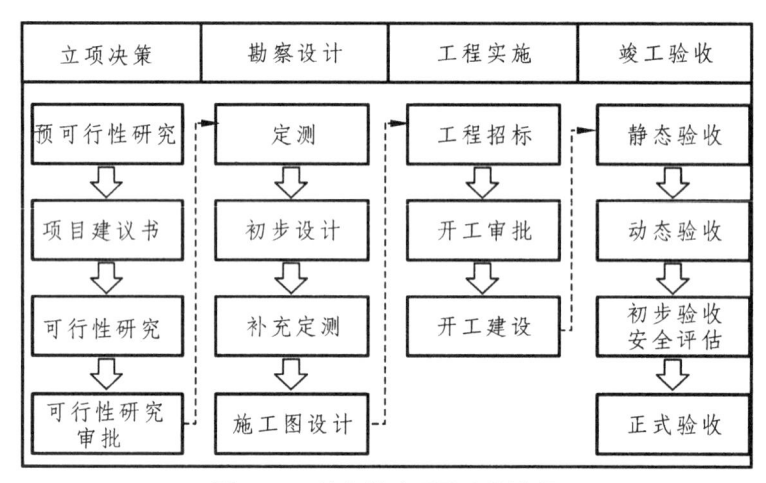

立项决策	勘察设计	工程实施	竣工验收
预可行性研究	定测	工程招标	静态验收
项目建议书	初步设计	开工审批	动态验收
可行性研究	补充定测	开工建设	初步验收安全评估
可行性研究审批	施工图设计		正式验收

图 2-17　地方铁路项目建设流程

2.4.2.1　立项决策阶段

在地方铁路建设项目中，前期决策的地位尤为重要。前期决策是设计项目、铁路施工、项目验收三个后续环节的基础，并且由于铁路的规模较大，一般涉及多个城市，因此前期决策环节至关重要。前期决策管理是在项目开展前，综合各方面的因素和需要考虑的条件，制订一个最合理的建设性方案，给铁路建设营造良好的建设氛围，减少不必要的经济损失。

地方铁路立项决策阶段流程是：依据铁路建设规划，地方政府对拟建项目进行预可行性研究，编制项目建议书；根据批准的铁路中长期规划或项目建议书，在初测基础上进行可行性研究，编制可行性研究报告。项目建议书和可行性研究报告按国家规定报批。

简易的工程建设项目，可直接进行可行性研究，编制可行性研究报告。

——可行性研究管理

地方铁路建设项目的决策阶段应进行预可行性研究和可行性研究，可行性研究应根据国家颁布的法律法规进行编制。

可行性研究的基本工作步骤为：① 签订委托协议；② 组建工作小组；③ 制订工作计划；④ 市场调查与预测；⑤ 方案编制与优化；⑥ 项目评价；⑦ 编写可行性研究报告；⑧ 与委托单位交换意见。

其工作步骤如图 2-18 所示。

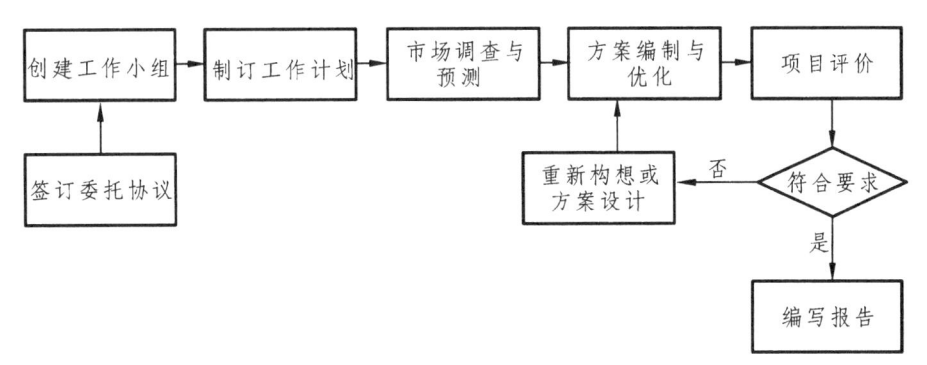

图 2-18　可行性研究基本工作步骤

地方政府对可行性研究审查时，应根据国家有关规定，审查可行性研究报告能否达到以下要求：

① 铁路大中型建设项目可行性研究报告应能充分反映项目可行性研究工作的成果，内容齐全，结论明确，数据准确，论据充分，满足决策者确定方案和项目决策的要求。

② 铁路大中型建设项目可行性研究报告选用主要设备的规格、参数应能满足预订货的要求。引进技术设备的资料应能满足合同谈判的要求。

③ 铁路大中型建设项目可行性研究报告中的重大技术、经济方案，应有两个以上方案的比选。

④ 铁路大中型建设项目可行性研究报告中确定的主要工程技术数据，应能满足项目初步设计的要求。

⑤ 铁路大中型建设项目可行性研究报告中构造的融资方案，应能满足

银行等金融部门信贷决策的需要。

⑥ 铁路大中型建设项目可行性研究报告中应反映可行性研究过程中出现的某些方案的重大分歧及未被采纳的理由，以供委托人与投资人权衡利弊进行决策。

⑦ 铁路大中型建设项目可行性研究报告应附有评估、决策（审批）所必需的合同、协议、意向书、政府批件等。

⑧ 铁路大中型建设项目可行性研究报告应符合《铁路建设项目环境保护"三同时"管理办法》及《铁路建设项目水土保持工作规定》的要求。

——投资估算管理

（1）地方铁路建设项目投资估算内容与依据

铁路工程估算是铁路建设工程可行性研究报告的重要内容，是项目经济评价和投资决策的重要依据。《铁路基本建设工程投资（预）估算编制办法》适用于地方铁路基本建设工程大中型项目预可行性研究和可行性研究阶段编制投资（预）估算。《铁路工程估算指标》与《铁路基本建设工程投资（预）估算编制办法》配套使用，适用于标准轨距新建铁路工程预可行性研究阶段编制投资预估算。投资估算的主要内容应根据《铁路基本建设项目预可行性研究、可行性研究和设计文件编制办法》执行。

（2）铁路建设项目投资估算的审查

对项目投资估算进行审查是保证项目投资估算的准确性和估算质量的基本方法，也是进行有效的投资控制的基础。在审查项目投资估算时，应注意审查以下几点：

① 审查投资估算编制依据的可信性。

② 审查投资估算的编制内容与规定、规划要求的一致性。

③ 审查投资估算的费用项目、费用数额与实际是否相符。

——建设单位应提前介入前期工作

根据铁路建设的实际，项目决策阶段的预可行性研究和可行性研究工作由铁道部委托勘察设计单位完成，铁道部负责审查，并编制项目建议书和可行性研究报告，铁路局等建设单位配合。为了更好地发挥建设单位在前期工作中的作用，要在项目可行性研究阶段就说明确项目建设单位，及时按要求组建项目管理机构，配齐配强项目管理人员，提前介入前期工作，主动协助做好工程可行性研究，参与重大方案技术研究和开工报告的报批，及时跟踪推进项目的前期工作。

2.4.2.2 勘察设计阶段

铁路的快速、高质量建设为铁路项目勘察设计市场带来了重要的发展机遇，而勘察设计是铁路工程生命周期管理中的重要一环，其优劣程度直接关系到工程项目的投资效益和安全质量，对项目后期的实施起到了至关重要的作用。在项目实施过程中暴露出的诸多问题，需要在项目实施过程中不断积累勘察设计工作经验。因此，对地方铁路工程勘察设计项目管理进行研究具有重要意义。

地方铁路建设设计阶段应根据批准的可行性研究报告，在定测基础上开展初步设计。初步设计经审查批准后，开展施工图设计。

——工作范围

地方铁路工程勘察设计工作范围是指为成功实现勘察设计工作目标而需要完成的全部工作或活动，是实施地方铁路工程勘察设计项目管理的前提和基础。然而地方铁路工程勘察设计工作范围究竟包括哪些工作或活动，目前尚无一个统一而明确的界定。

根据《中国铁路总公司铁路建设管理办法》第八条至第十二条内容可知，铁路工程建设程序分为立项决策、勘察设计、工程实施、竣工验收四个阶段。一般意义上的铁路工程勘察设计工作，主要是指勘察设计阶段的工作。勘察设计阶段工作具体如表 2-10 所示。

表 2-10 勘察设计阶段工作表

阶段工作	勘察设计阶段	
勘察	定测	补测
设计	初步设计	施工图设计

通过对《铁路工程地质勘察规范》《铁路建设工程勘察设计管理办法》《铁路建设项目施工现场设计配合管理暂行办法》《铁路建设项目变更设计管理办法》等文件内容的进一步梳理，结合铁路工程建设程序加以分析，可以清楚地看到，铁路工程勘察设计工作其实早在立项阶段就已介入，并随着工程进展，在铁路工程建设各阶段配合完成相应勘察设计工作，直至工程竣工。勘察设计各阶段工作具体如表2-11所示。

表2-11 勘察设计各阶段工作表

阶段	建设阶段				
工作	立项决策		勘察设计		工程实施	竣工验收
勘察	踏勘	初测	定测	补测	现场配合	参与验收
设计	预可研	可研	初步设计	施工图设计	现场配合	参与验收

铁路工程勘察设计工作范围可以分为广义和狭义两类。从广义上而言，铁路工程勘察设计工作范围贯穿铁路工程建设的全过程，只是其在不同阶段工作内容各有侧重。从狭义上而言，地方铁路工程勘察设计工作范围仅指铁路工程勘察设计这一个阶段的工作。从对铁路工程建设投资的重要性、对铁路工程勘察设计工作的代表性、对铁路工程勘察设计实施项目管理的可行性等多角度考虑，可将铁路工程勘察设计工作范围界定为勘察设计这一阶段的工作，也就是狭义上的工作范围。

——铁路工程勘察设计的特点

（1）项目管理主体多样化

铁路工程勘察设计项目往往由多个参与单位共同完成，包括建设单位、勘察设计单位、第三方咨询机构，以及铁路计划、建设、工程管理、鉴定、评审等部门单位，铁路工程所经地区政府行政主管部门（如土地、城乡规划、水务、电力、环保、文物、园林、地震、稳评）等。因分工不同、角色不同、职责不同，各参与单位对勘察设计项目管理的立场和关注点也不同。

（2）项目管理过程阶段化

每个铁路工程勘察设计项目，其最终成果的完成一般都要经历初测、定测、初设、补测、施工图设计、施工交底、竣工验收、项目评估这一基本过程，其中最重要的是定测、初步设计、补测、施工图设计四个阶段。因而，铁路工程勘察设计项目管理也是对勘察设计成果完成过程的管理。在此过程中，前一项工作为后一项工作提供基础资料，后一项工作是在前一项工作的基础上进一步深化和完善，前一项工作成果质量的好坏直接影响后一项工作质量的高低。因此，铁路工程勘察设计成果完成过程的管理呈现出明显的阶段性。

（3）项目管理要素多元化

项目管理要素基于不同角度出现了不同的分类。其中项目管理三要素主要是指时间、成本、质量。项目管理四要素是在三要素的基础之上增加了范围因素，项目管理五要素进一步增加了组织因素，项目管理六要素又增加了客户满意度因素。但不管项目管理要素如何划分，其中不变的三大核心要素是时间、成本、质量。管理者在项目实施过程中，需要运用系统的观点、方法和理论，处理好时间、质量、成本这三大核心要素之间的关系，三者不可偏废。

——勘察设计管理体系

（1）项目关联单位的管理

从铁路工程勘察设计项目管理关联单位来看，其包括勘察设计单位、建设单位、咨询机构、铁路工程管理部门、政府部门、社区、企事业单位等多个单位或部门的协调沟通及管理。勘察设计项目的完成主体是勘察设计单位，基本上是由其完成勘察设计的核心工作。

（2）项目完成过程的管理

主要是从定测、初步设计、补测到施工图设计整个过程以及各个阶段完成内容，做好铁路工程勘察设计项目的管理，提升整个铁路工程勘察设计项目成果的水平。

(3)项目管理要素的管理

铁路工程勘察设计项目管理目标就是要达到质量、成本、工期管理的最佳平衡状态。整个铁路工程勘察设计项目管理工作要想达到预期的效果、得到完美的结局，必须要做好质量、成本、期这三个维度的管理工作。

铁路勘察设计项目管理体系如图2-19所示。

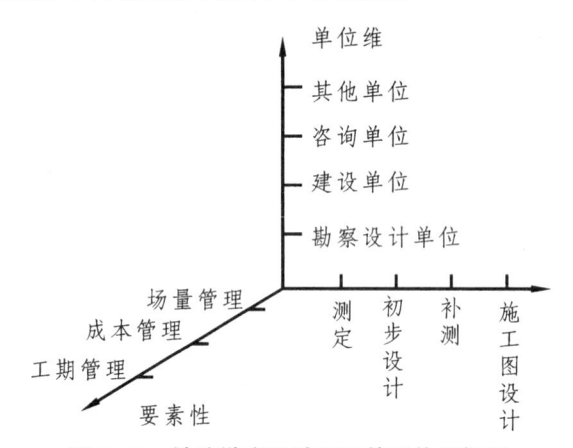

图2-19 铁路勘察设计项目管理体系框架

2.4.2.3 工程实施阶段

工程实施阶段是在初步设计文件审查批准后，组织工程招标投标、编制开工报告。开工报告批准后，依据批准的建设规模、技术标准、建设工期和投资，按照施工图和施工组织设计文件组织建设。

——地方铁路工程项目的特点

① 单位工程多、线路长、受环境影响大。铁路工程的一个项目经理部所承担的施工里程少则几千米，多则几十千米。由大小不等的单位工程连接成一个整体，遇到的水文、地质、地形、地貌也千差万别。对每个点的情况认识和了解不透，往往就会造成工作中的被动。

② 业主的部分职能的转嫁。由于新线铁路经过的地区多、线长、业主的管理跨度很大，业主会将部分管理职能转嫁给施工单位。一般工程项目中由业主负责的征地拆迁、"三电"拆迁，以及管线、水系、道路改移等工作都

转嫁给了施工单位，一些和当地政府及其职能需经协调的事情也委托给施工单位。业主的部分日常管理职能，施工单位在开工前和施工过程当中必须解决和处理好，否则项目的施工就不能正常开展。

③ 社会接触面广、干扰因素多。新线铁路施工要和地方的许多部门、政府、村民发生经济关系，如土地部门、水利部门、林业部门、环保部门、矿产资源部门、公安消防部门，以及沿线经过的乡镇一级政府、企业、村民。施工单位要投入很大一部分精力协调与这些部门和人员的关系。这方面关系处理的好坏直接影响到项目的进度、成本和经济效益。

——地方铁路工程项目施工管理的主要内容

铁路工程项目施工管理的目标是通过项目管理工作实现的。为了实现项目目标，必须对项目进行全过程的多方面管理。其主要内容如下。

① 建立项目管理组织，包括项目组织机构设置、人员组成、各方面工作与职责的划分，项目业务工作条例的制定。

② 工程项目的计划管理，包括项目的实施方案及总体计划、工期计划、成本计划，资源计划以及它们的优化。

③ 工程项目管理的目标控制，包括进度控制、成本控制、质量控制、风险控制。

④ 合同管理，包括投标的前期工作、合同分析、合同实施控制、变更管理，索赔管理。

⑤ 对生产要素进行优化配置和动态管理，这些生产要素包括人员（含管理人员，技术人员、劳务人员）、设备材料、施工机械机具、资金、技术、信息等。

⑥ 项目后管理，包括项目验收、移交、运行准备工作，项目后评估、即对项目进行总结，研究目标实施的程度和存在的问题。

2.4.2.4　竣工验收阶段

竣工验收是工程项目管理的重要环节之一，是地方铁路建设项目按批准的设计文件内容建成，由验收机构对其进行综合评价考核，并移交接管使用单位的整个过程。对促进建设项目及时投产、发挥投资效果、总结建设经验有重要作用。

——基本要求

① 在验收开展前明确接管单位。为避免验收、移交时设备接管单位不清、影响后续工作的开展，建设单位应提前对各专业设备进行梳理（特别是新型设备设施），在静态验收开始前2个月向路局上报关于明确建设项目工程设备固定资产接收、使用、维修单位的报告，由路局总工室、劳卫等部门在验收前发文明确接管单位和管界划分。

② 建设单位应坚持按照验收程序办事，做到不具备验收条件的不仓促申请验收。为避免开通后再要点施工、减少其他临近营业线施工作业工作量，对因工程建设和运输要求需分段开通的工程，应按照全封闭、全立交、附属工程全部完成、路材路料清理干净的原则组织施工，在达到开通基本条件后再向路局申请组织验收。

③ 凡是未经施工单位自验，未向建设单位报验，建设单位未组织设计、施工、监理、设备接管单位对口检查确认工程完成情况，以及未完成技术资料移交的工程，不得申请验收，路局工程验收委员会办公室不得组织验收。

④ 消防工程应在工程施工前由建设单位组织向铁路公安消防机构申请消防设计审核，而不是等消防设施施工完毕后再去补充报审报验手续。

——竣工验收管理

（1）验收前准备

施工单位应在工程完工前15天向建设单位提出验收计划，包括预计完工日期和开通日期、工程内容、开通所必需技术资料等。建设单位组织核对技术资料齐全、完整、准确无误后，组织施工单位分专业向局相关站段、业务处室移交技术资料，并办理移交签认手续。

建设单位应按照验收标准的规定，组织设计、施工、监理单位进行单位工程验收，并填写《单位工程质量验收记录》。对急需开通达不到单位工程验收条件的，需在单位工程质量验收记录中注明验收范围和未完工程项目等。

施工单位经自验、向监理报验、取得合格意见后，向建设单位报送专业工程验收申请表,建设单位及时组织施工、监理、设计、设备接管单位,进行全面的质量检查和技术资料核对,确认已具备验收条件后,五方签署检查意见,方可向路局工程验收委员会办公室报送验收申请报告。

(2)申请验收

建设单位在确认具备验收条件后,向路局工程验收委员会办公室行文申请静态验收,并附全套的《专业工程验收申请表》。验收申请报告应包括工程概况、建设情况,明确验收范围,具体说明申请验收的各专业情况、线路里程、主要设备等,建议参验部门、单位和专业分组,建议验收时间。建设单位在向路局申请建设项目验收的时候,同时要联系地方主管单位对移交地方的上跨立交进行验收。

(3)验收组织

路局工程验收委员会办公室根据验收申请,确认静态验收条件,编制静态验收总体实施方案,并启动验收;各专业验收工作组制订专业验收实施方案,开展本专业的静态验收组织。静态验收实施方案包括工程静态验收的范围、任务、验收单位及人员组成、程序与计划安排,各专业的参验部门和单位应细化到固资接管单位、养护维修单位、使用接管单位,确保每项设备验收到位,同时明确规范验收工作程序、搞好验收组织、落实问题整改、做好报告编制方面的具体要求。

对消防设施验收,消防主管部门在组织消防专项验收时不仅参建单位要参加,接管使用和维护单位也应参加,以便接管单位提早介入熟悉设备、做好设备接管工作。

2.5 地方铁路运营期管理

2.5.1 国外铁路运营期管理模式

2.5.1.1 以欧洲为代表的"网运分离"模式

网运分离,即客货运和路网分离的运输组织模式。这种组织模式的基本做法是组建独立经营的路网公司和运输公司，具体分为"一对一"和"一对多"两种。前者以瑞典为典型，其铁路重组后划分成一家路网公司和一家运输公司；后者以英国为典型，英国铁路重组后形成了一家路网公司和多家运输公司的模式，把运输公司划分为长途客运公司、短途客运公司、大宗货物运输公司、集装箱运输公司、行包快运公司、邮政运输公司等。欧洲"网运分离"模式在运营管理机制上主要有以下几个特征。

① 铁路的路网基础设施与客货运输经营相分离，即将铁路的路网基础设施和客货运输业务分成两大系统，各自独立经营管理。网运分离具有不同程度的实现方式，主要是在企业内分设部门的"部门分离"以及完全分离为独立企业的"组织分离"。前者以德国为代表，德国联邦铁路公司（DB）旗下有五家分公司，包括长途运输、短途运输、货物运输、铁路基础设施和旅客车站；后者以英国为代表，包括一家全国路网公司和多家客货运公司。目前，大部分欧洲国家基本实行彻底的"网运分离"，即组织分离。

② 路网运营机构向铁路运输企业征收线路使用费。路网运营机构负责铁路基础设施的建设与维护，并且向铁路运输企业征收线路使用费。但是，各国铁路线路使用费的征收水平并不相同。比如，芬兰、瑞典和挪威等国的线路使用费较低；德国、法国和奥地利等国的线路使用费居中；英国的线路使用费较高。当然，荷兰等个别国家并未征收线路使用费，这是因为荷兰国内的汽车运输业不用缴纳公路费，为了支持铁路与公路公平竞争，荷兰暂不对铁路线路的使用收费。

③ 对铁路运输企业进行专业分解，即拆分成若干独立经营的客运公司和货运公司。例如，目前英国有1家路网公司、25家客运公司和6家货运公司。网运分离和客货分离使分工更加专业化，提高经济效率。

④ 欧盟成员国的路网向其他成员国开放。欧盟及其前身欧共体一直争取在内部实现铁路运输自由化，欧共体对铁路改革采取的重要举措是发布了关于欧共体铁路发展的91/440/EEC指令。该指令要求各成员国铁路部门开放路网。例如，自1996年起，在欧盟范围内任何经过许可的铁路公司都可以在瑞典铁路网上经营货运业务。

⑤ 通过政府补贴将公益性地方客运引入市场竞争机制。比如英国政府对客运设施和线路使用费进行了补贴，而德国政府主要补贴路网建设和短途客运。欧洲各国铁路改革的一个普遍趋势是：对具有公益性的地方客运采取公开补贴的方式，由当地政府购买铁路服务，并且对铁路企业的税收较低，以此引入市场竞争机制。

⑥ 不存在行业内部竞争。网运分离无论是"一对一"还是"一对多"，各个公司的业务互不重叠，即有专业的客运或者货运公司，相互之间存在不可替代性。

2.5.1.2　以美国为代表的"货网合一、客货分离"模式

美国拥有一家全国性的铁路客运公司 Amtrak 和 500 多家货运公司，采取"货网合一、客货分离"的运营模式。该模式中，客运和货运分别组织运营，路网基础设施由货运公司所有和运营，客运公司根据所签署的商业协议在货运线路上运营。该模式主要被货运主导型的国家采用，如美国、加拿大和俄罗斯等。美国铁路货运的市场份额占 40%以上，铁路客运的市场份额不到 1%，两者相差悬殊，而且公路和航空客运较为发达。因此，采取货网合一的模式有利于形成一体化的货运企业，更大程度地减少交易成本。同时，由政府接管全国的客运，使得铁路客运的公益性更加突出。由于美国铁路客运处于亏损状态，采取客货分离可以避免交叉补贴，使货运企业更好地发展，有利于提高市场化程度。"货网合一、客货分离"模式在运营管理机制上主要有以下几个特征。

① 铁路的路网基础设施与货运相结合，与客运相分离。货运公司拥有路网基础设施，并且负责路网基础设施的建设与维护，客运公司通过支付线路使用费有偿使用货运公司的路网基础设施。

② 铁路运输企业均有专业化的分工。例如，美国有 1 家全国性的客运公司和 500 多家不同规模的货运公司，俄罗斯虽然只有 1 家铁路公司，但其经营也按业务划分为货物运输、长途客运、市郊旅客运输等。

③ 网运合一的区域货运公司。将全国铁路网划分为若干运输区域，每

个区域组建一个铁路运输公司，该公司负责区域内所有线路的运输业务，这样可以在一定程度上发挥规模经济的作用，降低交易成本，提高经济效率。

④ 客运具有公益性，存在政府财政补贴。例如，美国的客运公司 Amtrak 连年亏损，但考虑到客运的公益性，政府每年都给予巨额补贴。

⑤ 相比于客运，货运的市场份额更大，在交通运输和经济发展中具有更加重要的作用。在美国，由于公路客运和航空客运较为发达，而且铁路货运成本较低，因此货运的市场份额较大，对经济发展的贡献也大。

2.5.1.3　以日本为代表的"客网合一、客货分离"模式

日本拥有 6 家区域性客运公司和一家全国性货运公司，采取"客网合一、客货分离"的运营模式。该模式中的客运和货运分别组织运营，路网基础设施由客运公司所有和运营，货运公司根据所签署的商业协议在货运线路上运营。该模式适用于客运主导型的国家，如日本。日本是一个岛国，人口密度很大，主要城市和工业区集中分布在太平洋沿岸的狭长地带，这些特点决定了铁路在日本客运市场中的重要作用。如今，即使面对公路与航空运输的激烈竞争，日本铁路的客运市场份额仍然稳定在 30%以上，特别是新干线建成后，高速铁路在 200~800 km 的运输市场上具有较大的优势。相比之下，日本的货运主要依靠于海运和公路运输，因此铁路货运的市场份额较低。"客网合一、客货分离"的运营模式在运营管理机制上主要有以下几个特征。

① 铁路的路网基础设施与客运相结合，与货运相分离。客运公司拥有路网基础设施，并且负责路网基础设施的建设与维护，货运公司通过支付线路使用费有偿使用客运公司的路网基础设施。

② 网运合一的区域客运公司。将全国铁路网划分为若干运输区域，每个区域组建一个铁路运输公司，该公司负责区域内所有线路的运输业务。

③ 货运无竞争，客运存在有限的竞争。如日本 6 个客运公司在各自区域内从事客运业务，与其他公司根本不存在竞争。若旅客要从一个区域到另一个区域，则需要乘坐各自区域内客运公司的班车。

④ 相比于货运，客运的市场份额更大，在交通运输和经济发展中具有更加重要的作用。

2.5.2 国内铁路运营期管理模式

地方铁路运营期管理主要有自管运营、承包经营和联合经营三种模式。

2.5.2.1 自管运营管理模式

自管运营管理模式是集贷款、建设、运营、还贷于一体的企业管理模式，成立地方铁路（有限责任）公司，形成产、供、销、运一体化的自营铁路，独立经营管理、自负盈亏，业务上接受国营铁路的指导和帮助。自主经营下的地方铁路运营管理需要由铁路公司独立承担铁路运营的管理和生产，并且自负盈亏，整个铁路运营的全过程都由铁路公司自行负责。这种运营管理模式可以建立按国营铁路技术标准管理、按地方铁路经营的管理体制。

自管运营管理模式的优点是：① 自营管理模式具有行业特色。② 分工明确，权责分明，能充分利用线路的运输能力。③ 便于企业内部组织管理、企业成本控制、完善企业各种规章制度，在内部管理方面有着较强的优势，运营管理方面的管控能力和灵活性相对较强。④ 各信息系统在接口标准要求下可以充分满足地方铁路内部特殊性需要，系统建设周期短。⑤ 由于自主运行模式所有流程都由铁路公司负责，因此，对于成本有较强的控制力。⑥ 有利于引入竞争机制，通过制定合理的运价，促进市场营销，形成独立的经营实体，从而实现经济效益和社会效益。

自管运营管理模式的缺点是：① 地方铁路与国营铁路等在车辆交接上存在多环节且运输组织不协调，业务技术标准不适应。② 公司内部子公司较多，管理跨度大。③ 自营管理模式一次投入大，缺乏运营管理经验。

2.5.2.2 承包经营模式

承包经营是地方铁路运营的另一种管理模式，承包方包括国营铁路和第三方铁路公司两种。

——委托国营铁路管理

委托国营铁路管理模式的特点是由地方政府（公司）投资或融资修建线路，地方铁路作为国营铁路网支线，运输生产、组织及设备维护和维修由国营铁路统一管理。

此种管理模式可以充分发挥地方铁路和路网联络线的双重功能。这种经营模式的优势体现在以下几个方面：① 在国家铁路系统的统一管理之下，能够更好地对铁路资源进行整合调度，在完善铁路网络结构及优化生产力布局方面发挥一定作用，减少铁路交叉和协调等方面带来的问题，有助于降低运营成本。② 在国有铁路系统的统一规划、统一标准、统一制式、统一开发、统一应用原则下，能够有效降低重复开发资金的投入，减少的资金浪费。③ 机车车辆由国营铁路统一供给和维修，节省一次性投入；委托国有铁路进行地方铁路运营管理，能够减少地方政府在铁路运营过程中财政补贴方面的压力。④ 避免地方铁路与国营铁路在车辆交接上的诸多环节。⑤ 在双方自主经营的前提下，签订经济合同，以市场机制促进二者资源优化配置，形成相互协作、利益共享的统一体。

委托国营铁路管理模式的缺点是：① 由于地方铁路的机车、车辆均由国营铁路提供，因此地方铁路运用车数量、车种、装车计划等受国营铁路约束，自主性差。② 不能直接控制运营成本，不利于地方铁路推行现代化企业管理制度。

——委托第三方铁路公司经营

委托第三方铁路公司经营，是指地方铁路公司与地方其他公司进行合作，建立相应项目共同运营管理机构，将相关业务权力移交给第三方公司，这种模式借助合资铁路集团（公司）多年的经营管理实践和经验，可以充分发挥其资源优势。

这种经营管理模式的主要优点有：① 地方铁路与区域集团（公司）处于同一省区，有地域优势，能充分发挥区域内铁路集团（公司）现有企业和人力资源优势。② 合理对同一地区的资源进行调配和管理,减少资源的不必要浪费。③ 有利于同一地区铁路运输的组织协调和管理,减少车辆交接作业的环节,减少运营成本。④ 能够充分发挥利益共享的作用,促进当地铁路运输行业发展。⑤ 两者的企业管理体制相似,便于双方协作和利益共享。

委托第三方管理模式的缺点有:① 由于受区域集团(公司)代管,地方铁路的日常运营及车流组织调配、调整受区域公司和国营铁路两家控制,灵活性差、自主性小。② 不能直接控制运营成本,不利于地方铁路推行现代化企业管理制度。

2.5.2.3 联合经营模式

地方铁路很多工作都在当地铁路局运输计划编制的范围内,列出的运行图等都是在全国统一的,服从国铁的统一调控。地方铁路的主要业务都交给当地铁路局管辖,能充分体现集中性,在运输思想上能高度保持一致,有利于城际铁路的发展。而且,从法律角度考虑,这种联合经营模式是一种相互合作的模式,主体对象都未发生改变,按照明确的合同规定,共同享受联合经营的利润。地方铁路与国家铁路为了发挥各部门的联合优势,在自愿平等互利的原则下对某些线路实行产权不变的联合经营,经营各方不能以自己的意愿强加于另一方,要明确联营各方的义务、责任、权力、利益分配等问题;联营各方在"共担风险,平等互利"的条件下成立董事会,根据所有权与经营权分离的原则,下设联营公司,具体负责经营管理工作,公司实行经理负责制。联营公司是全民所有制的运输企业,是自主经营、独立核算、自负盈亏的经济实体,实行地方铁路的客货运价。联营公司与国家铁路在运输组织方面还要继续发挥铁路运输统一调度指挥的优势,保证完成地方铁路运输任务。

地方铁路作为一种高速通行、承担重大业务运输的铁路,在经营上是比较特殊的,一般在建设城际铁路时,都会选择合资的形式进行修建,从经济的角度考虑,这可以减轻政府的负担。同时,引进民资也是国家积极鼓励的,这样有利于提高民营资本投资的热情。京津城际铁路的运营权都是由北京铁路局管辖的,他们采用的是整体委托的形式,在整体运营模式上值得借鉴。

2.5.3　铁路运营期管理模式选择

2.5.3.1　地方铁路运营管理模式的影响因素

地方铁路运营管理模式受多个因素的影响，每个因素又包含多个指标，这些指标中有些可量化，有些只能定性描述。可见，地方铁路运营管理模式选择是一个半结构化多因素决策问题。层次分析法（AHP），是指将一个复杂的多因素决策问题作为一个系统，将目标分解为多个准则，进而分解为多指标的若干层次，通过定性指标模糊量化方法算出层次单排序（权重）和总排序，以作为多方案优化决策的系统方法。AHP比较适合具有分层交错评价指标的目标系统且目标值又难以定量描述的决策问题。

从地方铁路建设、运营以及经营这一时间轴线出发，通过总结既有文献对于地方铁路运营管理模式的影响因素及指标的分析，地方铁路运营管理模式的影响因素有以下六个方面：路网地位、政策导向、投融资体制、法人治理、资源经营以及经营效益（如图2-20所示）。

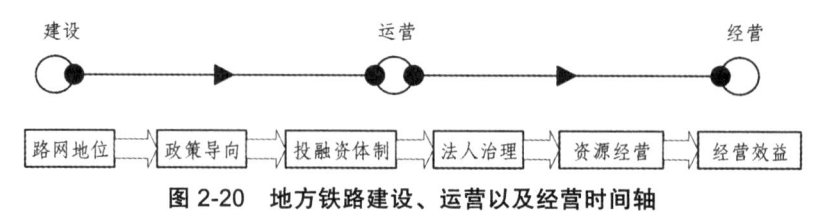

图2-20　地方铁路建设、运营以及经营时间轴

（1）路网地位

在建设之初，地方铁路的路网地位奠定了其能力利用与运营效益的基础。例如，对于路网干线，由于本线和跨线客流均较大，因此在其投入使用后，其线路能力利用率与运营效益一般显著高于路网支线。本书用地方铁路的线路类型、线路里程和衔接干线数量反映其路网地位。对于一条地方铁路而言，其线路类型为路网干线，线路里程越长且衔接干线数越多，其路网地位越高。

（2）政策导向

从建设到投入运营，国家、地方的政策导向激发了地方铁路的潜力。地方铁路是我国铁路投融资体制改革的产物，随着政策的逐步开放，地方铁路的发展市场也不断扩大,只有在政策上给予一定的支持,地方铁路才能摆脱地方没有话语权的尴尬处境,才能激发地方投资与运营地方铁路的热情。因此,一般采用地方铁路的财政补贴、票价制定权和国铁准入权来反映其政策导向。对于一条地方铁路而言,其财政补贴越多,给予的票价制定权越大,准许接入国铁网的机会越高,其政策导向就越有利。

(3)投融资体制

在建设到投入运营期间,地方铁路的投融资体制决定了其运营效益与活力。地方铁路投融资体制被确定后,其融资规模和今后的经营主体也相应地被确定。当投资主体为民营资本且融资规模较大时,地方铁路在运营和经营方面就有更多的选择。一般采用地方铁路的投资主体、非国铁股比以及融资能力反映其投融资体制特点。对于一条地方铁路而言,其投资主体越倾向民营资本,非国铁所占股比越大,融资能力越强,其投融资体制就越合理。

(4)法人治理

在投入运营后,地方铁路自身公司的法人治理对其能力利用与运营效益产生影响,法人治理结构的好坏直接决定各投资方是否能有效制衡以及地方公司是否能协调运转。例如,当地方铁路公司法人治理结构中对委托方、被委托方责任和权力的划分不清晰且缺乏有效监管时,地方铁路的运营效益很有可能降低,从而造成地方铁路公司难以为继。因此,常用地方铁路公司的责权划分、运营清算体系以及监管机制来反映其法人治理能力。对于一条地方铁路而言,其公司的责权划分和运营清算体系越清晰,监管机制越完善,其法人治理能力就越强。

(5)资源经营

在日常经营中,地方铁路的资源经营策略对其能力利用与运营效益存在影响。当地方铁路拥有独立完善的移动设备、固定设施和运营组织人力资源时,其完全可以根据客流和市场对运营组织进行实时调整,运营的自主性更高。因此采用地方铁路对于其移动设备、固定设施和人力资源的经营方式描述其资源经营策略,一般对于一条地方铁路而言,其移动设备和固定设施的经营方式越自主,运营组织人力资源的门类越齐全,其资源经营策略就越完善。

(6) 经营效益

在进行经营时，地方铁路的经营效益影响其治理能力。地方铁路的经营效益较差时，势必难以吸引社会投资者。当地政府也只会从其附加价值进行考虑，如相应的土地开发等，而对于地方铁路的运营组织则不太关心，从而导致地方铁路治理能力降低。因此，一般采用地方铁路的运输收益、附加价值以及公益支出反映其经营效益特征。地方铁路运输收益越高，附加价值越低，公益支出越低，其经营效益就越好。

2.5.3.2 基于 AHP 的地方铁路运营管理模式选择流程

首先，根据地方铁路运营管理模式的影响因素，建立其层次结构模型。其次，采取不同的方法分别对准则层、次准则层和方案层的判断矩阵进行构造并进行一致性检验。最后，依次通过层次单排序、层次总排序，获得三个候选运营管理模式的重要度，进而得出结论。基于 AHP 的地方铁路运营管理模式选择流程如图 2-21 所示。

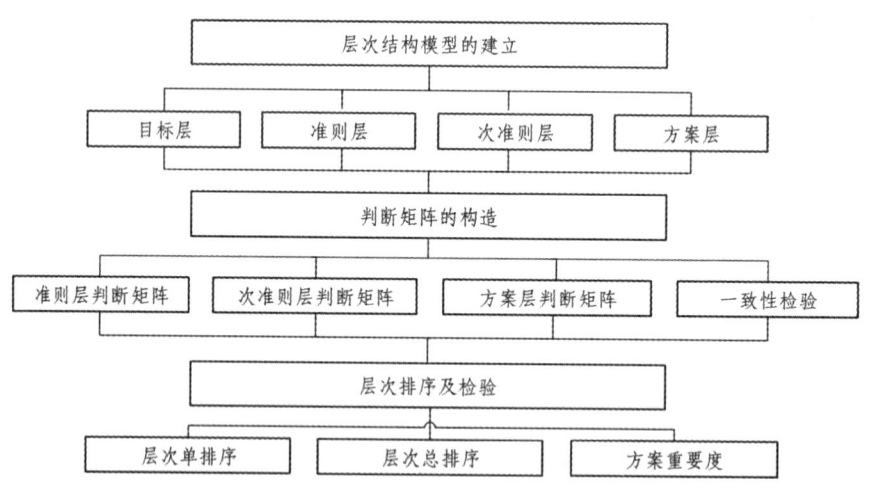

图 2-21 基于 AHP 的地方铁路运营管理模式选择流程

2.5.3.3 层次结构模型的建立

根据合资铁路运营管理模式的影响因素，提出两级指标体系，进而建立含目标层、准则层（6个指标）、次准则层（18个指标）和方案层（3个方案）的四级层次结构模型（如图2-22所示），具体解释如下。[①]

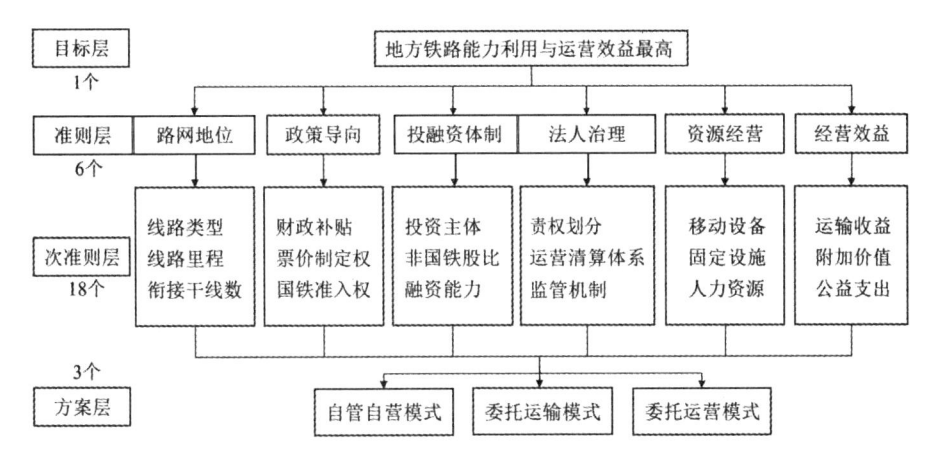

图 2-22 地方铁路运营管理模式选择层次结构模型

（1）目标层

目标层即使用 AHP 的目的，将"合资铁路能力利用与运营效益最高"作为目标层。

（2）准则层

将合资铁路运营管理模式选择的六大影响因素作为准则层指标，分别为路网地位、政策导向、投融资体制、法人治理、资源经营以及经营效益。

（3）次准则层

根据合资铁路运营管理模式影响因素的具体内容，对各准则层指标，分别引入 3 个次准则层指标，提出共 18 个次准则层指标，具体见图 2-22。

（4）方案层

三种运营管理模式，即自管自营模式、委托运输模式、委托运营模式。

（5）指标含义及赋值规则

各次准则层指标含义及其赋值规则如表 2-12 所示。

---

① 吴锋，赵军，符佳芯，等. 基于 AHP 的合资铁路运营管理模式选择研究[J]. 交通运输工程与信息学报，2020，18（4）：153-165.

表 2-12 次准则层指标含义及其赋值规则

指标	含义	赋值规则	符号
路网地位	见 2.5.3.1 节	赋值为 1~9,代表路网地位逐步增大	x_1
线路类型	路网干线/支线/独立线路	赋值为 3/2/1,依次代表干线/支线/独立线路	x_{11}
线路里程	合资铁路的运营里程	按实际赋值,km	x_{12}
衔接干线数	衔接国铁干线的数量	按实际赋值	x_{13}
政策导向	见 2.5.3.1 节	赋值为 1~9,代表政策导向有利性逐步增强	x_2
财政补贴	包括减税,补贴等的强度	赋值为 3/2/1,依次代表多/较少/少	x_{21}
票价制定权	合资公司制定票价的权力	赋值为 3/2/1,依次代表大/较小/小	x_{22}
国铁准入权	准许接入国铁网的机会	赋值为 3/2/1,依次代表大/较小/小	x_{23}
投融资体制	见 2.5.3.1 节	赋值为 1~9,代表投融资体制合理性逐步增强	x_3
投资主体	合资公司的主要投资方	赋值为 3/2/1,依次代表民营资本/政府/国铁集团	x_{31}
非国铁股比	非国铁集团所占股比	按实际赋值	x_{31}
融资能力	合资铁路融资的水平	赋值为 3/2/1,依次代表强/较弱/弱	x_{33}
法人治理	见 2.5.3.1 节	赋值为 1~9 代表法人治理能力逐步增强	x_4
责权划分	股东责权划分的清晰度	赋值为 3/2/1,依次代表清晰/较清晰/不清晰	x_{41}
运营清算体系	运营清算体系的清晰度	赋值为 3/2/1,依次代表清晰/较清晰/不清晰	x_{42}
监管机制	第三方监管机制的完善程度	赋值为 3/2/1,依次代表完善/较完善/不完善	x_{43}

续表

指标	含义	赋值规则	符号
资源经营	见 2.5.3.1 节	赋值为 1~9，代表资源经营策略的完善度逐步增大	x_5
移动设备	移动设备的经营方式	赋值 3/2/1，依次代表全购买/半购买半租赁/全租赁	x_{51}
固定设施	固定设施的经营方式	赋值 3/2/1，依次代表全自建/半自建半租借/全租借	x_{52}
人力资源	人力资源的建设方式	赋值 3/2/1，依次代表人力资源门类齐全/仅拥有经营人才/仅拥有投融资管理者	x_{53}
经营效益	见 2.5.3.1 节	赋值为 1~9，代表经营效益逐步增大	x_6
运输收益	运输收入—运输成本	按实际赋值，万元	x_{61}
附加价值	合资铁路的附加开发价值	赋值 3/2/1，依次代表小/较小/大	x_{62}
公益支出	铁路的公益性导致的支出	赋值 3/2/1，依次代表小/较小/大	x_{63}

2.5.3.4　判断矩阵的构造

在 AHP 中，每层的判断矩阵表示本层所有指标对上层对应指标的相对重要度。图 2-22 所示的层次结构模型具有目标层、准则层、次准则层和方案层四层，因此判断矩阵有 3 种类型，分别为准则层、次准则层以及方案层判断矩阵。其中，准则层需构造 1 个判断矩阵，次准则层需构造 6 个判断矩阵，方案层需构造 18 个判断矩阵。

——准则层判断矩阵的构造

准则层共 6 个指标，故其判断矩阵是 1 个 6 阶方阵，记为 B。鉴于准则层指标是直接对应目标的，故采用 AHP 的九级标度法进行专家打分，构造准则层的判断矩阵 B。

——次准则层判断矩阵的构造

记次准则层的判断矩阵为 C_i（$i=1, 2, L, 6$），令 x_1 到 x_6 分别为准则层的路网性质、政策导向、投融资体制、法人治理、资源管理和经营效益指标，x_{ij} 为准则层指标 x_i 关联的第 j 个次准则层指标。各准则层指标 x_i 均关联 3 个次准则层指标，即各 C_i 是一个 3 阶方阵。为了避免专家打分主观性强的缺点，本书将已开通/在建地方铁路的实际数据作为样本，使用多元线性回归方法构造次准则层的各 C_i。其主要步骤包括回归变量选取、数据归一化、多元线性回归及次准则层判断矩阵构造，具体如下。

（1）回归变量选取

选取所有对应的次准则层指标 x_{ij} 作为自变量，对应的准则层指标 x_i 作为因变量。

（2）数据归一化

为避免各次准则层指标 x_{ij} 量纲的不同对分析结果造成影响，需对样本进行归一化处理。这里采用 max 归一化方法，即令各样本的各指标 $x_{ij} = x_{ij}^{orig}/x_{ij}^{max}$，其中 x_{ij}^{orig} 为样本中指标 x_{ij} 的原始值，x_{ij}^{max} 为所有样本中指标 x_{ij} 的最大值。显然，经归一化处理后，样本中各 x_{ij} 的值都位于[0,1]内。

（3）多元线性回归

对于选取的自变量 x_{ij} 和因变量 x_i，采用以下方程进行多元线性回归：

$$x_i = \alpha_{i0} + \alpha_{i1}x_{i1} + \alpha_{i2}x_{i2} + \alpha_{i3}x_{i3}$$

式中，以路网地位指标（即 $i=1$）为例，x_1 为准则层中的路网地位指标，x_{11}、x_{12} 和 x_{13} 分别为次准则层中位于路网地位指标下的线路类型、线路里程和衔接干线数指标；α_{11}，α_{12} 和 α_{13} 分别为这 3 个指标的回归系数；α_{i0} 为常数项。

由统计分析理论可知，多元线性回归的统计值包括相关系数 r^2、F 值以及 p 值等。若 1 个回归方程有效，这三个统计值需满足表 2-13 的判断标准。

表 2-13　统计值的判断标准

统计值	对回归模型的影响	判定有效的范围
γ^2	越接近1，回归方程越显著	$\gamma^2>0.5$
F 值	F 越大，回归方程越显著	$F>F_{1-\alpha}(k, n-k-1)$
p 值	p 小于显著性水平时，回归方程有效	$p<0.01$

表 2-13 中，显著性水平 α 取 0.01（$k, n-k-1$），为给定自由度，其中 k 为自变量的数量，n 为样本数量。

（4）次准则层判断矩阵生成

对于 C_i 对应的各次准则层指标 x_{ij}，在获得相应的有效回归方程后，其重要度 s_{ij} 由其中对应的回归系数 α_{11} 和 AHP 中的 1~9 标度法确定，即

$$s_{ij} = \min\{[\alpha_{ij} x_{ij}], 9\}(i=1,2,L,6, j=1,2,L,3)$$

基于 s_{ij}，按照 AHP 的基本原理即可生成次准则层判断矩阵 C_i。

（5）方案层判断矩阵的构造

对于方案层，将样本中各次准则层指标 x_{ij} 按三类运营管理模式方案分别统计的平均取值 $x_{ijk}(i=1,2,L,6, j=1,2,L,3, k=1,2,L,3)$，作为这三类方案的重要度 s_{ijk}，进而构造方案层的 18 个判断矩阵，记为 $D_{ij}(i=1,2,L,6, j=1,2,L,3, k=1,2,L,3)$，$D_{ijk}$ 是 1 个 3 阶方阵。

2.5.3.5　层次排序及检验

——层次单排序及检验

对各层次的各判断矩阵进行单排序，计算权向量，并进行一致性检验。为便于方法介绍，令当前考虑的判断矩阵为 $A_{n \times n}$，是一个 n 阶方阵，其元素为 α_{ij}。

本书采用方根法计算权向量，计算步骤如下：

① 求判断矩阵每一行元素的乘积 M_i：

$$M_i = \prod_{j=1}^{n} \alpha_{ij}, \ i=1,2,L,n$$

② 计算 M_i 的 n 次方根：

$$\overline{W}_i = \sqrt[n]{M_i}, \ i=1,2,L,n$$

③ 计算权向量 W 及特征值 λ_{max}：

$$W_i = \frac{\overline{W}_i}{\sum_{j=1}^{n}\overline{W}_j}, \ i=1,2,L,n$$

$$\lambda_{max} = \frac{1}{n}\sum_{j=1}^{n}\frac{(AW)_i}{W_i}$$

对判断矩阵 A 的一致性检验方法如下：

① 计算一致性指标：

$$C.I. = \frac{\lambda_{max} - n}{n-1}$$

② 查找相应的平均随机一致性指标，如表 2-14 所示：

表 2-14 致性指标 R.I.

n	R.I.
1	0.00
2	0.00
3	0.52
4	0.89
5	1.12
6	1.26
7	1.36
8	1.41
9	1.46
10	1.49
11	1.52
12	1.54

③ 计算一致性比率：

$$C.R. = \frac{C.I.}{R.I.}$$

当 $C.R.<0.1$ 时，认为判断矩阵是可接受的；当 $C.R. \geq 0.1$ 时，应修正判断矩阵。

——层次总排序

当所有判断矩阵经过一致性检验后，令 $\boldsymbol{B}$ 的单排序权向量为 (b_1,b_2,L,b_6)，各 $\boldsymbol{C}_i(i=1,2,L,6)$ 的单排序权向量为 (c_{i1},c_{i2},c_{i3})，各 $\boldsymbol{D}_i(i=1,2,L,6,j=1,2,L,3)$ 的单排序权向量为 $(d_{ij1},d_{ij2},d_{ij3})$。接下来按层次由高到低依次进行层次总排序如下：

对于准则层，其总排序的权向量 (b_1',b_2',L,b_6') 与单排序的权向量一致，即

$$(b_1',b_2',L,b_6') = (b_1,b_2,L,b_6)$$

对于次准则层，其总排序的权向量 $(c_{11}',c_{12}',c_{13}',L,c_{61}',c_{62}',c_{63}')$ 为：

$$(c_{11}',c_{12}',c_{13}',L,c_{61}',c_{62}',c_{63}') = (b_1c_{11},b_1c_{12},b_1c_{13},L,b_6c_{61},b_6c_{62},b_6c_{63})$$

对于方案层，其总排序的权向量 $(d_{ij1}',d_{ij2}',d_{ij3}')$ 为：

$$(d_{ij1}',d_{ij2}',d_{ij3}') = \left(\sum_{i=1}^{6}\sum_{j=1}^{3}c_{ij}'d_{ij1}, \sum_{i=1}^{6}\sum_{j=1}^{3}c_{ij}'d_{ij2}, \sum_{i=1}^{6}\sum_{j=1}^{3}c_{ij}'d_{ij3}\right)$$

权向量 $(d_{ij1}',d_{ij2}',d_{ij3}')$ 代表 3 种运营管理模式的重要度，一种模式在权向量中所占的权重越大，表示其对实现"合资铁路能力利用与运营效益最大"目标越有利，即越应该采取该运营管理模式。

2.5.3.6　运营管理模式的综合分析

在选择地方铁路运营管理模式方案时，要对铁路各方面情况进行综合分析，反复比选各种模式的利弊后做出决策。

——明确选择方案

当前，在进行铁路运营管理方式选择的过程中，因为受到诸多因素的影

响，要想实现铁路运营管理水平的提升，就要秉持因地制宜的原则，合理选择经营管理方案。[①]以兰新铁路为例，兰新铁路自兰州西站引出，经青海西宁、甘肃张掖、酒泉、嘉峪关、新疆哈密、吐鲁番，引入乌鲁木齐站，全长1776 km，是由铁路部门及兰新铁路有限责任公司一同管辖的国营铁路。[②]集通线有地域优势，是两线运量构建的重要交通枢纽。如果部分铁路企业采取由集通公司代管的运营方式，将会使得国营铁路控制灵活性相对变差，并且不具备较强的自主性。基于兰新铁路地理位置和服务对象，应该通过采取自主运营模式来实现经济效益的提升。这种模式能够促进企业强化运营管理意识，建立完善的经营管理体系，形成较强的竞争优势，在迎合市场经济发展需求的同时，推动国家及地方经济建设发展。

针对不同的地方铁路，应该从不同的角度进行分析，充分考察当地情况，对铁路的经营管理模式进行选择。

——合理选择项目管理模式

结合调研和上述研究，考虑国内铁路发展现状，建议地方投资为主的城际（市域）铁路可采用如下三种模式。

1）自管自营模式资产所有权与经营权一体化

业主组建独立的运营管理机构，全面负责线路的设备设施维护和运输组织工作。

（1）自管自营模式的优点

① 自管自营，能够充分利用线路的运输能力，实现建设目标。

② 有利于业主建立现代企业制度，强化企业内部组织管理，控制经营成本，提高客货运服务质量。[③]

③ 有利于集城际（市域）铁路的商业性和公益性于一体，通过制定合理运价，培育运输市场，实现企业经济效益和社会效益的双赢。

[①] 弋建伟. 铁路经营管理模式分析及方案选择[J]. 邢台职业技术学院学报, 2019, 36（1）: 101-104.
[②] 芮春梅. 轨道交通枢纽站前广场景观设计探讨[J]. 四川建筑, 2016, 36（6）: 16-17+21.
[③] 王凤丽, 周立新. 城际铁路多元化建设运营管理模式的探讨[J]. 铁道运输与经济, 2016, 38（1）: 86-90.

④ 有利于城际（市域）铁路信息系统建设，满足运营组织和安全管理需要。

2）经营管理模式的缺点

① 组建铁路管理机构必须齐全，单一线路时，企业运营成本高。

② 当线路长度有限时，因吸引范围有限、运量不足，可能会加剧企业财务状况恶化。

③ 与国有铁路共站或跨线运行时，运输组织会受到国有铁路制约。

（2）部分委托运营模式

业主负责线路、车站等固定设施的维修维护，列车运行由统一的调度指挥机构负责；运输经营则委托给一家或多家有资质的企业负责，并由这些企业提供或租用机车车辆/动车组等移动设备，配备站车服务人员；这些企业有偿使用列车运行线，通过提供旅客运输服务获得收入。

（1）部分委托运营模式的优点

① 业主保留线网的管理权，通过对受托方的有效监管，保障列车安全运行。

② 将旅客运输业务外包，可以减少列车相关移动设备的投入，减少初期投资。

③ 建立市场准入、竞争制度，有利于城际（市域）铁路客运市场的多样化开发。

（2）部分委托运营模式的缺点

① 弱化了业主对城际（市域）铁路客运市场和服务质量的调控能力，易出现建设目标的偏差。

② 运量不足时，存在受托方运输收支不平衡带来的补贴问题。

③ 多家参与经营，不利于城际（市域）铁路系统的信息系统构建。

3）完全委托运营模式

业主保留资产所有权，基础设施的维修维护和委托第三方运输经营权。受托方取得经营使用权后，应向旅客提供满意的运输服务，同时利用沿线车站和列车等资源进行商业开发。根据委托管理协议，受托方定期向业主支付资产使用费。

（1）完全委托运营模式的优点

① 业主仅承担资产管理责任，具有资产管理权。

② 城际（市域）铁路纳入国家铁路网统一调度指挥，有利于运输的合理分工和能力的充分利用。

③ 有利于发挥铁路行业的规模优势，提高铁路资源运用效率。

④ 有利于吸引社会资本参与城际（市域）铁路投资。

（2）完全委托运营模式的缺点

① 业主委托城际（市域）铁路运输经营权，不利于建设目标的实现。

② 业主不直接控制运营成本，信息不对称，易造成自身利益损失。

——加强管理人才培训

我国铁路事业发展已有几十年，但是与之对应的监理单位建立时间相对较短，正处于发展阶段。因此，无论是在工作体系方面还是在监管方式上，都不能更好地满足铁路建设项目管理要求，使得监理企业自身作用不能得到充分发挥。为了避免铁路建设项目管理出现问题，监理单位应该采取多元化方式，提高监理人员的综合素养，要求监理单位全面提高自身工作水平，明确自己的管理职责，加强铁路建设项目管理体系构建，实现铁路建设项目的科学化管理。

——优化铁路建设项目管理模式

在进行铁路建设项目管理时，要想提升铁路建设项目管理水平，就要从铁路建设项目实际情况入手，做好铁路建设项目管理模式的优化工作。首先，采用一体化管理方式，提高铁路建设项目管理水平。在一体化管理模式的作用下，需要各个部门充分配合，以提高铁路管理效率。在此过程中，要求各个部门进行充分交流，根据实际情况，充分认可调度，并及时反馈存在的问题。通过应用一体化管理模式，让各个部门不再独立行动，而是通过组织引导，实现铁路运营的稳定发展。其次，铁路建设可以促进地方经济的快速发展。由于铁路运营管理自身存在一定的烦琐性，应该投放的资源数量比较大，所以，铁路需要全面提高自身盈利水平，同时还要充分挖掘项目潜力，创新管理模式，防止出现资金紧张现象，给企业今后的发展提供充足的资金支持。

2.6 地方铁路建设管理后评价

2.6.1 铁路建设管理过程后评价理论

2.6.1.1 后评价的概念

铁路建设项目施工过程后评价是对从项目开工到项目竣工交付使用全过程工作质量和管理水平的评价，包括项目施工水平后评价、项目环评工作质量后评价和项目竣工质量后评价。

2.6.1.2 后评价的特点

铁路建设项目施工过程后评价是从施工企业的角度出发，对工程项目施工进行的全方位的、系统的综合评价。其具有以下特点。

（1）现实性

铁路建设项目施工过程后评价要依据项目的实际施工情况，搜集相关的真实数据，并将实施结果与计划的目标进行对比，或与同期、同类项目之间进行比较，以发现问题和差距，判断该建设项目的成功性和决策正确性。

（2）多角度性

由于铁路建设项目施工过程后评价需要对项目的立项决策、方案设计、材料准备、人员管理等各方面进行系统评价，既涉及项目的整个施工周期，又涉及经济、社会等内容，所以在进行后评价时应当多角度考虑。

（3）探索性

对铁路建设项目施工过程进行后评价，从中分析其施工的决策与管理状况，找出存在的问题，并以此来探索影响项目建设效果的影响因素，为已经完工的项目提出改进建议，为其他同类项目建设提供经验。

（4）反馈性

这一特性是铁路建设项目施工过程后评价共有的，将评价结果反馈给项目部门，为日后工程项目投资决策、提高施工管理水平和制定合理的施工管理目标积累经验，并可用于检验工程项目投资、管理决策是否正确。

2.6.1.3　后评价的原则

（1）独立、公正性

铁路建设项目施工过程后评价必须保持独立性和公正性。独立性要求评价者从第三方的角度出发，客观地对完工项目进行评价，实事求是地开展后评价工作。否则，评价结果无法令人信服。公正性要求评价者具有严谨的工作态度，对发现的问题如实反映，避免避重就轻，做出不符合实际的评价。

（2）全面性

铁路建设项目施工过程后评价的内容覆盖面应当广泛，要全面综合地反映项目从前期准备工作到工程完工以及管理监控等管理过程和实施结果，不能片面地从某一个方面来概括项目建设施工的整个过程。

（3）实用性

为了使建设项目施工过程后评价结果对领导决策产生作用，铁路建设项目施工后评价报告必须具备可操作性，即实用性要强。建设项目施工过程后评价报告应针对性强，能满足多方面的要求，但又不能面面俱到，应突出重点，提出可行的具体的措施和建议。①

2.6.1.4　后评价的基本内容

铁路建设项目实施阶段进行的是项目财力、物力集中投放和耗用的过程实施阶段的后评价，要系统总结项目施工图纸设计和实施过程的全部情况，包括施工图纸设计单位及施工单位的选择、建设环境与施工条件、施工监理和施工质量检验、施工计划与实际进度比较分析等。

---

① 韩涛. 高速铁路建设项目建设过程后评价研究[J]. 铁道科学与工程学报，2017，14（5）：913-921.

——铁路建设项目施工目标实现度评价

铁路建设项目施工目标实现度评价是指通过项目目标的实际完成情况与项目在进行可行性研究和评估设计时所确定的项目目的与管理目标进行比照,以判断其目标的正确性、合理性和可操作性,并且从中找出与目标发生偏离的原因,评定项目目标是否适合项目的进一步发展。施工目标实现度评价一般要从施工质量目标实现度、施工经济目标实现度、施工进度目标实现度和施工安全目标实现度四个方面与预测计划情况进行对比,综合评价建设项目目标完成情况。

——铁路建设项目施工过程控制评价

铁路建设项目施工过程控制评价是项目建设程序控制评价的主要内容,是对项目投资招投标阶段、施工进场阶段及建设完工阶段涉及的项目开工、施工、生产准备、竣工验收等全部工作活动进行的评价。通过实际过程的控制评价,总结经验教训。施工过程控制的评价,有利于查明项目成功或者失败的原因。过程控制评价一般要注意以下几个方面。

(1)施工准备

施工准备评价涉及的内容有项目决策方案、勘察设计、征地拆迁工作、项目合作参建单位、项目资金落实情况。

(2)施工过程控制

施工过程控制评价涉及的内容有项目组织管理、项目资金使用情况、项目成本费用、项目进度、项目建设质量、项目安全控制、项目施工监理工作、项目启动调试效果、项目竣工验收工作。

——铁路建设项目施工效益评价

建设项目施工过程后评价的施工效益主要从经济效益和社会效益两个方面进行评价。

(1)经济效益

经济效益评价是对资金占用、成本支出与有用生产成果之间的比较。通过建设项目施工设备均利润、人均利润以及参建设项目人员收入的增长幅度等来体现。

（2）社会效益

社会效益评价是指建设项目实施后为社会所作的贡献，是对除了项目经济评价外的，与项目经济活动又密切相关的社会效益进行评价，也称外部间接经济效益。主要包括促进区域经济发展、对相关行业经济和就业影响、促进文化教育卫生等其他事业发展方面的评价。

——铁路建设项目持续性评价

由于铁路建设项目是一个渐进的过程，工程承包合同生命周期长。由于施工合同管理的连续性和不间断性，且不可控因素又众多，涉及的合同内容复杂等，工程施工承包合同有可能难以继续履行。建设项目施工是否应当坚持，坚持后该工程是否还能在预定的成本、预定的工期范围内完成，达到预定的质量和功能要求，需要企业领导在两者之间进行正确衡量，做出准确判断。这时需要依赖企业内部制定的铁路工程施工索赔管理机制，达到转移风险的目的。

2.6.1.5 后评价程序

铁路建设项目涉及面广，情况复杂，其施工管理的影响因素较多。对于一个经济和社会影响力较大的工程建设项目，其后评价工作应当纳入项目建设管理体系，作为建设项目施工程序中必不可少的一个环节。各企业应当认真对待，甚至以企业管理文件、条例等形式，将铁路建设项目施工过程后评价工作程序规范化。一般情况下，铁路建设项目施工过程后评价程序应当分为以下步骤。

——选择评价对象

评价对象即需要进行评价的事物，在后评价工作当中指的是建设施工项目。对评价对象进行选择时要遵循以下原则。

① 具有典型性的建设项目，即选择的建设性项目在同类项目中具有一定代表性，对企业的生存或发展影响力比较大。

② 在施工过程可能产生重大影响或引发重大问题的建设项目，包括对社会、行业、区域影响大，以及工期延期、存在重大质量安全问题的建设项目。

③ 一些非常规建设项目，如相对于企业的实际施工能力显得规模过于庞大、建设内容或施工过程过于复杂，或带有实验性质的风险比较大的新技术工程项目。

④ 建设条件或建设环境发生了重大变化的项目，包括项目布局、外部条件、建设内容等变化的项目。

⑤ 由于各种原因，企业认为有必要进行后评价了解的铁路建设项目。

——筹备与制订后评价工作计划

在一般情况下，后评价计划筹备与制订越早越好，甚至在项目建设时期的可行性研究阶段就应当准备。这样既利于督促参与项目建设的施工者更好地工作，也利于搜集后评价相关资料。后评价计划中应当对评价的对象、评价的时间和空间范围、评价专家组名单、经费预算、报告格式要求等内容加以说明。

——确定后评价目标

有了评价目标，才能确定评价的内容和方法。铁路建设项目施工过程后评价目标的确定，应当满足项目后评价实施者的需要，从项目建设的实际情况出发，明确其施工管理的任务和要求，以便以此为参照，进行项目施工过程的全面分析评价。

——选择评价指标

指标体系是在统计和评价工作中，一系列相互联系的指标共同构成的有机整体，是开展后评价工作的基础，也是铁路建设项目施工过程后评价中关键的一步。其构建的合理性将直接影响后评价结果的正确性。应当根据建设项目自身特点，参考已有的类似案例，根据国家或行业有关规定，以及项目投资者的要求，进行评价指标体系的设计。

——后评价工作的实施

（1）制定后评价工作大纲

铁路建设项目施工过程后评价工作的实施，首先应根据所评价工程项目的具体情况及任务范围，制定后评价工作大纲。

(2)搜集相关文件资料

铁路建设项目施工过程后评价的相关文件资料包括国家有关的法律规章制度、企业工程项目建设的有关规定、建设项目的可行性研究报告、工程项目立项审批文件、工程项目竣工验收报告、工程项目质量鉴定文件、工程项目参建单位招投标及相关协议文件等。

(3)调查项目建设现场

铁路建设项目施工过程后评价一般要在相关文件资料搜集的基础上,组织有关专家赴实地了解情况,对获得的信息进一步核实。调查内容应包括工程项目实际建设情况、对周边地区产生的影响等,以使评价结果更加具有说服力。

(4)分析和结论

在完成后评价项目调查后,应对资料进行全面认真分析,总结工程项目施工管理中存在的问题、成功的经验、失败的教训以及类似工程建设项目施工管理、决策的建议等。

(5)形成后评价报告

对汇总的相关信息资料,进行分析、梳理与整合,归纳要点,使得要评价的内容重点突出,分析项目施工过程状况,提出存在的问题和问题产生的原因,进行经验总结,编写项目建设施工过程后评价报告。

(6)反馈评价信息

评价机构提交建设施工过程后评价报告后,项目主管部门应当及时进行验收,并提出修改意见,督促评价机构再次完善。正式的后评价报告完成后,项目主管部门则按照规定或根据企业需要,将后评价报告以适当的形式进行分发,以实现信息共享,提高同类项目投资管理决策的水平。

2.6.2 地方铁路建设管理过程后评价体系构建

铁路建设项目施工过程后评价指标体系是对工程项目立项、施工设计等管理活动进行评价时,设计的一套相互联系的评价指标。它是评价工程项目投资效果所依据的评价标准和计量器,也是反映后评价质量的重要因素。虽然所有建设项目都有投入、产出、效益等指标，但是不同类别的建设项目，由于其各具特点，在指标构建时也有所差别。

2.6.2.1 后评价指标体系的构筑原则

铁路建设项目施工过程后评价指标体系要应用于项目的整个建设过程，通过与预期目标值比较，将信息传递给相关的项目决策管理者，以促进项目的调整和改善。指标体系的构筑原则应当满足以下几个条件。

（1）要有利于交流和借鉴

铁路建设项目施工过程后评价指标体系的构筑应当有利于与其他项目进行比较，分析其成败经验教训，可以更好地为今后实施的建设项目服务。

（2）要有利于衡量项目的建设成果

构建科学合理的指标体系，应当能够对项目建设情况进行有效衡量，并且可以通过分析项目目标实现程度，提高项目管理者的责任心。

（3）要有利于资源配置

指标体系的构建应当能够为项目管理决策者提供有效参考数据，以便在优化资源配置过程中，提高资源配置效率。

（4）要有利于企业发展规划

指标体系的制定应当有利于分析项目决策规划，通过指标分析规划之间的因果联系，以便在以后的建设项目中明确规划目标及其逻辑关系。

（5）要符合有关方针政策要求

铁路建设项目施工过程后评价指标体系的建立还应当符合国家、行业等制定的相关法律法规和技术规程规范等的要求。

2.6.2.2 后评价指标基本构架（目标层、准则层、指标层）

地方铁路建设项目建设过程后评价指标体系不能是指标的随意拼凑或简单组合，而要基于一定的原则来构建，并能深刻如实反映地方铁路建设项目建设过程后评价的真正内涵。基于建设项目全生命期，遵循系统性与层次性、完备性与简明性、科学性与实用性、重点突出与动态性原则，从各个层面考虑地方铁路建设项目建设过程后评价影响因素，构建可行的后评价指标体系。

鉴于地方铁路建设项目建设过程后评价指标类别繁多，影响因素错综复杂，需要对地方铁路建设项目建设过程后评价指标进行细致识别。为了能够随着工程的进度对于一些动态的建设项目影响因素进行识别，选择一个具有代表性、权威性及准确性的识别方法显得尤其重要。在影响因素识别的过程中，我们不但要根据以往类似项目的经验和相关研究汇总相关影响因素，也要结合实际情况识别出其特有的影响因素，保证全面、客观地识别建设项目后评价的潜在影响因素。基于以上原则和因素识别的过程与方法，结合地方铁路建设项目建设过程后评价的特点，吸取国内外研究成果，并在分析大量国内外相关文献的基础上，将地方铁路建设项目建设过程后评价作为目标层，建设项目前期决策过程、勘察设计过程、项目施工过程以及项目运营过程作为准则层，初步设立项目目标的合理性及达标程度、设计文件成果水平、项目合同管理的水平、客户满意度等29个3级指标。随后采用问卷调查法对地方铁路建设过程后评价指标进行筛选分析，最终形成了地方铁路建设过程后评价指标体系的基本架构（见表2-15）。

表2-15 地方铁路建设项目建设过程后评价指标体系

目标层	准则层	指标层
地方铁路建设项目建设过程后评价	前期决策过程	项目目标的合理性及达标程度
		项目预测内容的完整性及精准性
		项目风险控制的效果
		投融资方案的合理可行性
		项目决策的科学正确性
	勘察设计过程	勘察文件成果水平
		设计文件成果水平
		招投标工作质量
		前期施工现场调查工作质量
		项目开工准备工作质量

续表

目标层	准则层	指标层
地方铁路建设项目建设过程后评价	项目施工过程	项目总投资控制效果
		项目安全等过程控制效果
		项目合同管理的水平
		项目环保效果的满意度
		项目中检及竣工交付工作质量
		项目收尾工作质量
	项目施工过程	项目总投资控制效果
		项目安全等过程控制效果
		项目合同管理的水平
		项目环保效果的满意度
		项目中检及竣工交付工作质量
		项目收尾工作质量
	项目运营过程	项目运营准备工作质量
		生产流动资金的到位程度
		主要生产设备及附属设施质量
		生产运营组织及维护管理效率
		项目运输供给服务水平
		客户满意度

2.6.3 地方铁路建设管理过程后评价的方法

后评价方法包括进行项目后评价的手段和工具。如果没有切实可行的后评价方法，后评价工作就无法顺利开展。并且，对于不同的建设项目，应当根据其项目特点和建设过程的实际情况，采用适合的方法进行项目评价。目前，项目后评价方法很多，如对比法、逻辑框架法、灰色系统模型、因果分析法、成功度综合评价模型、多目标最优指标法、模糊层次分析法等。以下对建设项目后评价方法中最为常用的几种进行简单介绍。

2.6.3.1 对比法

对比法又称指标对比法，是进行建设项目后评价最为常用的方法。它是通过对建设项目进行后评价调查，得到项目建设的实际情况，与项目决策、立项时所确定或估算的预测目标值等相关指标进行对比分析，找出偏差和变化原因，评价其合理性。对比法又包括前后对比法、有无对比法和横向对比法。其中前后对比法是对项目实施前后相关指标进行对比，以评价项目实施的相对成效，一般用于对改建项目进行后评价。有无对比法是指有项目和无项目时相关指标的对比，以预估使项目的真实作用与影响效果，一般用于新建项目的后评价。横向对比法是指对同一行业类似项目之间相关指标进行比较，以对建设项目进行评价。

2.6.3.2 逻辑框架法

逻辑框架法可应用于项目策划设计、风险分析、评估、实施检查、监测评价和可持续性分析中，已成为一种通用的方法。逻辑框架法不仅是一个程序，而且是一种思维模式，可以提供一种综合、系统研究和分析问题的思维框架，对与项目运作相关的重要因素集中加以分析。该方法汇总了项目实施活动的全部要素，并按宏观目标、直接目的、投入和产出成果四个层面归纳投资项目的目标及其因果关系。宏观目标一般超越了项目的范畴，是指国家、地区、部门或投资组织的整体目标。直接目的由项目实施机构和独立的评价机构来确定投入。是指项目的实施过程及内容，主要包括资源和时间等的投入产出即项目的建设内容或投入的产出物。在产出中，项目可能会提供一些服务和就业机会，这往往不是产出而是项目的目的或目标。

2.6.3.3 灰色系统模型

研究一个系统，一般应当首先建立系统的数学模型，进而对系统的整体功能、协调功能以及系统各因素之间的关联关系、因果关系进行具体的量化研究。这种研究必须以定性分析为先导，坚持定量与定性紧密结合。灰色系统是指"部分信息已知，部分信息未知"的"小样本"，"贫信息"的不确定性系统，通过对"部分"已知信息的生成，实现对系统运行行为和演化规律的正确把握和描述。其实质是将无规律的原始数据进行累加或累减，得到规律性较强的生成数列，然后再重新建模。灰色系统模型被广泛用来进行数据处理，与插值拟合相比，利用灰色模型处理数据对试验观测数据及其分布没有特殊的要求和限制，是一种十分简便的新理论，而且精度更高，计算更简便，应用十分广泛。

灰色系统模型求解方法的基本步骤如下：
① 确定参考数列和比较数列。
② 变量序列的无量纲化。
③ 求差序列、最大差和最小差。
④ 求灰色关联系数。
⑤ 求灰色关联度，以关联度最大者为最优方案。

2.6.3.4 因果分析法

由于一些客观因素的存在，项目在建设实施和经营过程中经济指标、可行性等方面会与预计结果出现偏差。为了能够对造成这种结果的因素进行具体分析，需要采用一定的方法，对这些变化进行因果分析。进行项目因果分析，主要是分析以下几个方面：项目管理法规、条例、操作流程的分析，运营方式、管理体制与效益指标变化的分析，工程技术与质量指标变化的分析。进行分析时，应当分清主次，抓住主要矛盾，因此需要实地考察，进行资料搜集，听取各方建议。

2.6.3.5 成功度综合评价模型

成功度综合评价模型是进行建设项目后评价中一种综合评价方法，是以逻辑框架法分析的项目目标实现程度和经济效益评价为基础，以项目目标和效益为核心的全面系统评价方法。通常依赖专家组经验，结合建设项目评价指标体系，根据项目各方面的完成情况，对各项指标分别打分或者进行等级评价，得到单项指标的成功度结论，最终得出整个项目的综合等级，从而对建设项目的成功程度做出定性结论。其主要步骤如下：

① 建立建设项目评价指标体系。
② 确定指标权重。
③ 确定单项指标评价等级（完全成功，成功，部分成功，不成功，失败）。
④ 得出整个项目的评价结论。

铁路建设项目施工，影响因素众多，关系复杂，许多影响是无形的甚至是潜在的，有的影响是可定量分析的，有的只能进行定性分析。因此，根据企业相关施工人员的经验，结合铁路建设工程项目施工的特点，本书采用基于模糊理论及专家系统的铁路建设工程项目施工多层次多目标成功度综合评价模式。[1]

2.7 地方铁路建设管理案例

改革开放以来，地方铁路经过 40 多年的发展，运营管理模式正在逐步完善，相应的法规、办法也相继出台，为地方铁路的长足发展奠定了坚实的基础。地方铁路的经营管理方式主要分为三种。

2.7.1 自建自营

2.7.1.1 自建自营概述

自建自营，即地方政府自行建设、管理和运营地方铁路。在这些地方，

---

[1] 韩涛. 高速铁路建设项目建设过程后评价研究[J]. 铁道科学与工程学报, 2017, 14（5）: 913-921.

一般由地方政府直接设置专门机构，负责规划、建设和运输管理。地方政府自己管理自己，实现了自主经营、自负盈亏。但在业务方面，国营铁路可为自建自营铁路提供一定的指导。

该模式一般是在省、自治区、直辖市人民政府的直接管辖下，设置专门的管理机构。例如，河南省设有地方铁路运输总公司（厅级），系一级职能机构，负责全省地方铁路的规划、建设、运行和日常工作；下设若干铁路分局，直接指挥运输生产。河南省地方铁路局是在1979年原河南省革命委员会地方铁路局的基础上成立的正厅级单位。1983年，河南省地方铁路局与省交通厅合并，改为河南省交通厅二级机构。1986年，省编委批准成立河南省铁路总公司，为副厅级规格、企业性质，挂靠省交通厅，计划单列，独立核算，具有法人资质。为加强行业管理，1994年，经省编委批准挂河南省地方铁路局牌子，一个机构两块牌子（省地方铁路局、省铁路总公司）。其职能既是河南省地方铁路行业的管理者，又是跨市地方铁路的直接经营者，还是负责投融资新建地方铁路的组织者。2005年12月，省政府批准河南省铁路总公司改制为国有独资性质的有限责任公司，成立河南铁路集团有限责任公司，河南省人民政府国有资产监督管理委员会代表省政府履行出资人职责。

还有的省区是在交通厅设置地方铁路管理机构，管理本省的地方铁路。比如，湖南省地方铁路管理局、辽宁省地方铁路管理处，这些局或者处都是交通厅下边的一个职能机构，重大问题都需要经交通厅审核后由省政府决定。

该模式的优点是：可借用国营铁路的标准与技术，自主性和灵活性较高；权责分明，分工明确，可充分发挥地方铁路的运输能力；在成本控制、内部管理、完善规章制度方面有优势；可满足内部的特殊性信息化建设要求，提高地方铁路的竞争力；自主确定合理的运营价格，开展市场营销工作，成为独立经营实体。但该模式与国营铁路在经营管理上不协调，双方的业务技术标准不通用；内部管理跨度大，投入成本较高，管理工作经验缺乏，管理风险较大。

2.7.1.2 金台铁路

——金台铁路建设管理模式

根据浙江省发展改革委的《浙江省地方控股铁路项目建设管理指导意见》，金台铁路采用自主管理模式（见表2-16），即地方控股建设的铁路项目，原则上由控股人与出资人代表组建的项目公司负责建设或管理。项目公司组建和人员配置执行国家和省相关规定。铁路行业技术管理等相关专业服务可委托铁路专业机构进行。同时，依据国家、国铁集团和省级各项法律法规进行项目建设管理。

表 2-16 金台铁路公司建设管理机构职责分工

部门	职责
综合管理部（党委办公室）	包括行政、工会、人力资源、宣传、法务风控（综治维稳）、文书、档案管理和后勤保障等多项内容；包括对本单位党员队伍的教育管理、党员考评、党内信息统计、党费收缴管理等党务工作内容
工程管理部	包括路基、桥梁、隧道、电力、线路、接触网、通信、信号、行车、房建、征拆等专业技术工作内容
安全质量部	负责工程安全、质量监督管理、工程监理管理等工作。
物资设备部	包括物资设备招标、采购、合同执行、甲供物资设备管理、建设项目施工单位自购物资设备监管、现场物资管理等工作 内容
计划合同部	包括编制年度及滚动建设任务计划、组织推进工程进度的相关会议、分析工程进度情况、对加快工程进度采取的措施等工作内容
财务管理部	包括银行开户管理、会计凭证、日记账审核、工程竣工决算、组织及固定资产移交等工作内容
经营开发部	包括铁路运营管理、铁路沿线资源综合开发等工作内容
纪检监察室	包括党风廉政建设、党员干部监督等监察工作内容

——建设管理实践过程

金台铁路自主管理采用"以省为主、行业支持、企业运作、多方参与"模式。

（1）完善领导架构体系

坚持以省为主，是金台铁路项目管理最鲜明的特点，项目决策立项、项目建设管理、项目运营管理等环节，都是在省方主导下积极推进和完成的。

20世纪80年代末，为适应和推进省区内的铁路建设，浙江省政府成立了铁路建设领导小组，负责研究浙江省铁路建设的重大事项，制定相关政策。其中包括铁路规划、征地拆迁政策、各项目资本金省方出资比例、省方出资中省市出资比例、省级资本金的来源等问题。

在实际操作过程中，对于类似中长期铁路规划的修编意见、五年铁路建设规划编制、规划建设项目的前期工作、项目建设中的沟通协调等工作，基本上是以省发展改革委（省铁办、省重点办）为主进行处理的。省部（或铁路总公司）之间通过领导会谈，以会议纪要的形式研究和商定有关问题，省内通过省政府专题会议的形式研究、决策重大问题，如省级铁路建设投融资总规模的问题，并报请省委财经领导小组研究批准。省铁办负责可研报告批复以及之前的推进工作。省重点办负责初步设计批复及之后的推进工作。省交投集团（原省铁投集团）参与项目建设的全过程，负责催缴各市资本金，按计划向项目公司拨付省方资本金等，掌握项目前期、建设、运营方面的情况，参与重大问题的协调处理工作。

（2）争取行业支持

国铁集团、国家铁路局等单位的大力支持是项目推进的重要条件。由于铁路建设行业的特殊性，省方控股铁路仍处于初级发展阶段，项目建设管理的标准、流程和规范尚不完善，再加上铁路建设技术水平要求高、政策环境复杂等因素的影响，地方控股铁路建设的管理，离不开行业主管单位的大力支持。

（3）发挥项目公司的主体功能

企业运作，应充分发挥项目公司作为项目建设法人的主体功能。在项目出资方面，为适应部、省合资建设铁路的需要，充分体现省方出资人代表与路方出资人代表的对等关系，浙江省政府在2006年对省发展集团与金温铁道公司进行了整合，组建了浙江省铁路建设投资集团，与上海铁路局分别代表浙江省和原铁道部共同组建项目公司，参与项目建设和开通运营后的资产管理工作（2016年省铁投集团与省交投集团合并成为新的省交投集团）。

（4）多方参与

多方参与为地方控股铁路建设提供了重要保障。2017年9月，浙江省交通厅下属省交通工程监管局进驻金台铁路开展安全质量监督大检查，标志着金台铁路安全质量行政监管主体得到落实。由此，金台铁路也成为接受浙江省行政部门监管的首条铁路。[①]

——建设管理中存在的问题

（1）自主优势未体现

长期以来，我国铁路建设都是由国家出资，即使是部、省合资建设，也是以国铁集团出资为主。在铁路建成运营后，项目的盈亏情况与地方政府无关。所以，在铁路建设领域存在一种惯性思维，即铁路是国家的企业。地方铁路建设项目要落地，不可避免地要涉及征地拆迁，调整城市规划，跨越、改建道路河流，以及相关税费的缴纳问题。在这种情况下，地方政府在尽力争取让国家将铁路建设在自己辖区范围内的同时，在项目建设过程中也会尽量争取少损失、多获利，地方政府与铁路之间存在利益博弈关系。在金台铁路项目建设过程中，上述问题或现象给项目投资控制和建设推进都带来了较大的困难，导致以省为主的优势在项目建设过程中，尤其是征拆工作推进方面体现得不够充分。

（2）建设管理制度体系不够完善

由于铁路建设工程一般都是重大基础设施基建项目，国家对铁路的改革尚处于推进过程中，相关配套政策与实际需要相比存在"时间差"，再加上铁路行业主管部门对地方控股铁路的建设管理规定比较笼统，地方政府也没有及时出台相应的建设管理规章制度，导致相关制度体系还不够完善，部分政

[①] 江丹洋.地方控股铁路建设管理问题分析[J].运输经理世界，2021（32）：61-63.

策或规范存在缺位问题。比如，金台铁路在建设管理过程中，主要参照、执行铁总的管理规范和流程，但是遇到具体问题时，仍然存在诸多模糊地带，如变更设计和调查审批问题，项目公司委托的第三方审价公司完成征迁调查报告后，按照有关规定需报初步设计单位进行审批，否则将无拆迁资金可用，影响征迁验工计价及投资任务。同时，变更设计问题不仅涉及较大的投资变化，还涉及较高的技术含量，审查批复既要有相当的技术水平，又要承担相应的责任风险。因此，无论是省交投集团还是省发展改革委都很难把握，作为项目公司更难以自主决策。

（3）缺乏配套的信用评价体系

建立针对施工、设计、物资供应等铁路项目建设参与单位的信用评价体系，将考核评比结果与招投标挂钩，对保障项目建设的质量、安全、工期具有重要意义。但是，地方铁路项目信用评价体系暂未能纳入铁路总公司的信用评价体系，对施工、监理企业的信用评价考核力度不够，地方控股铁路建设单位对各参建单位的制约手段相对薄弱，目前仅可采用人员清退、经济奖罚等手段进行安全质量管控。同时，对设计、咨询单位的考核评价通道也不够通畅。根据铁总相关文件要求，建设单位对施工图设计单位、咨询单位每半年为一个考核期，在进行项目管理考核评价后，将结果上报路局建设处，经审核后一并报与铁总考核。然而，因金台铁路是以省方为主建设的项目，经与路局建设处沟通，对设计、咨询单位的考核情况，路局不予接受，故无法进一步上报。

另外，对物资供应商的信用评价体系也不够完善。相比于国铁集团，铁路总公司制定了供应商关系管理规定，包括对供应商的风险管理、日常不良行为处理、信息管理、年度信用考核等内容。但是，在浙江省重点工程招投标办法中，只有投标人被列入了招标投标失信黑名单（以省发改委公布的披露期内的失信黑名单为准），主要针对供应商的招投标环节。但是，在实际供应中，对以假充好、产品质量不合格等问题，项目公司并没有有效的办法或手段来制约供应商，因而无法实现对供应商的有效控制。

——对策及意见

在铁路建设的新形势下，根据地方控股铁路的实际情况，对建设过程中出现的棘手问题，应从制度、机制、政策、管理水平等多方面抓起。

（1）完善地方控股铁路建设管理体系

加强省级顶层设计，进一步建立和完善适合地方控股铁路建设管理的制度体系。鉴于铁路分类建设以后，国家鼓励地方控股铁路的建设和发展，地方政府和相关主管部门在充分借鉴国铁管理制度经验的基础上，要结合实际，大胆创新，在各个层面做好制度的衔接与完善。比如，建立和完善浙江省地方控股铁路建设管理办法、工程质量安全监督、信用评价制度办法等。特别是要研究制定《浙江省铁路建设管理办法》，对以省为主的铁路建设项目的建设程序、建管机构责任分工、政府协调机制、项目补亏机制、支持政策等进行明确，使以省为主的铁路建设有法可依、有章可循。

（2）建立责任落实和工作协调机制

协调各方参建主体，加快建立责任落实和工作协同机制。由于浙江省地方控股铁路建设正处于探索、推进的初期阶段，在积极争取铁总、交通运输部等行业主管部门大力支持的前提下，要充分发挥省铁路建设领导小组的作用，按照省铁路建设年度工作安排，制订铁路项目前期、中期工作进度计划，明确工作内容和时间节点，并分解任务至省有关部门、单位和铁路建设沿线的各级政府一把手，落实工作责任，定期组织监督考核，并将考核结果纳入省重点项目建设工作管理范围。同时，建立自上而下的协调督办机制，由省发改委牵头建立铁路建设联席会议制度，对铁路建设的重大问题、重点工作进行综合研究、协调，对沿线地方政府落实铁路建设工作的情况进行综合考核。定期检查项目推进情况，及时协调处理项目建设中出现的困难和问题，对一些重大问题提出解决方案并报省政府决策。沿线各县（市、区）政府、铁办也要成立相应的机构，加强人员配置，负责有关铁路项目前期及建设期的协调、管理工作，减少沟通成本，提高办事效率。

（3）加大政府的扶持力度

加大有利于项目推进的政策扶持力度，统筹兼顾经济效益与社会效益。

铁路是关系国计民生的重大基础设施，其社会属性和经济特性决定了铁路项目的建设主要依靠政府的主动作为和各参建主体单位的资源投入。

① 建立补亏机制。虽然地方控股铁路项目运营后的预估经济效益不容乐观，但是建设一条铁路所带来的经济效益，主要体现在项目沿线但不局限本线。地方控股铁路项目在建成运营后，直接受益的仍是沿线地方经济。因此，在政策扶持上更应给予铁路企业适当倾斜，发挥出社会主义制度的优越性，在项目建设前明确补亏机制。

② 降低工程造价。为了有效控制征地拆迁费用，地方政府应负责提交铁路建设用地，该部分费用不计入项目总投资，地方政府也不再承担项目资本金，从而大大降低项目投融资压力，并有效控制征地拆迁费用。参照以国铁集团为主的项目，省有关部门对地方控股铁路项目在矿产资源税、占补平衡费等规税费减免上，应给予更大的支持。

——小结

综上所述，浙江省地方控股铁路建设的市场空间巨大，发展前景不容小觑。但是，目前暴露出来的问题也很多，将要面对的挑战也很大。在自主管理模式下，坚持和推进地方控股铁路建设，有利于以省为主的铁路建设的长远发展，符合国家铁路的宏观政策和发展趋势。同时，在现有体制下加强地方控股铁路项目的建设、管理，也是一项综合、复杂的管理系统工程，需要铁路项目管理单位、各参建单位和地方政府各级部门的共同努力，尤其是省方各级涉铁单位，既要懂得自力更生，又要强化合作意识，从政策制度与机制完善、社会资源的合理利用、融资体制的转变、人才队伍培育、项目建管能力的提升等各方面努力，大胆创新，先行先试，不断推动浙江省地方控股铁路建设事业的健康、可持续发展，力争早日融入我国铁路建设市场的广阔天地。

2.7.2　自建联营

自建联营，是指地方铁路由地方人民政府负责规划建设，轨道以标准轨距为主，但是建成后由地方铁路和国家铁路联合经营；或者委托第三方，通过双方成立管理机构或董事会，地方政府将铁路的产权交给管理机构或只保留一半产权。该模式可以充分利用地方铁路的资源优势。

例如，四川省青白江至灌县地方铁路（即青白线）于1984年由四川省地方铁路管理局与成都铁路局达成了联合经营的协议，成立四川省地方铁路公司，实行自负盈亏、独立核算。

山西省神池至河曲即神河线，由地方与北京铁路局（后改为太原铁路局，现中国铁路太原局集团有限公司）联合经营。神河铁路长98.8 km，批准概算21987万元，实际投资20187万元（国家投资占61%、省投资占36%、地区投资占3%）。一期工程为煤炭铁路专用线。1984年6月28日，省政府批准神河铁路由忻州地区经营管理，并同意成立忻州地区地方铁路局。忻州地区地方铁路局承担神河铁路运营管理职能，和大同铁路分局签订协议，实行联营，各自独立核算、自负盈亏、自主经营，走出一条国铁集团、地方铁路局联营的成功之路。[①]

该模式的优点在于地方铁路与第三方在同一地区，地域优势明显，可充分利用管理机构和人力资源的优势；地方铁路运行的协调和组织工作简化，去掉了不必要的环节；双方的管理体制相似，可加快实现协作和利益共享。但在该模式下，地方铁路的运营管理会受到第三方的约束，自主性较低，灵活性不足，无法直接控制运营成本。

2.7.3 铁路代管

铁路代管，即地方建路，委托所在地的国家铁路局代管。在国家铁路的铁路局设立地方铁路处，负责领导地方铁路的日常运输生产工作，财务按政府财政办理结算，铁路局只管运输生产活动。使用该模式管理的地方铁路一般是地方政府投资的、作为国营线路支线存在的地方铁路线路，是对现有铁路的一种补充。地方铁路建成后，由地方政府委托国家铁路局代管，由国家

---

① 李春芳. 三茂铁路投资主体变迁研究[D]. 北京：北京交通大学，2007.

铁路局负责地方铁路的管理、组织生产、运输营运和设备维护等。

例如,广东省、广西壮族自治区的地方铁路建设管理模式都属于这种类型。三茂铁路位于广东省西南部,东起三水市,途经肇庆、阳江到茂名,跨越北江、西江和粤西山区,是连结广东西南地区的路网干线。它既是广东与内地联系的第二条铁路通道,又是沟通中国大西南与华南及港澳等地的运输捷径,并使湛江、黄埔、深圳等港口相互联通。1987年5月,广东省政府批准成立广东省三茂铁路公司,受广东省人民政府领导,委托广州铁路局进行管理,实行享受广东省特殊政策、自主经营的管理体制,负责三水至腰古段和云浮硫铁矿支线的经营管理以及筹集资金继续修建腰古至茂名段的铁路。1987年9月,三茂铁路腰茂段开工建设。首期工程73 km,分东西两段施工,东段23 km,西段50 km,先后于1989年10月、1990年3月建成并正式运营;二期工程110 km,先后于1990年8月、10月铺通,并办理临时货运;三期工程48 km,1990年12月铺通,1991年3月办理临时货运。1991年6月,全线与全路并网正式办理货运;同年7月1日,开行肇庆至茂名东站普通旅客列车;同年10月1日,开行广州至湛江直快旅客列车。1991年前后,三茂铁路建设资金十分困难,面临停工下马的困局,省政府决定向有关市发行建设债券并带头购买,坚持继续施工。1992年3月,三茂铁路腰茂段正式通过国家验收,并入全国铁路网,三茂铁路从三水站至茂名站(含云浮、三水南支线),全长358.605 km,共设车站36个。铁路吸引范围达2.6万 km^2。三茂铁路建设,突破了依赖国家投资的格局。1982年,三腰段开始建设,开创依托云浮硫铁矿开发资源建设铁路的先例,后续腰茂段建设所需11亿元资金,由广东地方政府以发行债券、地方财政调剂、银行贷款、亚洲银行贷款等方式自行筹集。实行广东省主管、委托国铁[广铁(集团)公司]管理的新模式,边建设、边营运,带动沿线地区经济发展,改善投资环境,产生了广泛的社会效益。线路依靠得力组织和优惠政策,充分发挥各级地方政府的积极作用,建设相当顺利,只用了3年3个月时间就全线贯通。

该模式的优点在于将地方铁路纳入整体铁路网络范围,由国营铁路统一负责地方铁路的指挥调度工作,可以完善地方的生产力布局和铁路运输网络;统一双方的信息系统依据标准、制式和开发规划以及应用,避免资金重复投入,减少资源浪费;统一设备维护,节约开支;简化车辆交接,借助市场机制促进铁路运输资源的优化配置,实现相互协作。但由于地方铁路运输设备也由国营铁路负责,在数量、种类和计划工作上存在一定的制约,自主性不强。

2.8 本章小结

本章从现有地方铁路投融资的现状出发,分析了目前投融资存在的具体问题,通过总结国内外铁路投融资经验,给出了投融资市场化改革建议。同时,通过对地方铁路建设期和运营期的模式进行分析,总结出地方铁路建设管理模式选择的方法和建议。最后用具体案例进行分析,对比了自建自管、自建联营、铁路代管三种建设管理模式的优缺点,为地方铁路投融资和建设管理选择提供依据。

第3章 浙江省地方铁路"共建共管"建设构想

目前浙江省铁路发展已基本形成杭州至长三角主要城市1小时交通圈以及杭州至设区市2小时高铁交通圈,说明我国铁路现代化事业得到全方位提升。本章立足于浙江省铁路的发展历史和现状,剖析20世纪50年代至今的浙江省地方铁路建设体制的发展进程与体制现状。长期以来,我国铁路发展相对滞后,在一定程度上影响和制约了国民经济的快速增长,成为经济发展的"瓶颈"。为实现这一战略目标,提出"共建共管"的建设构想,探索从无到有的建设历程,以实现运输生产力的超常规发展,最终实现中国铁路的现代化。

3.1 目前建设管理框架现状

3.1.1 浙江省铁路网现状

截至"十三五"期末,浙江省铁路运营里程达到2877 km,设计时速200 km及以上的快速铁路运营里程1500 km,铁路网密度3 km/百 km^2。目前,全省共有铁路出省通道10个,90个县(市、区)已有79个通达铁路或有铁路项目在建,除舟山外,10个设区市开通动车,基本形成杭州至长三角主要城市1小时交通圈、至设区市2小时高铁交通圈,铁路现代化程度实现了全方位的提高。

这十年间,浙江省11个设区市中,除舟山外,已有10个设区市通达高铁,53个县(市)中已有42个通达铁路或有铁路项目在建,基本构建形成杭州至长三角和省内主要城市 1~2 小时高铁交通圈。省发改委基本建设综合办公室一级调研员章明春表示："目前，我省有杭州、宁波、温州、金华这四大全国性铁路枢纽，以及台州、衢州、丽水、绍兴、湖州、嘉兴等六个区域性铁路枢纽，形成了布局合理、疏解能力强、站场及配套设施充分的铁路枢纽新格局，能够充分服务经济社会发展。"

3.1.2 浙江省铁路网规划

规划到 2025 年，基本形成"五纵五横"客运网络和"五横三纵多联"货运网络主骨架，基本构建杭州至省内主要城市、长三角中心城市 1 小时铁路交通圈，至海西经济区及长江中游城市群 3 小时铁路交通圈，至京津冀城市群、珠江三角洲城市群 5 小时铁路交通圈。全省铁路总里程达 5000 km，其中速度 200 km/h 及以上快速铁路里程达 2500 km，快速铁路网密度继续位居全国前列，地区铁路枢纽配套能力有效提升。[1]

全面完善铁路客货运网络。实施铁路建设"345"行动计划，即建设铁路 3000 km、完成投资 4000 亿元、运营里程达到 5000 km。客运铁路重点构建"五纵五横"主骨架，强化与国家高铁网、长三角轨道交通网衔接，优化沿海、沪昆等通道能力，提升与周边中心城市通达能力，完善省内主干通道。货运铁路构建"四纵四横多连"主骨架，完善大湾区货运双环网，打通港口集疏运主通道，加密进港入园铁路支线和专用线。

未来，浙江省将结合既有、在建及规划铁路情况，与相邻的上海、江苏、安徽、江西、福建五个省市间规划形成 13 个方向、30 条对外铁路通道，为全省百姓提供更为方便快捷的出行服务与体验。预计到 2025 年，浙江省将形成"五纵五横"客运网络，建成杭州至省内主要城市、长三角中心城市 1 小时铁路交通圈，至海西经济区及长江中游城市群 3 小时铁路交通圈，至京津冀城市群、珠江三角洲城市群 4 小时铁路交通圈，全面提升浙江与周边中心城市的通达能力，为交通强国和打造重要窗口贡献浙江力量。

---

[1] 余健尔. 现代化视域下的浙江铁路建设[J]. 浙江经济，2009（23）：56-57.

3.1.3 浙江省地方铁路建设体制发展

地方铁路发展起步于 20 世纪 50 年代。从 20 世纪 80 年代初起，随着国家改革开放和投融资体制改革，一些新建铁路项目采取原铁道部与地方政府、企业或其他投资者合资建设和经营的合资建设模式。1992 年，在总结合资建路经验的基础上，国务院批转了原国家计委、原铁道部《关于发展中央和地方合资建设铁路的意见》（国发〔1992〕44 号），充分肯定了合资铁路的发展方向，鼓励中央和地方合资建设铁路。据此，以地方政府投资为主的合资铁路迅速发展，如金温货线、三茂铁路、西延铁路、成达铁路等。

2004 年国务院批复《中长期铁路网规划》后，铁路进入大规模建设时期。为了充分发挥地方政府参与铁路建设的积极性，原铁道部与各省、市、自治区政府签订战略合作协议（通称省部协议），将合资铁路模式推广到几乎所有干线，推动了合资铁路的快速成长。很多地方政府设立铁路建设管理协调机构（如浙江省由发改委统筹协调），积极组建地方政府铁路投资建设平台（如浙江省交通投资集团），加速推进项目前期工作，统筹协调解决建设资金筹措等问题。中央和地方合资建设铁路的模式为加快全国铁路网建设发挥了重要作用。2006—2018 年，以高铁为代表的合资铁路新增营业里程 4.9 万 km，占同期全国铁路新增里程的 88%。

2013 年铁路行业实现政企分开后，国家发改委、交通部、国家铁路局、国铁集团等对地方铁路的行业管理也确定了各自的职责分工，并逐步密集发布铁路投融资体制改革和非国铁控股铁路建设项目管理意见。同时，随着地方投资占比的快速增加，国铁先后出台非控股合资铁路与非控股非代建合资铁路管理意见，地方也相继出台地方控股铁路建设管理办法，并完善铁路管理等相应职能部门建设。委托代建管理模式形成全国统一模式，自主建设与地方铁路建设管理体制创新不断深化。

合资铁路模式发挥了国铁和地方政府的各自优势，加快了路网建设，但由于合资铁路基本上是按项目组建公司，也存在规模过小、层次过多、经营管理分散、负债过重等问题。主要表现在如下几个方面。① 干线通道全线贯通后，多公司分段建设方式与通道一体化运营的矛盾逐步显现，为提高整体效率，需要对干线通道中的多个合资公司进行整合。② 合资铁路已达到相当大的规模，"一线一公司"的分散发展模式既不利于路地双方对合资铁路的管理，也不利于发挥地方政府在推动地方铁路发展方面的优势，需要对以地方为主建设运营的合资铁路进行整合。2021 至 2022 年，浙江轨道集团（浙江（交投）铁路建设总指挥部、浙江省铁路发展控股集团有限责任公司）肩负全省轨道交通统一运营和统筹全省铁路建设、资产管理使命，完成改革。

3.1.4 浙江省地方铁路建设体制现状

浙江省设计速度 200 km/h 及以上的地方铁路建设一般委托沪昆铁路客运专线浙江有限责任公司（国铁上海局集团子公司）、沿海铁路浙江有限公司（国铁上海局集团控股子公司）代建；设计速度 200 km/h（不含）以下的地方铁路建设一般由地方成立项目公司组织建设。浙江省地方铁路自 2015 年 5 月自主建设乐清湾铁路以来，历经金台铁路自主建设，湖杭铁路、衢丽铁路（丽水至松阳段）、杭温铁路（杭州至义乌段）、金建铁路委托建设，已具备铁路前期工作、建设管理和竣工验收等自主建设经验，并实现采矿权出让金司法确认不缴、首次地方安全质量监管等多项创新，具备地企协调优势。结合国铁集团在铁路建设行业领先的专业优势，充分发挥路企强强联合优势，铁路建设"共建共管"已有较好的基础。

2022 年 5 月 27 日，经省第十三届人民代表大会常务委员会第三十六次会议通过，《浙江省铁路安全管理条例》（以下简称《条例》）正式出台。《条例》共六章四十五条，对铁路安全管理的职责、铁路建设质量安全、铁路线路和运营安全、法律责任等方面作出具体规定，是我省首部铁路领域的地方性法规。

铁路是国民经济的大动脉，是国家的重要基础设施。近年来，浙江铁路迎来高速发展期，铁路运营里程和运输量持续增长。2021 年，全省铁路里程达 3663 km，客运量 1.8 亿人次，货运量 4471 万 t。同时，铁路安全面临的外部风险因素日益增多，相关法律、行政法规亟须通过地方立法细化完善。《条例》进一步加强了浙江省铁路安全管理，保障铁路运输安全和畅通，保护人民群众生命和财产安全，推进高水平交通强省建设。《条例》从四个方面对铁路安全监管进行了规范和整体性设计。

① 明确铁路安全监管职责。国务院铁路行业监督管理部门及其设立的铁路监督管理机构，依法负责本省行政区域内铁路安全监督管理工作，对地方政府及其有关部门的职责进行细化。

② 构建铁路安全监管体系，完善省级铁路沿线安全环境治理联席会议制度，建立市、县、乡"双段长"三级责任体系，建立"110"接警联动机制，形成部门联动、路地协同的监管机制。

③ 加强铁路安全隐患治理，结合浙江实际，对安全保护区相关规定进行细化与补充。对轻质建筑物、构筑物和漂浮物体等潜在威胁，明确防范、加固、清理等相关要求，在软土、沙土地区划定铁路基础保护区。

④ 优化铁路安全监管手段，加强科技创新和数字化场景应用，加快形成安全隐患"发现、预警、消除"工作闭环。同时，为方便地方办理涉铁事项，通过浙江政务服务网等平台，公布办理流程等信息，提高办事效率。

《浙江省铁路安全管理条例》的出台，在一定程度上对铁路安全管理的职责、铁路建设质量安全、铁路线路和运营安全及法律责任等方面进行了全方位规范和整体性设计，弥补了浙江省一直以来没有地方性铁路相关法规的缺陷。[1]

3.2 共建共管的理论研究

3.2.1 共建共管理论的发展过程

长期以来，我国铁路的发展相对滞后，在一定程度上影响和制约了国

---

[1] 余健尔. 局部突破：浙江铁路改革与发展若干问题探析[J]. 综合运输，2009（12）：26-30.

民经济的快速增长，成为经济发展的"瓶颈"。针对中国铁路发展的实际情况，国铁集团于2004年提出了"跨越式发展"的战略思路，总体目标是紧紧扭住发展这个第一要务，以提高运输能力和提升技术装备水平为主线，充分利用后发优势，广泛吸收国外铁路的先进经验和成果，努力提升中国铁路的经济技术结构和规模水平，实现运输生产力的超常规发展，基本实现中国铁路现代化。

铁路管理体制改革问题一直都受到了业界的密切关注，国铁集团对此进行了积极的探索和尝试，取得了一定的成效。尽管如此，在铁路现代化建设高潮迭起的新形势下，涉及运输、建设、投融资、运营、价格等体制机制性矛盾并没有得到根本解决，甚至在某些区域、某种程度上表现得更加尖锐和突出。

从宏观角度来看，铁路管理体制存在三大主要问题，即政企同体、公益性与经营性不分、价格和投资高度受控，而能否真正实现政企分开，涉及铁路管理体制整体改革进程的核心和根本，这个问题不解决，其他方面和环节的改革就无从谈起。不破不立，铁路管理体制改革应以实现政企分开为核心，通过确立市场主体、引入市场化机制等手段，推进投融资体制改革。主要有三个方面的改革思路：一是打破高度集中格局，确立政企分开的管理体制；二是打破行业垄断，确立市场化经营机制；三是打破融资壁垒，确立多元化投资机制。

在铁路现代化建设的时代背景下，浙江铁路迎来了前所未有的发展机遇。无论是国家"十三五"铁路建设规划，还是为抗击金融危机新增的2万亿元铁路投资，浙江都占据了大量份额。2021年浙江（交投）铁路建设总指挥部在杭州正式挂牌，对浙江铁路建设、资产管理和轨道交通运营采用一体化融合管理模式，通过改革使权责更加清晰、管理更加专业、资源更加集约、动能更加强劲。随着项目建设的不断深入，投融资规模持续高涨，合资铁路陆续建成运营。这些涉及诸多利益体的调整变化，对现有铁路管理体制产生了巨大冲击。

为在国铁集团关于委托代建工程管理和浙江省不断深化铁路改革的大

框架下进一步统一定位、明确职责、减少重叠、优化程序、提高效率，进一步发挥专业委托、监督管理、政策协调的强强联合优势，提升浙江轨道集团统筹铁路建设项目的管理水平，助力浙江省地方铁路高质量发展，在总结国家铁路和地方铁路建设管理经验的基础上，本书探索提出地方铁路从前期工作到工程实施、竣工验收各阶段的"共建共管"模式构想。[①]

3.2.2　共建共管实施条件成熟

3.2.2.1　铁路建设重心趋势

从铁路建设重心趋势来看，共建共管是国家和省级政府共同推进铁路发展的体现。随着铁路建设的快速推进，我国铁路网规模不断扩大，运力紧张状况已基本缓解。目前铁路建设的主要矛盾已经由解决通道能力短缺逐步转向解决结构性失衡问题，因此，"十四五"期间铁路建设投资规模虽将继续保持高位运行，但建设重心已逐步由干线通道为主向通道、城际、市域铁路、支线（含集疏运专用线）并举转变。

① 在通道建设上，围绕完善路网结构，在适度加强路网密度的同时，把重点放在打通网架骨干通道的"断点"和"堵点"上。

② 适应区域经济协调发展和新型城镇化的需要，连接大中城市之间的城际铁路及都市圈内部城市之间的市域（郊）铁路将成为铁路，建设的重点领域。"十四五"期间长三角、粤港澳、京津冀、成渝等城市群都市圈将成为铁路建设的重点地区。

③ 聚焦解决前后"一公里"问题，加快推进货运集疏运系统建设，降低物流成本，推进节能减排。

④ 加快推进综合交通枢纽建设，促进多种运输方式有效衔接。浙江省作为长三角一体化发展重要区域，是全国货运集疏运系统及综合交通枢纽的重要构成，国家政策扶持力度较大，地方高质量发展诉求强烈，在抢抓

---

① 余健尔. 现代化视域下的浙江铁路建设[J]. 浙江经济，2009（23）：56-57.

铁路高质量建设发展重要战略机遇期，具有较强的国铁集团和地方政府强强联合意愿，以及上海局集团与铁路企业共同推动浙江省域铁路建设创新发展的基础。

3.2.2.2　铁路投融资趋势

从铁路投融资趋势来看，国铁集团优化资本布局与地方投资主体权益诉求将进一步结合。随着《国务院关于改革铁路投融资体制加快推进铁路建设意见》（国发〔2013〕33号）和《关于进一步鼓励和扩大社会资本投资建设铁路的实施意见》（发改基础〔2015〕1610号）等文件相继出台，铁路投融资逐步由中央为主向中央、地方和社会资本分类分层转变。伴随铁路投融资体制改革的推进，铁路分类分层建设的趋势将持续深化并逐步规范。2020年地方政府和社会资本在新建铁路项目资本金中已达到59%，将继续在新建项目（除干线通道项目）中占据更加重要的地位。投资结构的变化预示地方政府承担的责任逐步加大，过去地方政府主要负责筹集建设资金、协助征地拆迁等将逐步转变为担负起地方铁路投资、建设、维管和经营等全方位的责任，这是铁路行业进入高质量发展新阶段的特点和必然。而采用共建共管模式过渡，是在充分发挥国铁集团技术咨询优势的同时，更好地履行地方铁路企业建设管理权限和保护投资主体投资、建设风险和利益的方式，这符合国铁集团优化财务结构、降低资产负债率、改善经营效益的目的，也符合地方政府进一步加强路地合作、加快本省铁路建设、统筹省域铁路资源、更好地发挥铁路在本省经济社会发展中的支撑引领作用的目标。

但铁路建设过程中存在国铁集团不愿代建和地方尚未全部包干的缺口，且地方铁路企业在原仅承担项目投资、前期工作以及协调地方包干内容事项的基础上，逐步向承担具体工程建设和协调原施工单位负责实施的部分内容过渡，这给地方铁路公司履行铁路建设项目投资、建设和经营的企业主体责任提出了更高的要求。但受限合同关系、地方政策等，地方铁路企业无法对上述缺口推进、新安全法等法律法规等要求的建设管理职责进行合理有效管控。

故针对浙江省地方控股铁路项目建设推行"共建共管"模式已具备条件。

3.2.3 "共建共管"理论定义

为适应铁路行业与地方铁路发展趋势，履行国家、省市法律法规赋予项目公司的投资、建设管理职责，发挥路企、地企强强联合优势，建立"项目公司+代建单位—地方铁办（地方包干内容）+参建单位（非地方包干内容）"2+2项目管理新模式，即代建单位负责承担非地方包干内容的项目实施，项目公司负责协调地方政府落实地方包干项目内容，同时就安全管理、质量监督、资金监管、维稳责任等协议无法免责内容与相关方签订三方合同，实现"行业监督、资源共享、责任共担、建管融合"共建共管新模式，共同促进地方铁路发展。

建立路企合作、地企协商，实现"1+1+1＞3"的优势互补、合作共赢的"共建共管"地方铁路建设模式，不仅是适应地方铁路发展的必然趋势，也是提升浙江省地方铁路建设和统筹管理水平的迫切需求。

3.3 浙江轨道集团总部管理架构

浙江省轨道运营管理集团管理架构如图3-所示。

3.3.1 总指挥部部门设置

根据公司实际需求，总指挥部设14个部门：办公室（董秘处）、党委工作部（工会办公室、新闻中心）、人力资源部、企业发展部、财务管理部、工程管理部、运营管理部、设备保障部、资产经营部、安全监督管理部、教育培训部（产教融合联盟）、纪检监察部、审计部（综合监督部）、市场拓展部、科技数据部。

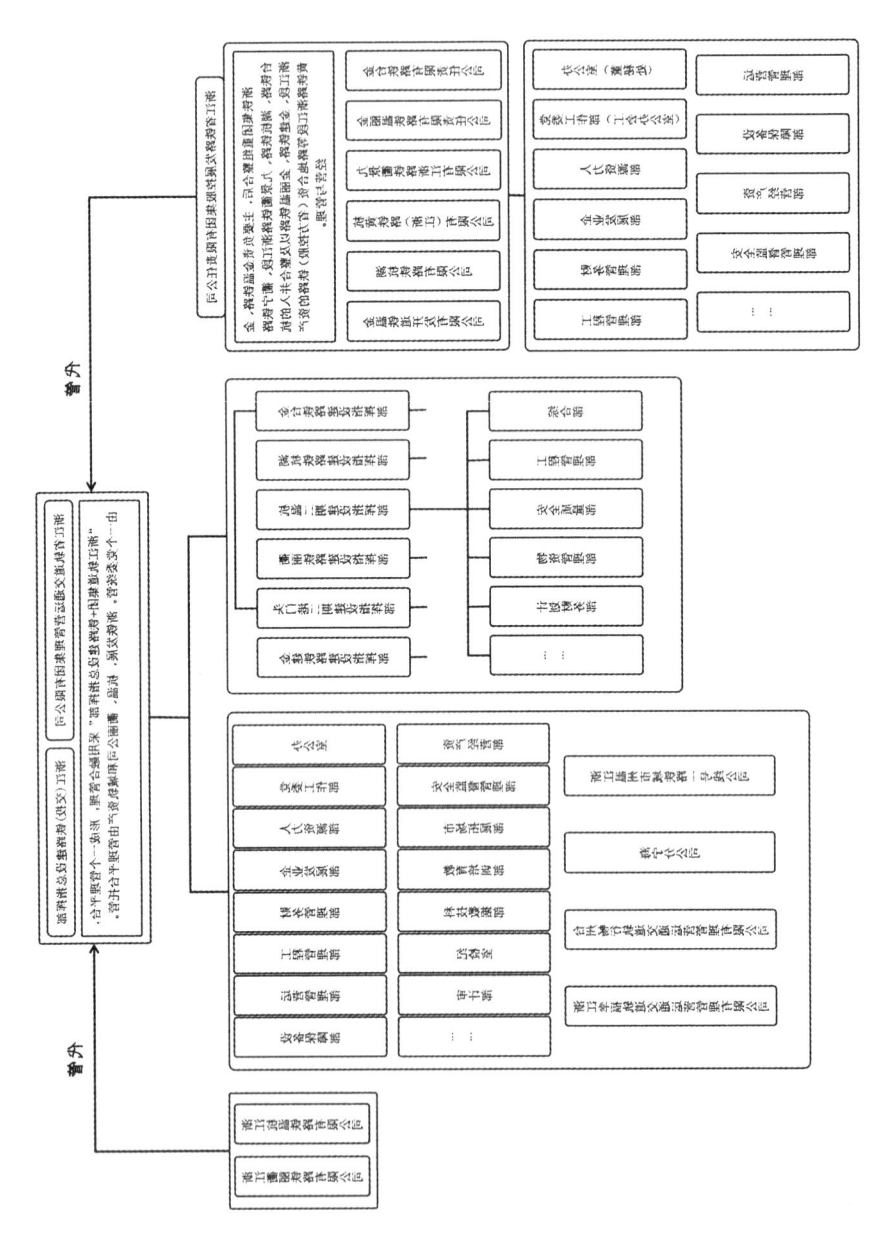

图 3-1 浙江省轨道运营管理集团管理架构

3.3.2 分指挥部部门设置

分指挥部部门根据建设项目管理模式（分自建自管和共建共管两种模式）不同，按以下原则设置：

自建自管模式设 5 个部门：综合部、工程管理部、安全质量部、计划合同部、物资管理部。

共建共管模式设 4 个部门：综合部、工程管理部、安全质量部、计划合同部（计划财务部）。

3.4 本章小结

本章首先对浙江省铁路网现状与规划进行梳理。这十年间浙江省已基本构建形成杭州至长三角和省内主要城市 1~2 小时高铁交通圈，并规划到 2025 年，基本形成"五纵五横"客运网络和"五横三纵多联"货运网络主骨架。2021 年浙江（交投）铁路建设总指挥部在杭州正式挂牌，标志着浙江铁路建设进入新阶段。通过改革使权责更加清晰、管理更加专业、资源更加集约、动能更加强劲。为适应铁路行业及地方铁路发展趋势，履行国家、省市法律法规赋予项目公司投资、建设管理的职责，发挥路企、地企强强联合优势，建立"项目公司+代建单位—地方铁办（地方包干内容）+参建单位（非地方包干内容）"2+2 项目管理的"共建共管"新模式，实现行业监督、资源共享、责任共担、建管融合，共同促进地方铁路发展。

第4章 浙江省地方铁路"共建共管"方案实施

随着铁路建设重心的转移，采取"共建共管"的管理模式成为地方铁路企业快速发展的必然趋势。为深入贯彻落实浙江省委省政府交通强省战略，进一步提升以省为主的铁路建设管理水平，在现有建设管理基础上研究建立与浙江省铁路建设相适应的"共建共管"建设管理模式成为其工作的重中之重。

4.1 项目各阶段"共建共管"方案

4.1.1 立项决策阶段

项目预可研与可行性研究一般由省发改委成立筹建组牵头负责推进。筹建组或成立项目公司严格执行国家有关规定，依法选择符合资质要求的勘察设计单位，按照路地双方合作协议共同组织推进。通过总结衢丽铁路二期、金温电化提前介入项目工作经验，积极跟踪潜在规划项目，积极对接省发改委提前介入事宜，争取项目方案优化和争取政策的最佳时机。尽量避免项目公司在项目可行性研究报告批复后才介入项目具体工作，或即使参与了项目前期工作也主要履行项目审批程序，对项目前期的工程技术方案和土地综合开发方案研究关注力度不够。在新形势下，作为项目业主应负起责任，在前期工作中把握功能定位、运量预测、技术标准、建设方案、投资规模、经济效益等技术经济评价，认真做好线路走向、站场选址、铁路与配套集疏运设施同步规划建设等工作，同时落实资金筹措方案、土地综合开发、运营补亏政策等相关支撑条件，为提高项目的投资和经营效益打好基础。

4.1.2　建设准备阶段

根据《浙江省地方控股铁路项目建设管理指导意见》（浙发改基综〔2017〕801号），地方控股建设的铁路项目，原则上采用自主管理模式，铁路行业技术管理等相关专业服务可委托铁路专业机构进行；因设计标准较高或项目特殊原因，经路地双方协商明确，项目建设可以通过委托代建方式进行。浙江省地方铁路建设管理水平不断提高，力争实现设计时速200 km以下地方铁路建设由项目公司自主管理和设计、时速200 km及以上地方铁路建设共建共管的目标。

① 委托代建。建设方只负责前期项目和承担工程费用，项目初步设计、招标、采购、施工、验收等工作均由代建单位完成。

② 共建共管。适应铁路行业及地方铁路发展趋势，履行国家、省市法律法规赋予项目公司投资、建设管理职责，发挥路企、地企强强联合优势，建立"项目公司+代建单位－地方铁办（非地方包干内容）+参建单位（地方包干内容）"2+2项目管理新模式，即代建单位负责承担非地方包干内容的项目实施，项目公司负责协调地方政府落实地方包干项目内容，同时就安全管理、质量监督、资金监管、维稳责任等协议无法免责内容与相关方签订三方合同，实现"行业监督、资源共享、责任共担、建管融合"共建共管新模式，共促地方铁路发展。

4.1.3　勘察设计阶段

4.1.3.1　初步设计

一般由项目公司负责牵头推进。通过对接地方政府、国铁集团、产权单位等完成初步设计及相关专题，委托咨询机构（一般为国铁集团经济规划研究院）审查项目初步设计，组织专家评审；根据咨询评审意见，组织初步设计检修；履行内部决策程序后，报省政府及国铁集团联合审批。

4.1.3.2 施工图设计及审核

设计时速 200 km 以下地方铁路由项目公司负责牵头推进，通过招标确认施工图审核单位，委托国铁集团对审核报告和重点工程组织审查。

设计时速 200 km 及以上地方铁路委托代建单位（如已签订代建合同）牵头推进。项目公司应保持与审核单位深入对接，积极反馈施工图工程数量和施工图预算审查意见。

4.1.4 工程实施阶段

4.1.4.1 招投标及合同管理

在常规的委托代建管理模式中，施工、监理、咨询、物资等项目均由代建单位负责组织招标，项目公司无法介入招投标和合同签订活动，是一种项目公司—代建单位—参建单位三级单线建设管理模式。分析近年铁路建设行业事故处理意见，项目公司虽未直接参与项目管理，但始终承担建设管理主体责任与义务。无法直接落实安全管理、质量监督、资金监管、维稳管控等管理职责权限，与承担对应的管理风险不匹配，这已成为制约地方铁路建设发展的重要原因之一。故项目公司应作为施工、监理合同第三方，强调对项目招投标段划分和无法避免责任监管清单进行管理的基本权利。

4.1.4.2 安全质量管理

在常规的委托代建管理模式中，由代建单位履行安全质量管理职责，国铁集团监督管理局履行安全质量监督职责。随着铁路行业政企分开改革的不断深入，浙江省地方铁路逐步形成了国铁集团国家铁路局上海监督局进行内部监督、浙江省交通工程管理中心进行行政监督管理的行业监督管理模式。项目公司及代建单位共同对参建单位安全质量行为进行协同管理，能更好地发挥各自优势，更好地适应监管要求，更好地履行项目公司质量安全主体责任以及代建单位合同责任。

4.1.4.3 投资管理

（1）投资计划中地方控股铁路由省发展改革委投资项目计划统一管理

在委托代建模式中，一般由项目公司商代建单位共同拟订年度投资计划，经项目公司统计投资计划和资本金预计划，报省交通集团汇总后统筹上报省发展改革委员会算审核下达年度建设投资与资本金计划。

（2）资金保障由项目公司负责建设资金筹集

各出资方按照下达的投资及资本金计划落实资本金，保障工程按计划实施；其他融资贷款由项目公司负责落实。代建单位根据项目公司下达的年度投资计划编制建设资金预算和建设资金申请表，并根据工程需要，及时向项目公司申请建设资金。

（3）投资控制由项目公司与代建单位共同贯彻落实

委托代建双方负责各自工作界面的投资控制。代建单位应严格贯彻落实国家、项目公司关于加强投资管理的相关规定，会同项目公司采取切实有效的措施，在保证工程质量、安全、工期、环保等要求的前提下，最大限度地节省工程投资，努力实现将投资控制在初步设计批复总概算之内的目标。

4.1.4.4 组织与协调

项目公司负责协调地方政府推进落实地方包干事项；代建单位组织协调落实非地方包干等项目建设管理事项；项目公司作为建设合同第三方（必要的法律依据）组织参建单位对接地方政府，完善建设程序和响应地方行政管理要求。

4.1.5 竣工验收阶段

4.1.5.1 委托国铁集团运营项目

项目公司履行建设管理主体责任，代建单位发挥专业优势，联合成立验收小组。代建单位负责组织落实竣工验收程序和协调处置路内问题，项目公司负责协调落实消防等地方验收工作和协调处理路外问题。

4.1.5.2　委托金温公司运营项目

项目公司履行建设管理主体责任，与运营管理单位联合成立验收小组，组织落实竣工验收各阶段工作，并委托国铁集团进行竣工验收全过程咨询服务。

4.1.6　全过程咨询管理

为积极贯彻国家关于深化投融资体制改革、推进全过程工程咨询服务发展的有关意见，浙江结合铁路建设实际，系统分析铁路建设面临的新形势新要求，深入研究全过程工程咨询模式的内涵、特点，依托新建衢丽铁路衢州至松阳段（以下简称"衢丽铁路二期"）项目，在全国率先启动铁路领域全过程工程咨询探索实践，完成全过程工程咨询服务单位招标，形成推进铁路建设全过程工程咨询研究阶段性成果。

4.1.6.1　全过程工程咨询模式的优势分析

对铁路项目而言，全过程工程咨询是以工程咨询单位为主体、各专项咨询承担单位参加共同构成咨询方，结合委托方的咨询服务需求，合理组合铁路项目投资决策、工程建设、运营维护阶段的专项咨询服务内容，为委托方提供咨询管理服务和专项咨询服务相结合的综合性工程咨询服务。对于地方铁路项目规划建设，全过程工程咨询具有独特优势。

（1）保证投资管理更科学

地方铁路项目实施全过程工程咨询服务，能够使咨询方在项目初期就开始介入，提早发现问题、优化设计方案，帮助委托方从专业角度避免政策、技术、财务等风险；能够发挥咨询管理服务的统筹优势，对项目各阶段投资进行全过程系统管理，通过强化投资控制手段，确保项目前期评价科学，工程建设期支出合理，运营维护阶段全面评价、系统梳理，有效解决征迁概算费用不足、取弃土场考虑不周、接轨方案衔接滞后等现实问题，提升项目投资控制的科学性、连续性、专业性，保障项目建设既省又好。

（2）推动项目实施更高效

全过程工程咨询服务主体作为项目推进全过程的参谋，综合运用工程技术、经济管理方法和多阶段集成化管理手段，对传统铁路建设项目条块分割的专项咨询服务进行系统整合，将各阶段、各专业工程相对独立分散的专项咨询服务目标，统一为全过程的高质量技术管理咨询服务，保证服务目标的一致性，减少委托方的合同和管理压力，实现工作流程的再造和咨询效率的提升，保障项目进度目标的实现。

（3）实现建管模式更合理

地方铁路项目全过程工程咨询的实施，能够在系统整合投资决策、工程建设和运营维护各阶段原有条块分割的各专项咨询服务基础上，通过优化和创新建设管理组织模式，加强各专项咨询服务业务的信息交流和融合沟通，有效解决前期设计方案考虑不全面等问题；通过各阶段专项咨询服务业务组织模式变革和审查审批流程再造，实现资源的协同、优化和统筹，有效解决前期审查审批耗时费力等问题，减少委托方的协调工作量，实现项目更高效率、更高质量地实施。

地方铁路项目综合性、跨阶段、一体化的全过程工程咨询服务的开展，符合供给侧结构性改革的指导思想，体现了由专业人做专业事的"小业主、大咨询"管理模式，有利于提升铁路行业集中度，有利于聚集和培育适应新形势的铁路企业，有利于保障铁路项目规划建设的高效率、高质量，有利于加快我国铁路行业建设模式与国际建设管理服务方式的接轨。

4.1.6.2　全过程工程咨询模式在浙江的实施

——全过程工程咨询研究内容

创新引领地方铁路项目全过程咨询管理。深化地方铁路全过程工程咨询政策支撑体系研究，对铁路项目全生命周期咨询管理理论架构、标准规范、政策机制进行实践探索。

（1）创新铁路项目全过程咨询重点机制设计

从政府投资项目监管入手，研究铁路项目的项目属性、管理体制、建设模式，探索以全过程咨询服务理念贯穿铁路项目审批管理、推进实施、运营管理的全流程，推动铁路项目加快实施。

（2）创新铁路项目全过程咨询服务实施路径

以衢丽铁路二期项目全过程咨询试点为突破口，优化整合决策审批、设计、招投标采购流程，加强实施阶段专项咨询服务，加快全过程咨询服务团队人才建设。创新铁路项目全过程咨询关键环节政策设计。结合铁路项目全过程咨询的服务目标和预期效果，从委托方式、服务主体资格条件、服务内容和模式、服务酬金计取、保障措施等五个方面提出铁路项目全过程咨询关键环节政策设计方案。

——全过程工程咨询实施过程

依托"衢丽铁路二期"，通过"1+4"联合体的组织架构，实现"1+N"咨询服务内容的系统组合，以"业主+管家"为主导模式，以"课题+平台"为支撑手段，在铁路建设领域全国首创全过程工程咨询模式以推进项目建设。

（1）"1+4"联合体组织构成

国铁经济规划研究院公司牵头，中铁四院、中国铁设、浙江省数智交院、天津新亚太参加的"1+4"联合体中标项目全过程工程咨询服务。联合体建立基于全过程工程咨询领导小组、技术咨询委员会、全咨项目部的三级组织架构，建立工作机制，落实分系统、分层次组织管理；组建现场服务基地，保障服务团队之间沟通衔接高效、配合协调顺畅，提升项目的推进效率，响应委托方水平要求。

（2）"1+N"咨询服务内容组合

"1"是指由联合体牵头单位开展项目策划、进度管理、质量管理、投资管理、信息管理、协调管理等咨询管理服务。"N"包括项目前期的工程勘察、工程设计、设计文件技术咨询、勘察监理、专题专项，工程建设阶段的造价咨询、工程监理，运营阶段的运维咨询、后评价咨询等各专项咨询服务。以咨询管理服务为实施主线，实现对各专项咨询服务的系统整合和集成管理，打破信息与资源壁垒，提高项目建设质量和推进效率。

（3）"业主+管家"模式主导

全过程工程咨询服务主体本着"当家不做主"的原则，主动当好项目管家和委托方的参谋，积极为项目推进出谋划策，为委托方提供科学可靠的决策依据。

① 坚持业主和服务主体双方法律主体责任不能互相让渡为原则，梳理明确双方责权利和工作分工界面。

② 业主和服务主体双方构建沟通协调机制，通过定期周月报、简讯、例会沟通等方式，加强对接，达成共识。

③ 服务主体站位主动靠前，充分发挥整体协调优势和技术优势，积极对接政府方、铁路方，形成共识，加速项目推进。

（4）"课题+平台"手段支撑

立项开展"铁路建设项目全过程工程咨询模式研究""衢丽铁路二期全过程工程咨询实证研究"等课题研究工作，边探索实践边总结经验，以课题研究助力全过程工程咨询服务创新。以工程建设前期咨询管理为主作业流程，利用先进的信息技术与资源，建立"衢丽铁路二期"全过程工程咨询项目管理信息化平台，实现项目管理信息沟通更高效、项目管理方式更丰富、项目咨询成效更显著，以信息平台支撑全过程工程咨询协同工作开展。

4.2 建立项目总指挥部和分指挥部

为深入贯彻落实省委省政府交通强省战略，统筹浙江省铁路建设领域经验和技术的整体优势，进一步提升以省为主的铁路建设管理水平，2021 年 12

月 31 日，浙江（交投）铁路建设总指挥部在杭州正式挂牌成立。总指挥部目前下设 5 个分指挥部，分别为金台铁路建设指挥部、湖杭铁路建设指挥部、杭温二期建设指挥部、衢丽铁路建设指挥部和金建铁路建设指挥部。

金台铁路建设指挥部，设立于浙江台州，承担金台铁路及其拓展工程的建设任务。金台铁路总投资约 200 亿元，是省交通集团主导建设的第一条电气化铁路，是"山海协作大通道"，于 2021 年 6 月 25 日正式通车运行。金台铁路建设指挥部结构如图 4-1 所示。①

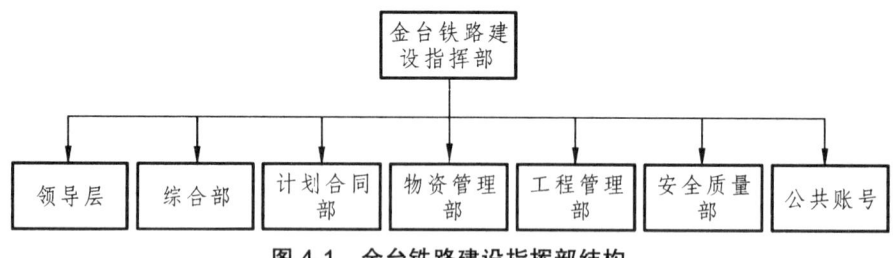

图 4-1 金台铁路建设指挥部结构

湖杭铁路建设指挥部，设立于浙江杭州，承担湖杭铁路工程建设任务。湖杭铁路正线全长 137 km，总投资约 371 亿元，为浙江省主导建设的首条高速铁路。于 2022 年 7 月底开通，湖杭铁路建设指挥部结构如图 4-2 所示。

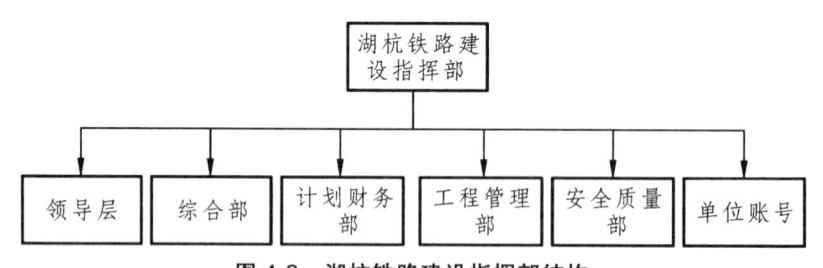

图 4-2 湖杭铁路建设指挥部结构

杭温二期建设指挥部，设立于浙江杭州，承担杭温铁路二期工程建设任务。杭温铁路二期正线全长约 59 km，总投资约 95 亿元，是浙江省首条省方独资建设的高铁项目，于 2020 年 12 月 30 日正式开工建设，计划于 2024 年

---

① 江丹洋. 地方控股铁路建设管理问题分析[J]. 运输经理世界，2021（32）：61-63.

6月与杭温一期同步开通。杭温铁路建设指挥部结构如图4-3所示。

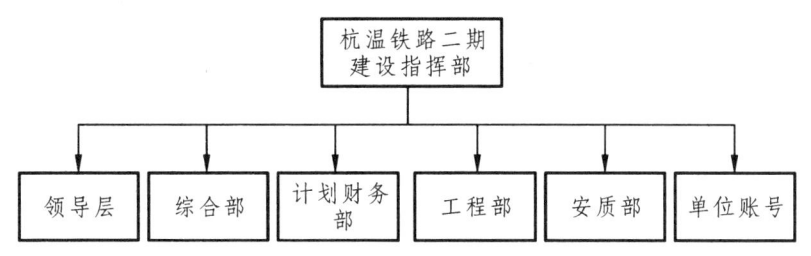

图 4-3　杭温铁路建设指挥部结构

衢丽铁路建设指挥部，设立于浙江丽水，承担衢丽铁路一期工程建设、二期前期推进任务。衢丽一期正线全长 65.303 km，投资 90.86 亿元；衢丽二期正线全长 95.86 km，投资估算约 170 亿元，是浙江省"大花园"建设的支撑性工程，也是一条山区共建共富路。其中，一期项目已于 2020 年 12 月 28 日正式开工建设，二期项目处于可研阶段，正采取全过程工程咨询模式积极推进中。衢丽铁路一期和二期建设指挥部结构如图 4-4、图 4-5 所示。

图 4-4　衢丽铁路一期建设指挥部结构

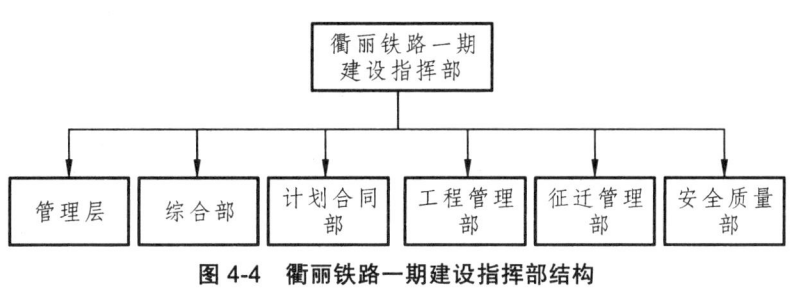

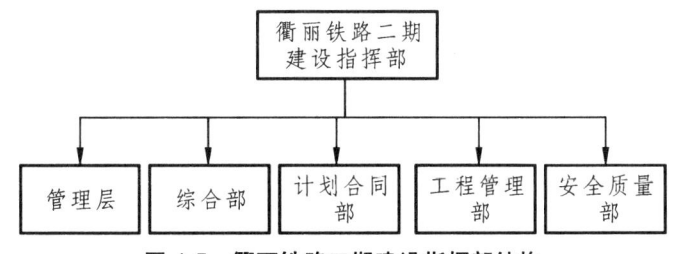

图 4-5　衢丽铁路二期建设指挥部结构

金建铁路建设指挥部，设立于浙江金华，承担金建铁路工程建设任务。

金建铁路正线长 64.51 km，总投资约 119.21 亿元，是国家快速铁路网中"黄山至金华"铁路通道及黄金旅游线路的重要组成部分，是诗画江南的黄金走廊，于 2020 年 12 月 31 日正式开工建设，计划于 2025 年 6 月底开通。金建铁路建设指挥部结构如图 4-6 所示。

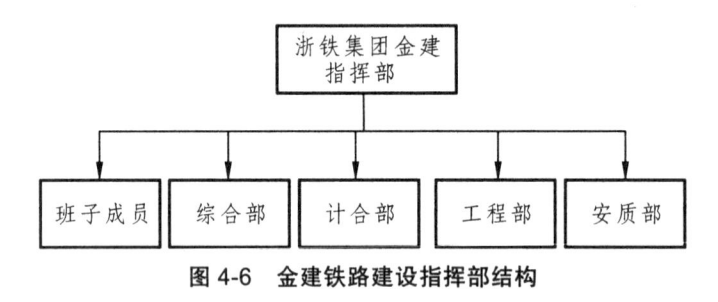

图 4-6　金建铁路建设指挥部结构

从铁路建设管理条件来看，采取"共建共管"的管理模式是国铁集团建设重心转移和地方铁路企业快速发展的必然趋势。浙江交投铁路建设总指挥部自成立以来就被赋予统筹浙江省指令性铁路项目建设管理的使命。浙铁总指下辖金台铁路、湖杭铁路、杭温铁路、衢丽铁路、金建铁路建设指挥部，已具备丰富的自主建设和委托代建经验，原铁路建设专业管理能力不强情况得到显著改善。分析各铁路项目代建合同（协议），双方职责权限无统一标准，存在建设管理职责不明、管理范围费用组成不匹配以及项目推进和协调难度增加等问题。应在现有建设管理基础上，研究建立科学、合理、统一且与浙江省地方铁路建设相适应的共建共管建设管理模式。

（1）对比标准

代建范围包括初步设计批复概算的改移道路、人行天桥、立交桥综合排水、砍伐与挖根、改河（沟渠）、隔声窗、防洪评估处理（涉河涉堤）、临时用地费（指大型临时设施中的临时场站等工程的临时占地费用，含租用土地、青苗补偿、拆迁补偿、复垦、管理费及其他所有与土地有关的费用等）、施工监理费、营业线施工配合费、施工配合费、安全生产费等内容。

（2）湖杭铁路

2019 年 9 月签订委托代建协议。对照上述标准，代建范围不含概算立交综合排水、砍伐与挖根、隔声窗、防洪评估处理（涉河涉堤）。新建湖州至杭州西至杭黄高铁连接线委托代表工作界面如表4-1所示。

表4-1 新建湖州至杭州西至杭黄高铁连接线委托代建工作界面表

阶段划分	编号	工程及费用名称	湖杭公司负责实施	沪昆公司负责实施	备注
一	1	拆迁及征地费用	√	√	按设计院分劈数额为准
		一、改移道路	√	√	按设计院分劈数额为准
		二、立交桥综合排水	√		
		三、砍伐与挖根	√		
		四、改河（沟渠）	√	√	按设计院分劈数额为准
		十二、桐庐东高架站特大桥双龙溪改河	√		
		一、土地征（租）用及拆迁补偿费	√	√	按设计院分劈数额为准
		（一）土地征用补偿费	√		地方包干范围
		（二）拆迁补偿费	√		地方包干范围
		（三）临时用地费		√	
		（四）征地拆迁工作经费	√		地方包干范围
		（六）土地预审费	√		地方包干范围
		（七）临时用地复垦方案报告编制费	√		地方包干范围
		（八）压覆矿藏评估与补偿费	√		地方包干范围
		（九）拆除还建妙西污水处理厂	√		地方包干范围
		（十）防洪河道整治费用	√		地方包干范围
		（十一）文物考古调查与勘探	√		地方包干范围
		二、青苗补偿费	√		地方包干范围
二		路基		√	
三		桥涵		√	

续表

阶段划分	编号	工程及费用名称	湖杭公司负责实施	沪昆公司负责实施	备注
四		隧道及明洞（34）		√	
五		轨道		√	
六		通信、信号、信息及灾害监测		√	
七		电力及电力牵引供电		√	
八		房屋		√	
九		其他运营生产设备及建筑物		√	
十		大型临时设施和过渡工程		√	
十一		其他费用	√	√	
	31	其他费用	√	√	
		一、建设项目管理费	√	√	
		二、建设单位印花税及其他税费	√		
		三、建设项目前期费	√		
		1. 可行性研究费	√		
		2. 环境影响报告编制与评估费	√		
		3. 水土保持方案报告编制与评估费	√		
		6. 节能评估报告编制费	√		
		9. 防洪评估费	√		
		10. 通航论证费	√		
		11. 地质灾害评估费用	√		
		12. 地震安全性评估费用	√		
		14. 道路立交安全评估	√		

续表

阶段划分	编号	工程及费用名称	湖杭公司负责实施	沪昆公司负责实施	备注
		15. 建设规划选址报告	√		
		16. 社会稳定风险报告编制及评估	√		
		17. 使用林地报告编制及报批	√		
		四、施工监理费		√	
		五、勘察设计费		√	
		六、设计文件审查费	√	√	
		七、其他咨询服务费	√	√	
		八、营业线施工配合费		√	
		九、安全生产费		√	
		十、研究试验费（4.高、低塔四线斜拉桥相关研究）		√	
		十一、联调联试等有关费用	√		
		十三、生产准备费	√		
		十五、其他		√	
		1. 外部电源接入方案及谐波负序评估费		√	
		2. 系统电能质量（谐波）影响测试费		√	
		3. 高压电气设备试验费	√		
		4. 信息直采装置（自动化+通信）	√		
		7. 隧道风险评估费	√		
		8. 高可靠性供电费			
		9. 地方电源T接费		√	

续表

阶段划分	编号	工程及费用名称	湖杭公司负责实施	沪昆公司负责实施	备注
		10. 电源间隔费		√	
		16. 市政管网建设费	√		
		17. 桥墩防撞设施		√	
		18. 助航导航标志	√		
		19. 航道整治费		√	
		20. 海事航道配合费		√	
		21. 金竹湾隧道安全风险评估	√		
		23. 路基风险评估	√		
		24. 露天开采安全评估	√		
		29. 建设项目土地报批	√		
		31. 电磁保护费用		√	
		32. 水土保持设施补偿费	√	√	
		33. 地质勘探监理费用			
		35. 富春江主跨健康监测系统	√	√	
		36. 其他	√		地方包干范围
		以上各章合计	√		已委托杭黄公司代建
十二	32	基本预备费	√		需补偿沪苏湖铁路公司
		综合开发用地费用（暂列）	√		拟委托沪沪铁路公司代建
		铁总鉴函（2018）504号文批复桐庐站同步实施工程投资	√		需同步实施，资金需由湖杭公司负责落实。
		承担沪苏湖铁路湖州特大桥部分结构调整增加投资（暂列）			

续表

阶段划分	编号	工程及费用名称	湖杭公司负责实施	沪昆公司负责实施	备注
		承担引入沪苏湖铁路湖州东站及康山线路所等同步实施工程（暂列）			拟委托沪苏沪铁路公司代建
		新建杭温Ⅱ期承担跨富春江桥梁预留3、4线及两端引线同步实施工程	√		需同步实施，资金需由湖杭公司负责落实。
十三	33	价差预备费			
十四	34	建设期投资贷款利息	√		
十五	35	机车车辆（动车组）购置费	√		
十六	36	铺底流动资金	√		

注：1. "√"——负责某项工作；"O"——协助某项工作。
2. 此表为合同附件，与合同正文的约定不一致时，以合同正文为准。
3. 此表的工作界面安排为参考适用，可根据合同签订实际情况增补或删减，具体由双方协商确定。

（3）杭温铁路二期

2020年10月签订委托代建合同。对照上述标准，代建范围不含概算隔声窗。杭温铁路Ⅱ期委托代建工作界面见表4-2。

表4-2 杭温铁路Ⅱ期委托代建工作界面表

阶段划分	编号	工作任务分类	甲方	乙方	备注
项目前期及开工准备	1	项目前期手续	√		
	2	建设用地相关工作	√		
	3	勘察、设计招标	√		
	4	项目前期咨询服务类招标	√		
	5	施工图设计管理	O	√	
	6	施工图设计审核	O	√	

续表

阶段划分	编号	工作任务分类	甲方	乙方	备注
项目前期及开工准备	7	施工、监理、甲供物资招标		√	
	8	第二方监测等项目实施期咨询服务类招标		√	
	9	质量监督备案	○	√	
	10	建设工程施工许可等报建手续办理	√	○	
项目实施	11	征地拆迁	√	○	
	12	外部协调	√	○	
	13	投资控制	○	√	
	14	建设资金筹集	√		
	15	工期进度控制		√	
	16-	质量控制		√	
	17	安全控制		√	
	18	技术管理		√	
	19	Ⅰ类变更设计审核	√	○	
	20	Ⅱ类变更设计审批	○	√	
	21	环保水保管理	○	√	
	22	文明施工		√	
	23	参建单位考核评价	○	√	
项目竣工验收及收尾	24	工程验收	○	√	
	25	安全评估	○	√	
	26	工程移交		√	
	27	工程档案验收及移交			

注：1. "√"——负责某项工作；"○"——协助某项工作。
2. 此表为合同附件，与合同正文的约定不一致时，以合同正文为准。
3. 此表的工作界面安排为参考适用，可根据合同签订实际情况增补或删减，具体由双方协商确定。

（4）衢丽铁路一期

2021年5月签订委托代建合同。对照上述标准，代建范围不含改移道路、人行天桥、立交桥综合排水、砍伐与挖根、改河（沟渠）、隔声窗、防洪评估处理（涉河涉堤）、临时用地费等概算全部内容；不含既有金温线改线工程 2.377 km/h 单线；不含落实防洪评估处理（涉河涉堤）工程。原应纳入施工单位合同的临时用地、涉河涉堤、三改等工程，因衢丽公司与施工单位无合同关系，需依托代建单位督促施工单位配合临时用地相关事宜。同时，道路改移、改河（沟渠）、防洪评估处理（涉河涉堤）等不在地方包干范围内，需要重新组织招标，增加了项目建设推进风险和难度。

新建衢州至丽水铁路松阳至丽水段工程委托代建工作界面见表 4-3，新建衢州至丽水铁路松阳至丽水段工程委托代建工作界面见表 4-4。

表 4-3　新建衢州至丽水铁路松阳至丽水段工程委托代建工作界面表

阶段划分	编号	工作任务分类	甲方	乙方	备注
项目前期及开工准备	1	项目前期手续	√		
	2	建设用地相关工作	√		
	3	勘察、设计招标	√		
	4	项目前期咨询服务类招标	√		
	5	施工图设计管理	√	√	
	6	施工图设计审核	√	√	
	7	施工、监理、甲供物资招标	○	√	
	8	实施期咨询服务类招标	○	√	
	9	安全质量监督备案		√	
	10	建设工程施工许可等报建手续办理	√	○	
项目实施	11	征地拆迁等提供施工场地相关工作	√	○	
	12	外部协调	√		
	13	小临用地	○	√	
	14	投资控制	○	√	
	15	建设资金筹集	√		
	16	工期进度控制		√	
	17	质量控制		√	
	18	安全控制		√	

续表

阶段划分	编号	工作任务分类	甲方	乙方	备注
项目实施	19	技术管理		√	
	20	Ⅰ类变更设计审核	√	○	
	21	Ⅱ类变更设计审批	○	√	
	22	环保水保管理	○	√	代建范围内
	23	文明施工	○	√	
	24	参建单位考核评价	○	√	
项目竣工验收及收尾	25	工程验收	√	○	
	26	安全评估	√	○	
	27	工程移交	○	√	
	28	概算清理	√	√	
	29	工程档案验收及移交	○	√	

注：1. "√"——负责某项工作；"○"——协助某项工作。
  2. 此表为合同附件，与合同正文的约定不一致时，以合同正文为准。
  3. 此表的工作界面安排为参考适用，可根据合同签订实际情况增补或删减，具体由双方协商确定。

表 4-4　新建衢州至丽水铁路松阳至丽水段工程委托代建工作界面表

阶段划分	编号	工作任务分类	甲方	乙方	备注
项目前期及开工准备	1	项目前期手续	√		
	2	建设用地相关工作	√		
	3	勘察、设计招标	√		
	4	项目前期咨询服务类招标	√		
	5	施工图设计管理	○	√	
	6	施工图设计审核	○	√	
	7	施工、监理、甲供物资招标	○	√	
	8	实施期咨询服务类招标	○	√	
	9	安全质量监督备案		√	
	10	建设工程施工许可等报建手续办理	√	○	

续表

阶段划分	编号	工作任务分类	甲方	乙方	备注
项目实施	11	征地拆迁等提供施工场地相关工作	√	○	
	12	外部协调	√	○	
	13	小临用地	○	√	
	14	投资控制	○	√	
	15	建设资金筹集	√		
	16	工期进度控制		√	
	17	质量控制		√	
	18	安全控制		√	
	19	技术管理		√	
	20	Ⅰ类变更设计审核	√	○	
	21	Ⅱ类变更设计审批	○	√	
	22	环保水保管理	○	√	代建范围内
	23	文明施工	○	√	
	24	参建单位考核评价	○	√	
项目竣工验收及收尾	25	工程验收	√	○	
	26	安全评估	√	○	
	27	工程移交	○	√	
	28	概算清理	○	√	
	29	工程档案验收及移交	○	√	

注：1. "√"——负责某项工作；"○"——协助某项工作。

2. 此表为合同附件，与合同正文的约定不一致时，以合同正文为准。

3. 此表的工作界面安排为参考适用，可根据合同签订实际情况增补或删减，具体由双方协商确定。

（5）金建铁路

2021 年 6 月签订委托代建合同（当时委托及受托双方均为国铁内部单位）。对照上述标准，代建范围不含临时用地报备。

211

新建金华至建德高速铁路委托代建工作界面见表4-5。

表4-5 新建金华至建德高速铁路委托代建工作界面表

阶段划分	编号	工作任务分类	甲方	乙方	备注
项目前期及开工准备	1	项目前期手续	√		
	2	建设用地相关工作	√		
	3	勘察、设计招标	√		
	4	项目前期咨询服务类招标	√		
	5	施工图设计管理	○	√	
	6	施工图设计审核	○	√	
	7	施工、监理、甲供物资招标	○	√	
	8	实施期咨询服务类招标	○	√	
	9	安全质量监督备案		√	
	10	建设工程施工许可等报建手续办理	√	○	
项目实施	11	征地拆迁等提供施工场地相关工作	√	√	
	12	外部协调	√	○	
	13	小临用地	○	√	
	14	投资控制	○	√	
	15	建设资金筹集	√		
	16	工期进度控制		√	
	17	质量控制		√	
	18	安全控制		√	
	19	技术管理		√	
	20	Ⅰ类变更设计审核	√	○	
	21	Ⅱ类变更设计审批	○	√	
	22	环保水保管理	○	√	代建范围内
	23	文明施工	○	√	
	24	参建单位考核评价	○	√	

续表

阶段划分	编号	工作任务分类	甲方	乙方	备注
项目竣工验收及收尾	25	工程验收	√	○	
	26	安全评估	√	○	
	27	工程移交	○	√	
	28	概算清理	√	√	
	29	工程档案验收及移交	○	√	

注：1. "√"——负责某项工作；"○"——协助某项工作。

2. 此表为合同附件，与合同正文的约定不一致时，以合同正文为准。

3. 此表的工作界面安排为参考适用，可根据合同签订实际情况增补或删减，具体由双方协商确定。

4.3 本章小结

本章从立项决策、建设准备、勘察设计、工程实施、竣工验收等阶段实施出发，结合浙江（交投）铁路建设总指挥下辖5个分指挥部现有的工程建设经验，归纳总结以往自主建设和委托代建工作中存在的不足。针对上述问题，提出了"共建共管"模式下的解决方案，为浙江省"共建共管"模式的建设提供理论与实践指导。

第5章 浙江省地方铁路"共建共管"实施效果评价

本章通过引入项目管理成熟度的概念，介绍项目管理的评价方法、各项评价因素以及评价等级的确定，通过评价体系综合运算"共建共管"的实施效果。最后，结合实际项目对"共建共管"实施效果进行综合评价。

5.1 地方铁路项目评价理论的重要性

地方铁路建设项目对于国家经济发展的意义重大，是经济得以扩大发展的重要前提。铁路建设项目通常具有资金投入大、建设周期长、资金回收慢的特点，针对铁路建设项目开展经济评价，有非常现实的指导意义。[1]

（1）促进铁路投资效益提高，实现铁路规划良性发展

获取良好的经济效益才是铁路建设形成市场竞争力、实现良性循环发展的基础。科学合理的经济评价，能够为铁路建设项目的精准投资提供理论依据，保证可预期的投资收回，继而促进铁路建设市场取得良好的经济效益。

（2）促进铁路向市场化经济并轨，强化项目的投资决策性

为有效规避以往由国家规划决策建设铁路项目开展投资的经济制约影响，地方铁路需要从市场需求的角度出发，站在投资方、经营管理者、旅客、货运对象等多元化利益主体的立场上，客观评判铁路建设项目的优劣势，强化地方铁路根据市场规律开展投资决策的主导能力，而铁路建设项目开展经济评价工作正是为了达到这个目的。

---

[1] 张冶. 地方铁路建设业主方项目管理成熟度评价研究[D]. 杭州：浙江大学，2020.

(3) 促进地方铁路资产经营责任制的落实

地方铁路实施资产责任制的目的旨在更好地促进铁路资产实现增值保值。在计划经济体制下,未对铁路建设项目开展科学的经济评价,造成项目重复、低效运营的情况较多,难以保障铁路资产的产出效益。然而,在市场经济条件下则完全不同,建设铁路项目需要转变观念、确定责任,谨慎开展经济评价,在设计初期就必须保障铁路建设的高效运营。

5.2 地方铁路项目评价的特点

(1) 地方铁路在造价投资上要低于国铁

首先,在技术层面上,地方铁路的建设技术不如国铁,这会大幅度减少铁路建设的投资成本。地方铁路以满足地方使用为主,铁路建设等级则是参照区段运输量、可投放资金量并结合相邻已建成铁路情况来综合权衡进行确定。在一般情况下,地方铁路的一级标准还低于国铁二级标准,而此处所指铁路技术主要为线路的限定坡度、牵引种类、最小曲线半径等。所以,当这些铁路建设技术标准要求偏低时,则可相应节省工程总量,达到减少投入资金的目的。其次,地方铁路在投资概算编制中的某些费用事项及取费标准也存在较大差异,这是因为它们在概算执行上所参考的文件不同。地方铁路主要以《地方铁路基本建设工程设计概算编制方法》为指导,该办法结合了地方铁路的特点,因此可在编制中合理降低间接性费用、计划利润费率、工程材料费等,不仅在一定程度上减少了工程造价,也使地方资源得到充分利用,促进地方经济的发展。

(2) 地方铁路筹资渠道更为多元化

与国铁相比较而言,地方铁路的筹资渠道要多元和广泛一些。由于市场经济的快速发展,我国地方铁路的投融资方式更灵活,如政府投资、国内外贷款、国内债券、市场融资、吸纳私人资本、融资租赁以及土地合作等。

(3) 地方铁路可享受本地政府的优惠性政策

基于地方铁路建设对于拉动经济内需有极大的作用,因此本地政府自然会提供相应的经济与政策支持。比如,予以减免税收,实施土地征用政策,或准许开展多种经营等。

（4）地方铁路建设项目的基础数据体现出区域性

地方铁路项目的承建方多为本地区施工单位，大批量使用民工群体，因此在国民经济评价指标上的影子工资换算系数则可相应降低；土建工程所使用的基本上也是地方人工和材料，在单价与费率上则采用的省市规定，这与国铁均存在不同。此外，地方铁路一般都会建立管理机构，投资中酌情列支开办费用，铁路作为延递资产在运营期存在不低于5年的摊销。通常，地方铁路在运价制定上以保本、还贷与微利润原则来综合设定，同时要权衡考虑与公路、水路运价的竞价标准。在还贷期间，地方铁路运价可通过基本运价外加还贷附加运价合并制定，且在租赁国铁机车的前提下其建设期可不计投资费用，运营期租赁费则开始列入运营支出。

（5）地方铁路的运营成本要高于国铁

根据铁路客货运相关成本因素分析，铁路线路的限定坡度越大，空车率越高，其营运成本就越高。由于地方铁路建设等级偏低，所以设计限坡较大。其次，地方铁路的另一特点就是线路以资源开发为主，大宗货物由资源地流出，而基于这些地区多为经济较落后区域，进出货量形成严重不平衡，铁路运输的空车率自然增高，继而构成较高的运营成本。

5.3 地方铁路项目评价计算理论及方法

5.3.1 铁路建设项目管理成熟度评价理论

项目管理成熟度表达的是一个组织（通常是一个企业）具有的按照预定目标和条件成功地、可靠地实施项目的能力。严格地讲，项目管理成熟度指的是项目管理过程的成熟度。

项目管理成熟度模型作为一种全新的理念，为企业项目管理水平的提高提供了一个评估与改进的框架。项目管理成熟度模型在项目管理过程的基础上把企业项目管理水平从混乱到规范再到优化的进化过程分成有序的五个等级，形成一个逐步升级的平台。其中，每个等级的项目管理水平将作为达到下一更高等级的基础，企业项目管理成熟度不断升级的过程，也就是其项目管理水平逐步积累的过程。借助项目管理成熟度模型，企业可找出其项目管理中存在的缺陷，并识别出项目管理的薄弱环节；同时，通过对项目管理水平的改进，来形成对项目管理的改进策略，从而稳步改善企业的项目管理水平，使企业的项目管理能力持续提高。

本章主要对进行铁路施工项目管理成熟度评价的流程与步骤以及几种常用的评价方法进行说明，包括层次分析法、信息熵法、层次分析与信息熵法相结合、灰色评价法以及模糊综合评价法，并列举各方法的优缺点，提出本书将使用的评价方法，即层次分析法，获取指标权重，再结合灰色综合评价法进行等级界定。最后，通过对实例金台铁路项目的建设管理进行模型分析，得出"共建共管"模式的具体实施效果。①

5.3.1.1 铁路建设项目管理成熟度评价的流程与步骤

在铁路建设项目中，企业运用 PMMM 可以充分利用资源，同时还能根据相关需改进的内容制订改善计划与方针，具体的流程如图 5-1 所示。

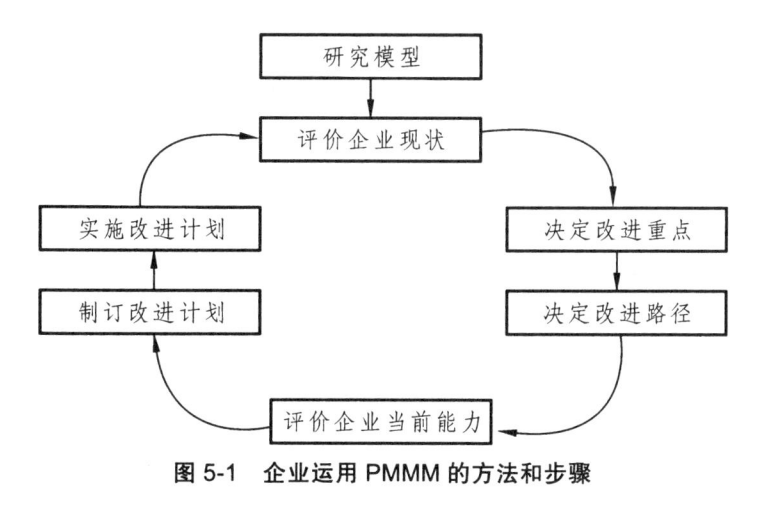

图 5-1 企业运用 PMMM 的方法和步骤

---

① 许凯. 项目管理成熟度模型在冷水机组研发项目的应用研究[D]. 上海：上海交通大学，2012.

具体工作步骤如下。

（1）前期准备工作

这是整个环节中最初始也是不可或缺的一步。它为这一阶段的工作尤其是后期工作提供条件，是让组织内的主要决策者掌握项目管理模式的理论基础、使用方法、模式结构和使用过程。

（2）评估现状

在这个阶段，用项目管理成熟度来评估企业项目管理的能力。企业可以根据评价结果，认识自己的管理水平，对缺陷进行改进和完善，从而为后续措施打下良好的基础。

（3）确定改善和优化的计划

在评价阶段，企业对自身的管理能力和不足有了明确的认识，应针对开发改进措施，确定改进方向。

（4）实施改善和优化的计划

制订改进方案后，进行实施，帮助企业提高项目管理水平，这是整个过程中最重要的阶段。管理人员根据改进计划，针对初始管理流程和组织管理进行改进，提高项目管理能力。

（5）重复进行

经过改进后，企业应使用模型再次对项目进行管理成熟度评价，若评价结果不符合要求，则应根据评价结果继续改进，循环进行，直到评价结果符合项目要求为止。

企业只有通过不断发现自身需要改进的方面，实时评估企业的当前项目管理能力，不断改善，以获得更为有利的计划，使得企业能够取得相关绩效。而在高速铁路的施工企业中，也可以借鉴其他相关的项目管理成熟度模型，结合项目本身的特点进行相应的调整运用。另外，在应用模型的过程中，也需要注意相关的策略：

① 应构建并使用符合实际情况的项目管理成熟度模型，根据企业的发展规划制定合适的策略。在一定程度上，项目管理成熟度模型的应用可以让企业了解自身的实际情况，为后续制定一系列相关战略规划奠定基础。

② 应增加模型的使用效率，根据模型进行评价，获得适合企业与项目本身的改进方案。只有当企业的高层意识到管理模型应用的重要性时，才会更加深入推进模型的应用，从而提供更多的资源支持项目。

③ 应当建立专业的咨询机构，更好地在项目中利用模型。专业的咨询机构，能够为企业提供专业的项目管理咨询帮助，能够对企业的各方面进行评估并提出改进方法，同时也能让企业发展方向更有针对性，并且还能为企业的后续发展提供合理帮助。

应当建立和完善企业的相关管理制度，加大培训力度，提高员工工作意识和素质。健全的管理制度对每个企业来说都是十分重要的，只有建立健全的管理制度，才能做到对员工的"奖惩"到位，增强员工的工作积极性。

5.3.1.2 项目管理的评价方法

相对于评价指标体系的研究来说，综合评价方法的研究更具备前瞻性，它能够解决共性问题。评价都应该用客观与科学取代主观刻板，尤其是评价结果可能会产生不容小觑的影响力时。而在综合评价过程中，评价的内容越多，其复杂性越高，而针对不同的评价内容，应用的方法也不尽相同，所牵涉的研究层面广泛而又复杂。因此，许多学者对其进行了大量的研究。同时也发现，不同的评价对象，评价内容、范围等不同，所应用的评价方式也并不相同。评价分为定性和定量两种，根据评价对象的内容决定使用的评价方式。其中，定性评价的方法有专家打分法和神经网络等；定量的方法有模糊综合评价法、灰色关联综合评价法和数据包络分析法等。本研究对各个评价方法的概念与步骤进行了描述，最终选取了层次分析法获取各指标权重，通过获得的权重进行灰色综合评价，并获取各指标项对应的成熟度评价等级。常用综合评价方法见表 5-1 所示。

表 5-1 常用综合评价方法比较与汇总

名称	内容	特点
模糊综合评价法	通过函数,将研究指标量化	评价指标只需有模糊评价值,再通过函数进行评价
关联矩阵法	用于指标权重的确定	这类方法针对数量不大的指标是非常有利的,但是对于繁杂的指标来说,制定评分标准就会很复杂,而层次分析法容易确定评价指标权重,指标的量化分析也难以实现
评价法	将评价对象划分等级、打分	
层次分析法	用相对量的比较解决多层次结构的问题,通过判断矩阵进行权重计算	
数据包络分析法	对同类型中位相对有效性进行评价,基于组标准来确定相对有效生产前沿面,以相对效率为基础,按多指标投入和多指标产出,基于组标准来确定相对有效生产前沿面	用于评价多输入、少输出的系统,通过一定技术找出需要改进的环节,该方法难以表达出评价单位的实际发展水平,因而对铁路施工安全管理评价不适合

（1）层次分析法

Thomassethi 在 20 世纪 70 年代将定量分析与定量分析相结合,基于相关的研究理论,建立了一种解决复杂决策问题的方法,被称为层次分析法。

通过对可能影响解决问题的因素进行层次分析,确定要素层次的重要性,建立评价模型。然后,根据这个想法来量化不同层次的决定因素的计算标准,这样就可以用这个模型来评价不同的对象,然后再决策。定性与定量相结合的方法,能避免人们主观上的影响,给出足够客观的判断。

（2）灰色关联度法

很多情况下获取的数据是不能直接使用的,尤其涉及数据的排列时。然而,灰色关联度能够解决上述问题,并且计算方便。

（3）专家打分法

专家根据经验有时可能更快更好地得出需要大量数学公式才能计算出的结果,而且更为贴切实际情况。

（4）问卷调查法

专家根据经验能更快地得到结果，但不可避免地会出现因主观因素而影响权重的计算的情况。通过问卷调查法，可以收集不同专业背景与经验的人员对各指标的评价，这样的结果相对更客观。

5.3.1.3 评价因素与评价等级的确定

通过上文对相关概念的阐述，以及对铁路建设项目管理成熟度评价指标的分析，下面将从项目管理和组织层面进行管理成熟度综合评价。项目管理层面评价指标要素集合为 $A = \{A_1, A_2, \cdots, A_n\}$，$A = \{A_{n_1}, A_{n_2}, \cdots, A_{n_m}\}$ 为细分的成熟度指标要素，组织层面 B 的项目管理指标集合同上。

本书设置了一级、二级指标分别有 10、49 个，作为铁路项目管理评价内容，具体为：$A = \{A_1, A_2, \cdots, A_{10}\}$ = {质量管理、进度管理、成本管理、合同管理、信息及沟通管理、风险管理、资源管理能力、安全与环境管理、采购管理、安全管理}。该项目组织层面 B 为 1 个一级指标、6 个二级指标，分别为一级组织管理，二级有绩效评估的合理性、战略规划管理能力、人力资源管理、项目组织结构与企业文化、项目团队办事效率、与各方的沟通协调能力。

5.3.1.4 指标体系综合评价的计算

——指标权重的确定

（1）用层次分析法确定指标权重

建立 n 个评价指标，记 $J = (1, 2, \cdots, n)$ 为下标集合，$A = (\alpha_{ij})_{n \times n}$ 是研究中的判别矩阵，通过各项对比分析，计算获得权重，由 $\overrightarrow{A_W} = \lambda_{\max}(A)\overrightarrow{w}$ 得出 $\overrightarrow{w} = (\overrightarrow{w_1}, \overrightarrow{w_2}, \cdots, \overrightarrow{w_n})^T$，$A$ 的特征值是 $\lambda_{\max}(A)$。

$CR(A) = (\lambda_{\max}(A) - m)/[(m-1)RT]$ 为 A 的一致性判别，一次性随机判别为 RI 为随，若 $CR(A) \leq 0.1$，则认为 A 满足一致性，进而获得评价对象的权重 $\overrightarrow{w}$。

（2）信息熵法确定指标权重

熵可以用来测量某个信息中期望的信息量，但它还是个具备不确定性的指标，认为广泛的分布比具备更大的不确定性，也是社会科学中一个非常重要的概念。

方案的信息可以由熵值进行度量，能消除各信息的差异。但是一个属性评价值 X_{ij} 的意义是由所有方案对于属性不同的评价决定的，应该按照所有方案对于属性的平均内涵信息来修改。

有 m 方案，n 属性的多属性决策问题的决策矩阵 D 如下：

$$D = \begin{bmatrix} x_{11} & x_{12} & \cdots & x_{1n} \\ x_{21} & x_{22} & \cdots & x_{2n} \\ \vdots & \vdots & \ddots & \vdots \\ x_{m1} & x_{m2} & \cdots & x_{mn} \end{bmatrix}$$

定义 P_{ij} 为

$$P_{ij} = x_{ij} / \sum^{m} x_{ij}, (i=1,2,\cdots,m;\ j=1,2,\cdots,n);$$

定义方案关于属性 j 的熵 E_j 为

$$E_j = -k \sum^{m} P_{ij} \ln p_{ij},\ (i=1,2,\cdots,m;\ j=1,2,\cdots,n)$$

这里的 k 是一个常量，$k = (\ln p_{ij})^{-1}$，这保证了 $0 \leq E_j \leq 1$。

定义信息偏差度 d_j 为

$$d_j = 1 - E_j,\ (j=1,2,\cdots,n)$$

权重的平均化需要定义权重 w_j 的值，即

$$w_j = d_j / \sum^{n} d_j,\ (j=1,2,\cdots,n)$$

（3）AHP 与信息熵法相结合确定综合权重

AHP 方法具有两面性，它的优点是能够充分利用专家的意见，但是专家的意见有时具备主观性，会直接影响评判人员对项目的评价。然而，信息熵法是根据科学计算的，获得的结果相对性也更好。将主客观性统一结合使用，利用 AHP 与信息熵法这两种特点不一且互补的方法进行评价，记层次分析法所得权重为 λ_j，那么可以利用 w_j，进一步修正权重，得到高精度的估计权重 w_j^0。计算公式如下：

$$w_j^0 = \lambda_j w_j / \sum^{n} \lambda_j w_j,\ (j=1,2,\cdots,n)$$

——模糊综合评价方法原理

模糊综合评价法是一种在模糊背景下考虑多个因素的综合评价方法，基于综合数学分析。因为模糊综合评价法具备多目标决策性，根据目标要求，获取解决多个方面问题的办法，同时也解决了传统数学存在的问题。它具备扩展性强的特点，使得它能够更广泛地应用，同时十分符合如今的管理要求与思想，带来了良好的社会与经济效益。它的原理如下。

设有两个限域：$U=\{x_1 x_2 \cdots x_n\}$，$V=\{y_1 y_2 \cdots y_n\}$。

其中 U——指标集，指的是综合评价的多种指标组成的集合。

V——决定集，指的是多种结果构成的集合。

一般来说，事情是由因素决定的，集中因素的影响是不确定的，所以因素权重分配是一个模糊向量，记为：$A=(a_1 a_2 \cdots a_n)\in F(U)$。

另外，m 个评价结果不全相同，都存在是与否的概率。所以，产生的评价结果也可以看作一个模糊集，记为：$B=(b_1 b_2 \cdots b_n)\in F(V)$。

若存在从 U 到 V 的模糊关系 $R=(R_{ij})$，通过 R 就可以得到一个模糊变换。

由（U，V，R）构成模糊综合评价数学模型，输入权重向量 $A=(a_1 a_2 \cdots a_n)\in F(U)$ 即可得 $B=(b_1 b_2 \cdots b_n)\in F(V)$，即

$$B=(a_1 a_2 \cdots a_n)\cdot \begin{bmatrix} r_{11} & r_{12} & \cdots & r_{1m} \\ r_{21} & r_{22} & \cdots & r_{2m} \\ \vdots & \vdots & & \vdots \\ r_{n1} & r_{n2} & \cdots & r_{mm} \end{bmatrix}$$

——灰色关联度的灰色综合评价

灰色综合评价方法是根据评价对象的特点，基于综合灰色模型和一般综合评判模型，得出评价矩阵，又根据评判函数获得评价对象指标值，从而根据结果确定优劣，是一种定量的评价方法。以三层次评价结构为例，评价目标最高层是 U，中间层的准则层评价指标为 U_1，U_2，$\cdots$，U_m，标准层指标为最底层评价指标 U_{ij}，$i=1,2,\cdots,m$；$j=1,2,\cdots,n$；$U=\{U_1,U_2,\cdots,U_m\}$，$U_i=\{U_{i1},U_{i2},\cdots,U_{im}\}$。

灰色综合评价指标体系如图 5-2 所示。

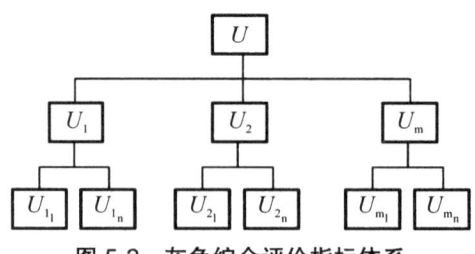

图 5-2 灰色综合评价指标体系

① 获得评价体系中各指标权重。

② 确定指标体系中各项评分等级标准。这是因为相关指标的获取由于评价对象不同，产生的主观影响也不同，这就需要借助一个标准来衡量指标评价的等级。

③ 通过邀请相关专家进行打分，确定评价样本矩阵。邀请相关的专家对所建立的项目中的每个指标进行评审，然后收集所有的数据，确定评估结果。现在以 p 个专家的评论为例，样本矩阵记为：

$$D = (d_{ijk})_{(n_1+n_2+\cdots+n_m)\times p}$$

其中 d_{ijk} 是第 k 位专家对评价指标 U_{ij} 的评分。

$$D = \begin{bmatrix} d_{111} & d_{112} & \cdots & d_{11p} & U_{11} \\ d_{121} & d_{122} & \cdots & d_{12p} & U_{12} \\ & & M & & M \\ d_{1n_1 2} & d_{1n_1 2} & \cdots & d_{1n_1 p} & U_{1n_1} \\ d_{211} & d_{212} & \cdots & d_{21p} & U_{21} \\ & & M & & M \\ d_{2n_1 1} & d_{2n_2 2} & \cdots & d_{2n_2 p} & U_{2n_2} \\ & & M & & M \\ d_{m11} & d_{m12} & \cdots & d_{m1p} & U_{m1} \\ d_{m21} & d_{m22} & \cdots & d_{m2p} & U_{m2} \\ & & M & & M \\ d_{mn_m 1} & d_{mn_m 2} & \cdots & d_{mn_m p} & d_{mn_m} \end{bmatrix} = (d_{ijk})_{(n_1+n_2+\cdots+n_m)\times p}$$

其中，$i=1,2,L,m$；$j=1,2,L,n$；$k=1,2,L,p$。

④ 确定灰类评价指标。确定灰色关联分析的指标，需要对评价对象的

问题进行属性关联。存在评价灰类 g 有 C_1, C_2, L, C_g，其序号为 $\ell(\ell=1,2,L,g)$，$f_1(d_{ijk})$，$f_2(d_{ijk})$，L，$f_g(d_{ijk})$ 为对应的白化权函数。当前应用比较广泛的白化权函数有以下三种：

第一，上端级。灰数为 $\otimes \in [d_1, \infty]$。

$$f_1(d_{ijk}) = \begin{cases} d_{ijk}/d_1 & d_{ijk} \in [0, d_1] \\ 1 & d_{ijk} \in [d_1, \infty] \\ 0 & d_{ijk} \in [-\infty, 0] \end{cases}$$

第二，上端级。灰数为 $\otimes \in [0, d_2, 2d_2]$。

$$f_2(d_{ijk}) = \begin{cases} d_{ijk}/d_2 & d_{ijk} \in [0, d_2] \\ 2 - d_{ijk}/d_2 & d_{ijk} \in [d_2, 2d_2] \\ 0 & d_{ijk} \notin [0, 2d_2] \end{cases}$$

第三，上端级。灰数为 $\otimes \in [0, d_3, 2d_3]$。

$$f_3(d_{ijk}) = \begin{cases} 1 & d_{ijk} \in [0, d_3] \\ 2 - d_{ijk}/d_3 & d_{ijk} \in [d_3, 2d_3] \\ 0 & d_{ijk} \notin [0, 2d_3] \end{cases}$$

我们根据以上公式可以知道，每一个函数图都有一个过渡点，称为阈值。两种方法得到两个阈值，一种是通过相关规则或经验获取中间值，另一种是通过专家评价矩阵获得最大、最小和中间值。相对阈值，我们记其阈值分别为 λ_1，λ_2，L，λ_g。

⑤ 计算指标层相关指标的灰色评价权。根据相关理论，定义评价组中每位专家给予的评价值为一个灰数，记 p 位专家针对 U_{ij} 的评价值为 d_{ij1}, d_{ij2}，L，d_{ijp}，故该 U_{ij} 属于第 ℓ 个评价灰类 C_ℓ 的白化权，分别为 $f_2(d_{ij1})$，$f_2(d_{ij2})$，L，$f_2(d_{ijp})$；全体专家评定 U_{ij} 属于第 e 个评价灰类 C_ℓ 的总白化权记为 x_{ije}，即

$$x_{ije} = \sum_{k=1}^{p} f_e(d_{ijk})$$

而 U_{ij} 属于各个评论灰色的总白化权记为 x_{ij}，

$$x_{ij} = \sum_{e=1}^{g}\sum_{k=1}^{p} f_e(d_{ijk}) = \sum_{e=1}^{g} x_{ije}$$

强烈程度需要通过比值确定，数值越大，则强度越大，进而说明 P 位专家偏向于认为 U_{ij} 属于灰类 C_ℓ，则认为这个比值是 U_{ij} 属于灰类 C_ℓ 的灰色评价权，记为 r_{ije}，即

$$r_{ije} = \sum_{k=1}^{p} f_e(d_{ijk}) \Big/ \sum_{e=1}^{g}\sum_{k=1}^{p} f_e(d_{ijk}) = x_{ije}/x_{ij} \ (e=1,2,\cdots,g)$$

$$r_{ije} = (r_{ij1}, r_{ij2}, L, r_{ijg}) \ (i=1,2,\cdots,n)$$

U_i 的灰色评价权矩阵 R_i 为：

$$R_i = \begin{bmatrix} r_{i1} \\ r_{i2} \\ M \\ r_{inj} \end{bmatrix} = \begin{bmatrix} r_{i11} & r_{i12} & L & r_{i1g} \\ r_{i21} & r_{i22} & L & r_{i2g} \\ & & M & \\ r_{inj1} & r_{inj2} & L & r_{injg} \end{bmatrix} \ (i=1,2,\cdots,m)$$

⑥ 对准则层指标 U_i 作综合评价。准则层指标 U_i 由 U_{i1}，U_{i2}，$\cdots$，U_{in} 组成，计算权重，可以得到 U_i 权向量 A_i，记 $A_i = (a_{i1}, a_{i2}, L, a_{in})$，进而知道 U_i 的灰色综合评价权向量为：

$$B_i = A_i \cdot R_i = (b_{i1}, b_{i2}, L, b_{ig})$$

⑦ 对评价目标 U 作综合评价。评价目标 U 由指标 U_{i1}，U_{i2}，$\cdots$，U_{im} 组成，其指标权重向量记为 $A = (a_1, a_2, L, a_n)$，故而得到 U 的灰色评价权向量为：

$$B = A \cdot R = (b_1, b_2, L, b_g)$$

其中矩阵 R 由向量 B_1，B_2，L，B_m 组成，即

$$R = \begin{bmatrix} B_1 \\ B_2 \\ M \\ B_m \end{bmatrix} = \begin{bmatrix} b_{11} & b_{12} & L & b_{1g} \\ b_{21} & b_{22} & L & b_{2g} \\ & & M & \\ b_{m1} & b_{m2} & L & b_{mg} \end{bmatrix}$$

——计算相应灰色综合评价值，得到评价结论

$B = (b_1, b_2, L, b_g)$ 为指标体系中各个指标属于各评价灰类的程度的集合。B 的结果，由于模糊评价相关原则，以最大权值为对应指标的所属等级，即

$b_r = \max(b_1, b_2, L, b_g)$，则认为该指标为第 L 类。

然而因为数据的缺失，评价结果可能会产生不可避免的影响。因此，我们进一步将灰类赋值，将权向量 $B = (b_1, b_2, L, b_g)$ 单值化，g 个评价灰类 C_1，C_2，L，C_g 的函数值为 λ_1，λ_2，L，λ_g，从而计算评价值为：

$$W = B \cdot (\lambda_1, \lambda_2, L, \lambda_g)^T = b_1\lambda_1 + b_2\lambda_2 + L + b_g\lambda_g$$

W 为灰数，计算 W 属于每个评价灰类的白化权 $f_1(W)$，$f_2(W)$，L，$f_g(W)$，根据最大原则我们决定 W 所属的灰类。

5.3.1.5 铁路施工项目管理成熟度模糊综合评价模型的建立

——铁路施工项目管理成熟度模糊综合评价模型

（1）相关模糊集的定义

模糊集的定义需要先确定隶属函数，并通过隶属函数来表达模糊集。就高速铁路施工项目管理来说，选择等腰三角形的隶属函数较为适当。这种隶属函数的显著性特征主要是由两点，即三角形底边的两点决定的。

（2）模糊平均值的基本计算公式

设 A 和 B 是两个模糊集，隶属函数分别是底边为 $[X, Y]$ 和 $[V, W]$ 的等腰三角形函数，则 A 和 B 的相关运算也是模糊集，隶属函数还是等腰三角形函数，对应的底边分别由下面的公式确定：

$$[x, y] + [v, w] = [(x+v), (y+w)]$$
$$[x, y] \times [v, w] = [\wedge(xv, xw, yv, yw), \vee(xv, xv, yv, yw)]$$
$$[x, y] \div [v, w] = \left[\frac{x}{v}, \frac{y}{w}\right]$$

采用模糊平均算法时，通过评价对象的成熟度与标度计算总体成熟度，从而获取等级评价的公式为：

$$M_I = \frac{\sum_{i=1}^{n} M_i \times S_i}{\sum_{i=1}^{n} S_i}$$

在铁路施工项目管理成熟度的评价过程中，存在许多的影响因素，会出现不同的评价结果。例如，不同层级的管理者对评价对象的看法会受他们的层次、知识结构等左右，会出现不同结果。因此，本书在评价铁路施工项目管理成熟度时，引用了影响因子，并定义了各层次的影响因子。

获取管理者不同的项目管理成熟度的公式为：

$$M'_{iI} = \sum_{I=1}^{n'_i} M_{iI} \xi_I J_I$$

$$\xi_I = \frac{X_I}{\sum_{I=1}^{5} X_I J_I}$$

参与铁路项目管理的各方项目管理对象的评价结果计算式为：

$$M = \frac{\sum_{i=1}^{n} M'_{iI} \times S_i}{\sum_{i=1}^{n} S_i}$$

施工安全管理评价级别影响因子如表 5-2 所示。

表 5-2　施工安全管理评价级别影响因子

身份	项目经理	主要施工项目副经理	项目总工	安全质量总监或部长	安全员
影响因子	5	4	3	2.5	1

铁路施工安全管理评价可信度函数：

$$Y = 1 - \frac{5}{3\sum_{i=1}^{5} N_i X_i + 5}$$

式中，Y 为评价可信度；X 为第 i 种级别影响因子；N 为第 i 种级别的评价。

通过计算及所得图像可知，当管理层人员参与项目管理成熟度评价时，评价结果有约 90% 的可信度，可信度曲线如图 5-3 所示。

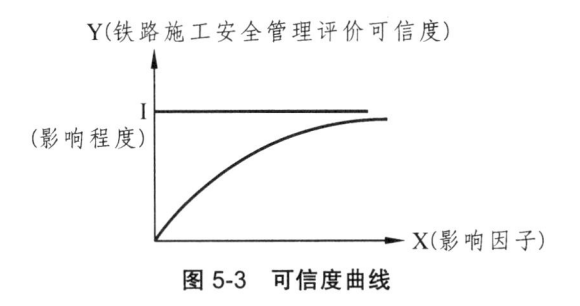

第 5 章 浙江省地方铁路"共建共管"实施效果评价

图 5-3 可信度曲线

——高速铁路施工项目管理成熟度模糊综合评价步骤

（1）确定评价要素的成熟度等级

项目管理成熟度评价的专家小组由奇数位专家组成，通过现场调查以及对相关资料、文档的研究，并与相关人员谈论后，进行集中讨论；根据讨论结果得出评价结果，其中评价结果以多数专家意见为主。

（2）确定评价要素的成熟度

根据表格中数据分级，对评价对象进行成熟度等级的匹配，成熟度等级与成熟度之间的转换关系如表 5-3 所示。

表 5-3 成熟度等级与成熟度之间的转换关系

成熟度等级	初始级	认知级	重用级	集成级	战略级
成熟度	[0，0.6]	[0.5，0.7]	[0.6，0.8]	[0.7，0.9]	[0.8，1]

（3）确定评价领域的成熟度

$$M_i = [a_i, b_i] = \frac{\sum_{i=1}^{n} M_{il} \times S_{il}}{\sum_{l=1}^{n} S_{il}}$$

（4）确定评价领域的成熟度等级

根据最大隶属度的原则，计算各评价领域不同等级的隶属度，得出第 i 个评价领域的成熟度等级，即 $i = 1, 2, 3, 4, 5$。

——铁路施工项目管理评价总体成熟度等级

（1）确定评价对象的总体成熟度

$$M = \frac{\sum_{i=1}^{n}\sum_{I=1}^{n_i} M_{iI} \xi_I J_\tau \times S_i}{\sum_{i=1}^{n} S_i}$$

（2）确定评价对象的总体成熟度等级

根据最大隶属度原则，通过以上公式计算出隶属度，并根据结果确定等级。

5.3.1.6 自建自管实例分析

铁路是一个集工务工程、通信信号、牵引供电等于一体的系统，各系统组成部分相互联系、自成体系，所以建设铁路非常复杂，并且施工要求很高。为了确保系统的整体性和实用性，必须确保建设过程的安全性和完整性，并以科学的方式进行项目管理。下面基于以上理论基础，以金台铁路和湖杭铁路为例，构建基于铁路项目建设管理成熟度模型，评价两个项目的建设管理成熟度等级，并给出管理的改善建议。

——项目概况

新建金华至台州铁路（简称"金台线"）位于浙江省中东部的金华、丽水、台州地区。线路自金华地区在建金温扩能改造工程永康南站引出，向东经丽水市缙云县，金华市所辖的武义、永康、磐安南，台州市所辖的仙居南、临海和台州市区，最后分别接入甬台温铁路台州站和台州南站。

金台线正线起自永康南站至台州站，长 148.49 km；枫山货运线起自金温货线 K40+975 至永康南站，长 13.51 km；金台线台州金台场（不含）至台州南金台场起自台州站至台州南站，长 15.94 km；永康南疏解线起自永康南站至永康东站，长 6.05 km；新碧联络线起自永康东站至金温货线 K72+709，长 5.85 km。其中枫山货运线、永康南疏解线、新碧联络线为金温货线新建改线段，命名为"金温货线"，其中枫山货运线、永康南疏解线以下简称"金温货线武义（不含）至永康东"，范围为 K41+600～K61+922；新碧联络线以下简称"金温货线永康东(不含)至新碧(不含)",范围为 K61+922~K65+600;金台线正线、台州南货运线命名为"金台线",金台线正线以下简称"金台线永康南金温场至台州金台场",台州南货运线以下简称"金台线台州金台场(不含)至台州南金台场"。头门港线起自临海东站中心(接轨于金台线临海东站)至头门新区头门港站,长 42.13 km。

金台铁路工程设车站20座(含预留章安站),分别为武义东、永康南(既有)、永康东、申亭、壶镇、磐安南、仁川、横溪、白塔镇、田市、仙居南、下各、括仓、临海南、临海东、台州(既有)、台州南(既有)、杜桥、头门港等车站;永康南、壶镇、磐安南、仙居南、临海南、台州、杜桥、头门港站等 8 站办理客运业务;永康东、壶镇、磐安南、下各、临海东、头门港等 6 站办理货运业务。

金台线为国铁I级单线铁路(预留双线条件),正线设计速度目标值为 160 km/h,头门港线、金温货线武义(不含)至永康东、金台线台州金台场(不含)至台州南金台场设计速度目标值为 120 km/h;最小曲线半径一般地段为 2000 m,困难地段为 1600 m;最大坡度为 8‰;到发线有效长度为 850 m。牵引种类电力牵引;牵引供电系统采用带回流线的直接供电方式,正线接触网采用全补偿简单直链形悬挂。通信系统采用 GSM-R 无线通信系统,采用单网覆盖方案;信号采用 CTCS-0 级列车运行控制系统,行车指挥方式为调度指挥(TDCS)。

金温货线永康东(不含)至新碧(不含)为国铁I级单线铁路,设计速度目标值为 120 km/h;最大坡度为 8‰;牵引种类为内燃(预留电化);信号采用 CTCS-0 列车运行控制系统,行车指挥方式为调度指挥(TDCS)。

永康南联络线起自永康南金温场 24#岔位,终点为永康南普速场 102#岔位,线路全长 0.88 km,线路允许速度 80 km/h。

(1)主要技术标准

① 线路等级:I级。

② 正线数目:单线、金台正线预留复线条件。

③ 设计行车速度:金台线(永康南普速场至台州金台场)为 160 km/h,金台线(台州金台场至台州南金台场)、头门港线、金温货线为 120 km/h,

永康南联络线为 80 km/h。

④ 最小曲线半径：金台线、头门港线一般地段 2000 m、困难地段 1600 m，金温货线（改建段）、永康南联络线一般地段 1200 m、困难地段 800 m。

⑤ 限制坡度：8‰（除金温货线限制坡度为 9‰之外）。

⑥ 牵引种类：电力牵引，其中金温货线永康东站（不含）至金温货线 K72+709 牵引种类为内燃（预留电化条件）。

⑦ 牵引定数：4000 t，其中永康东站（不含）至金温货线 K72+709 为 2800 t。

⑧ 到发线有效长度：850 m。

⑨ 闭塞类型：半自动闭塞。

（2）主要工程特点

● 路基工程

正线 DK122 之前线路主要通过中低山区、低山丘陵区、丘陵地段，地形地质条件复杂，危岩落石、破碎软岩的顺层等不良地质较普遍，路基多为高填、深挖、陡坡，支挡及山间软土路基等特殊工点比例大。正线 DK122 之后、台州至台州南货运线以及头门港支线线路主要通过滨海沉积的平原区，软土分布广泛且深度变化大。

受地形、地质条件等因素的影响，金台铁路线路基工程特点主要体现在以下方面：

① 金台铁路路基类型主要有边坡防护路基、高路堤、浸水路堤、陡坡路堤、软土路基、深路堑及顺层路堑等。全线软土路基主要分布在山间河谷地区、河流阶地区、海积平原，水塘及沿河等浸水路基也有零星分布。

② 深路堑数量多、地质条件差。两侧边坡为全风化、强风化砂岩，易产生溜塌、风化剥落掉块等危害，施工组织与协调难度大。

③ 与站后工程接口多。路基工程与综合接地、站场排水沟、电缆沟槽、管线过轨、接触网支柱基础、声屏障基础等站后工程的接口复杂。

④ 土方调配量大，土石方调配尽量做到移挖作填。土（石）质须达到路基填料要求，有条件地段尽量利用挖方或隧道弃渣移挖作填，以减少施工成本，节约用地，少占良田。

⑤ 邻近既有线路基。枫山货运线起点及新碧联络线终点均接轨于既有金温货线，金台铁路正线起自金温铁路永康南站，金台铁路终点及台州南货运线并行接轨于杭深铁路甬台温段台州站至台州南站区段。

- 桥梁工程

金台铁路桥梁工程特点如下：

① 金台铁路线自金温线永康站引出后，经过地区主要为丘陵山地区、河谷平原区和滨海平原区，沿线河流属于瓯江水系和椒江水系，线路跨越的主要河流为永康江、南溪、好溪、永安溪、灵江、永宁江等；上跨新金温铁路、老金温铁路，下穿甬台温铁路；线路多次跨越台金高速、东永高速、甬台温高速、G330、G104等重要公路。沿线所经区域是我国经济发达地区之一，地方水陆交通比较发达，同时地形、地质条件复杂，尤其是滨海平原区软土分布较广，软弱土层较厚，环境水多具侵蚀性，对桥梁墩台工后沉降的控制要求较高。

② 金台铁路上跨新金温铁路、老金温铁路，下穿甬台温铁路；线路多次跨越台金高速、东永高速、甬台温高速，以及G330、G104等重要公路。桥梁特殊孔跨多，与既有线交叉多，施工组织协调难度大。跨既有公路、铁路、河流大多采用大跨连续梁通过，施工技术较复杂。

- 隧道工程

金台铁路所在地区地形复杂，隧道洞口多在陡峭上坡上，隧道的特点与难点为浅埋段多、地表水系发育、地下水发育、岩爆、部分隧道洞口危岩落石发育、处于断层破碎带以及邻近既有隧道等。金台铁路全线隧道通过地区构造复杂，以断裂为主，辅以平缓的褶曲与盆地型构造。各隧道Ⅳ、Ⅴ级软弱围岩所占比例相对较大，多数隧道内节理较发育，山体蓄水量较大，对超前地质预报、监控量测与施工过程控制要求高。

- 轨道工程

金台铁路全线均采用重型轨道标准，一次铺设跨区间无缝线路。特点如下：

① 桥隧、路桥、路隧交替频繁，铺架施工难度大；铺轨、架梁、铺砟

工程量大。铺轨过程间插 T 梁架设（含隧道口架梁）、长轨更换、长轨焊接与放散，使用设备多，施工工艺与方法不同，增大了施工组织难度。

② 无砟轨道刚性要求高，施工工艺严格，在隧道基础的沉降满足要求后实施无砟道床施工。

③ 道砟供应是制约有砟轨道施工进度的关键因素。道砟的组织、运输是确保铺轨施工顺利进行的难点和重点。

- 房建工程

金台铁路房屋建筑形象具有共性识别特点，并应与所处城市的建筑风格相协调。车站站房为包含客运用房、站台、雨棚、地道以及与运营相关的设备用房的综合建筑体，除自身具有施工难度大、质量要求高和工期紧的特点外，与地方市政基础设施衔接内容多、难度大，还具有专业接口多、不同专业工序穿插配合多、建筑节能环保的新技术新材料新工艺新装备使用多和不可预见因素多的特点。

- 通信信号工程

金台铁路线专用通信网为铁路运输服务提供话音、数据、图像等多种媒体通信手段。其特点表现为服务对象多元化，安全可靠性高，专用性强。

信息系统覆盖运输组织、客运营销、经营管理三大领域，主要设运调系统、票务系统、旅客服务信息系统、办公自动化系统、公安管理信息系统，并设置综合布线、电源系统、房屋与电源环境监控系统、门禁系统等基础设施。

- 电气化工程

牵引供电综合调度自动化系统采用分层分布式网络型系统结构。接触网专业采用高强度铜合金接触线，接触网专业要利用专用的轨行车辆进行线索架设与调整，紧随轨道专业流水作业，施工全过程受铺轨进度制约，故接触网专业为重点工程。

综合调度与电气化系统的重点是运输计划、列车运行调度、电力调度、旅客服务等与行车密切相关的子系统，从实施程序上来说重点是系统调试试验。

- 声屏障工程

为解决铁路噪声污染，金台铁路声屏障按照《铁路工程环境保护设计规范》要求设置，有金属和混凝土声屏障两种，含有吸隔音屏体、H形钢立柱、基础、三元乙丙橡胶条等。

（3）外部建设条件困难

金台铁路是全国第一条非国铁控股、非国铁代建、非国铁运营的"三非"电气化铁路。铁路行业向来由国铁主导，在以省为主建设铁路中无法生搬硬套国铁成套的管理模式、规章制度、建设思路等，也就意味着省建铁路在建设管理方面还在探索期，很多机制、办法尚未确立，金台铁路建设面临多方面问题的挑战。

（4）参建单位

● 建设单位

项目建设单位为金台铁路有限责任公司。金台铁路有限责任公司是浙江省交通投资集团有限公司控股子公司，于 2015 年 12 月 3 日在台州正式注册成立，注册资本金为 80.725 亿元。公司主要承担金台铁路项目的投资建设任务。

● 设计单位

金台铁路线由中铁第五勘察设计院集团有限公司设计。设计单位在临海设立现场项目经理部，负责现场设计配合工作，按标准化要求配置现场配合组的资源，及时解决工程施工中有关设计包括设计变更方面的问题。

● 施工图审核单位

金台铁路线施工图由中铁第四勘察设计院集团有限公司审核，设施工图审核项目部进行施工图审核工作，按标准化管理进行现场配置。

● 施工单位

① 站前工程标段划分与施工单位如表 5-4 所示。

表 5-4　工程施工标段划分与施工单位

标段编号	施工单位	工程范围
代建标	浙江省铁投建设工程有限公司	枫山货运线 SDK0+900（=FDK11+119.476）至 FD2K1+743.8

续表

标段编号	施工单位	工程范围
JTSG-1 标	中铁二十四局集团有限公司	1.DK0+000-DK12+137.33（罗桥跨台金高速公路特大桥尾） 2.枫山货运线起点 FD2K1+743.8 至永康南 FDK11+119.476（=永康南疏解线 SDK0+900） 3.枫山货运线设计终点SDK0+900（=FDK11+119.476），至正线永康东站中心 SDK6+949.18（=DK6+850）
JTSG-2 标	中铁十二局集团有限公司	DK12+146-DK45+100
JTSG-3 标	中铁隧道局集团有限公司	DK45+100-DK58+095
JTSG-4 标	中铁二局集团有限公司	DK58+095-DK102+951.045
JTSG-5 标	中铁二十二局集团有限公司	DK102+958-DK137+868.2
JTSG-6 标	中铁十局集团有限公司	1.DK137+863-DK150+452.57 2.台州南货运线起点台州站中心 LDK0+000（=DK150+452.57）至台州南站中心 LDgK15+934.67（=甬台温铁路 K482+270.12） 3.临海东站：（不含）TDK0+364.855（=金台正线 DK142+215）至 TDK004+174.12
JTSG-7 标	中铁十一局集团有限公司	TDK004+174.12（头门港支线灵江特大桥桥头）至头门新区 TDK44+315.89

续表

标段编号	施工单位	工程范围
JTSG-8标	中铁十局集团有限公司	1. 永康南站中心DK0+000（=金温扩能施DK48+300），至甬台温铁路台州站中心 DK150+452.57（=甬台温铁路K466+373.52） 2. 枫山货运线起点FD1K0+000（=既有金温铁路K41+150），至永康南 FDgK11+119.476（=永康南疏解线SDK0+900） 3. 枫山货运线设计终点SDK0+900（=FDgK11+119.476），至正线永康东站中心SDK6+949.18（=DK6+850） 4. 台州南货运线起点台州站中心 LDK0+000（=DK150+452.57），至台州南站中心LDgK15+934.67（=甬台温铁路K482+270.12） 5. 临海东站中心TDK0+364.855（=DK142+215），至头门新区（TDK44+315.89）

② 四电集成工程标段划分与施工单位如表5-5所示。

表5-5 四电集成工程标段划分与施工单位

标段编号	施工单位	工程范围
JTSG-9标	中国中铁电气化局集团有限公司 中国铁路通信信号股份有限公司	1. 永康南站中心 DK0+000（=金温扩能施DK48+300）至甬台温铁路台州站中心 DK150+452.57（=甬台温铁路K466+373.52） 2. 枫山货运线FD1K0+000（=既有金温铁路K41+150），至永康南 FDgK11+119.476（=永康南疏解线SDK0+900） 3. 枫山货运线SDK0+900（=FDgK11+119.476），至正线永康东站中心SDK6+949.18（=DK6+850） 4. 台州南货运线起点台州站中心LDK0+000（=DK150+452.57），至台州南站中心 LDgK15+934.67(=甬台温铁路K482+270.12） 5. 临海东站中心 TDK0+364.855（=DK142+215），至头门新区（TDK44+315.89）

③ 站房工程标段划分与施工单位如表5-6所示。

表5-6 站房工程标段划分与施工单位

标段编号	施工单位	工程范围
JTSG-10标	中铁北京工程局集团有限公司	壶镇站、杜桥站、仙居南站、临海南站
JTSG-11标	中铁十二局集团有限公司	磐安南站、台州站、头门港站

④ 信息工程标段划分与施工单位如表5-7所示。

表5-7 信息工程标段划分与施工单位

标段编号	施工单位	工程范围
JTSG-12标	中国通号通信信息集团有限公司	全线车站、站场

- 监理单位

监理标段划分及监理单位如表5-8所示。

表5-8 监理标段划分与施工单位

监理标段	监理单位	监理工作范围
JTJL-1标	北京铁城建设工程监理有限责任公司	1. 永康南站中心DK0+000（=金温扩能施DK48+300）至甬台温铁路台州站中心DK150+452.57（=甬台温铁路K466+373.52） 2. 枫山货运线起点FD1K0+000（=既有金温铁路K41+150）至永康南FDgK11+119.476（=永康南疏解线SDK0+900） 3. 枫山货运线设计终点SDK0+900（=FDgK11+119.476），至正线永康东站中心SDK6+949.18（=DK6+850） 4. DK0+000至DK45+100
JTJL-2标	上海天佑工程咨询有限公司	DK45+100至DK111+500
JTJL-3标	四川铁科建设监理有限公司	1. DK111+500至DK150+452.57 2. 台州南货运线起点台州站中心LDK0+000（=DK150+452.57）至台州南站中心LDgK15+934.67（=甬台温铁路K482+270.12） 3. 临海东站中心TDK0+364.855（=DK142+215），至头门新区（TDK44+315.89）

第 5 章　浙江省地方铁路"共建共管"实施效果评价

● 其他主要参建单位

浙江省交通工程管理中心监督全线工程的质量安全。

——金台铁路建设项目管理分析

金台铁路有限责任公司设立董事会，由 9 名董事组成，设董事长 1 名、副董事长 1 名、董事 7 名。金台铁路有限责任公司设置总经理 1 名，专职党委副书记、纪委书记、工会主席各 1 名，副总经理 4 名，下设 8 个部门，分别为综合管理部（党委办公室）、工程管理部、安全质量部、物资设备部、计划合同部、财务管理部、经营开发部、纪检监察室。建设管理机构的设置如图 5-4 所示。

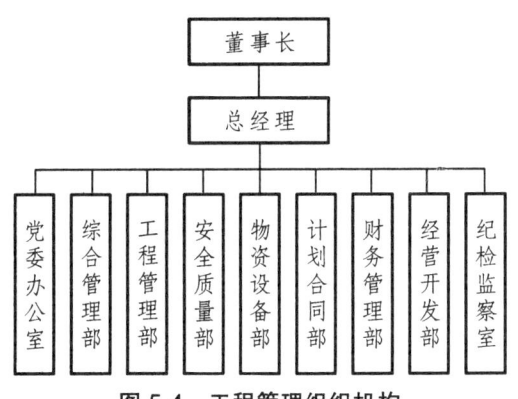

图 5-4　工程管理组织机构

金台铁路有限责任公司内部各部门、各专业按照职责分工做好工程计划、招投标、合同、安全质量、技术、物资、资金、验工计价等各个环节的管理、协调和服务工作，努力营造良好的施工环境。按照原中国铁路总公司、国铁集团和上海铁路局的有关要求进行建设管理，积极构建以建设单位为龙头，地方政府、设计、施工、监理、咨询、物资供应商等积极配合，全面推进工程建设的各项工作，确保金台铁路安全、优质、按期完成。

本书选取了 11 位相关专业的专家进行调查问卷，得到了这些专家的相关意见，并根据意见获取各个指标的权重，最后根据前几章节内容进行赋值，获取评价结果。获得的专家评价结果如表 5-9 至表 5-20 所示。

表 5-9　成熟度体系判断矩阵

成熟度体系	质量管理	进度管理	成本管理	合同管理	信息与沟通管理	风险管理	资源管理能力	安全与环境管理	组织管理	采购管理
质量管理	1	1	7	5	1	1	5	5	1	3
进度管理	1	1	3	3	1	5	7	3	5	3
成本管理	1/7	1/3	1	3	1/2	1	3	1	1/4	1/5
合同管理	1/5	1/3	1/3	1	1/3	1	5	1	3	1/3
信息与沟通管理	1	1	2	3	1	3	5	3	1/5	3
风险管理	1	1/5	1	1	1/3	1	3	1/5	1/5	7
资源管理能力	1/5	1/7	1/3	1/5	1/5	1/3	1	1/3	1/5	1/5
安全与环境管理	1/5	1/3	1	1	1/3	5	3	1	1/7	5
组织管理	1	1/5	4	1/3	5	5	5	7	1	2
采购管理	1/3	1/3	5	3	1/3	1/7	5	1/5	1/2	1

根据上列判断矩阵，可得出该组的权重值和特征值：

$CI = 0.1$，

$CR = CI/RI = 0.04 < 0.1$，层次单排序的一致性检验通过。

表 5-10　质量管理的判断矩阵

质量管理	质量管理体系建设	质量控制	实际工程质量合格率	质量管理资料健全程度
质量管理体系建设	1	1/3	1/5	2
质量控制	3	1	1	2
实际工程质量合格率	5	1	1	2
质量管理资料健全程度	1/2	1/2	1/2	1

$CI = 0.03$，

$CR = CI/RI = 0.03 < 0.1$，层次单排序的一致性检验通过。

第5章 浙江省地方铁路"共建共管"实施效果评价

表5-11 进度管理的判断矩阵

进度管理	进度计划能力	总体进度偏差	进度安排是否合理	进度监督和纠正措施
进度计划能力	1	3	1	1/2
总体进度偏差	1/3	1	1	1/3
进度安排是否合理	1	1	1	1/5
进度监督和纠正措施	2	3	5	1

$CI = 0.03$,

$CR = CI/RI = 0.04 < 0.1$,层次单排序的一致性检验通过。

表5-12 成本管理的判断矩阵

成本管理	成本规划能力	成本预算符合度	生产性费用控制水平	非生产性费用控制
成本规划能力	1	3	1	2
成本预算符合度	1/3	1	2	2
生产性费用控制水平	1	1	1	1
非生产性费用控制	1/2	1/2	1	1

$CI = 0.05$,

$CR = CI/RI = 0.06 < 0.1$,层次单排序的一致性检验通过。

表5-13 合同管理的判断矩阵

合同管理	企业合同法律意识强弱	合同管理制度与实施	合同管理人员素质	企业索赔的意识与谈判能力	合同交底程度	企业对合同条款支持程度
企业合同法律意识强弱	1	3	2	5	5	2
合同管理制度与实施	1/3	1	1/2	1/7	3	5
合同管理人员素质	1/2	2	1	1/5	3	1
企业索赔的意识与谈判能力	1/5	1	5	1	7	1
合同交底程度	1/5	1/3	1/3	1/7	1	1/5
企业对合同条款支持程度	1/2	1/5	1	1	5	1

241

$CI = 0.05$，

$CR = CI/RI = 0.05 < 0.1$，层次单排序的一致性检验通过。

表 5-14 信息及沟通管理的判断矩阵

信息及沟通管理	文档管理的规范程度	计算机管理信息系统的应用水平	协调能力	企业整体对外沟通能力	分歧意见处理能力	内部成员间的沟通能力
文档管理的规范程度	1	2	5	1/5	1/7	1/5
计算机管理信息系统的应用水平	1/2	1	3	1/7	1/5	1/3
协调能力	1/5	1/3	1	1	1/3	1/2
企业整体对外沟通能力	5	7	1	1	1	1
分歧意见处理能力	7	5	3	1	1	1/2
内部成员间的沟通能力	5	3	2	1	2	1

$CI = 0.09$，

$CR = CI/RI = 0.04 < 0.1$，层次单排序的一致性检验通过。

表 5-15 风险管理的判断矩阵

风险管理	风险预案制定水平	风险识别水平	风险评估水平	风险控制水平
风险预案制定水平	1	1/3	5	1
风险识别水平	3	1	3	3
风险评估水平	1/5	1/3	1	1/5
风险控制水平	1	1/3	5	1

$CI = 0.07$，

$CR = CI/RI = 0.05 < 0.1$，层次单排序的一致性检验通过。

表 5-16　资源管理能力的判断矩阵

资源管理能力	资源计划能力	资源管理水平	资源的有效利用率
资源计划能力	1	3	1/5
资源管理水平	1/3	1	2
资源的有效利用率	5	1/3	1

$CI = 0.03$，

$CR = CI/RI = 0.04 < 0.1$，层次单排序的一致性检验通过。

表 5-17　安全与环境管理的判断矩阵

安全与环境管理	施工安全保证体系的建立	安全保证措施	岗前安全培训情况	环境管理体系的建立	环境保护控制
施工安全保证体系的建立	1	1/5	1/3	3	1/2
安全保证措施	5	1	5	5	3
岗前安全培训情况	3	2	1	1/5	1
环境管理体系的建立	1/3	1/5	5	1	1/2
环境保护控制	2	1/3	1	2	1

$CI = 0.02$，

$CR = CI/RI = 0.03 < 0.1$，层次单排序的一致性检验通过。

表 5-18　组织管理的判断矩阵

组织管理	战略规划管理能力	项目团队办事效率	人力资源管理	绩效评估的合理性	项目组织结构与企业文化	与各方的沟通协调能力
战略规划管理能力	1	1/3	1	3	1/2	1/5
项目团队办事效率	3	1	3	5	3	1/2
人力资源管理	1	1/3	1	2	2	1/3
绩效评估的合理性	1/3	1/5	1/2	1	1/3	1/5
项目组织结构与企业文化	2	1/3	2	3	1	1/2
与各方的沟通协调能力	5	2	3	5	2	1

$CI = 0.13$,

$CR = CI/RI = 0.05 < 0.1$，层次单排序的一致性检验通过。

表 5-19 采购管理的判断矩阵

采购管理	采购计划制订水平	供应商评审机制	与供应商谈判能力	优质供应商数量	物资运输的实时监控水平	物流管理能力
采购计划制订水平	1	1/3	1/5	3	1/2	1/3
供应商评审机制	3	1	1/3	2	1/2	1/2
与供应商谈判能力	5	3	1	7	2	3
优质供应商数量	1/3	1/2	1/7	1	7	5
物资运输的实时监控水平	2	2	1/2	1/7	1	1
物流管理能力	3	2	1/3	1/5	1	1

$CI = 0.09$,

$CR = CI/RI = 0.06 < 0.1$，层次单排序的一致性检验通过。

表 5-20 项目管理层面指标权重计算结果

指标	权重	指标层	权重
质量管理	0.192	质量管理体系建设	0.268
		质量控制能力	0.167
		实际工程质量合格率	0.349
		质量管理资料健全程度	0.216
进度管理	0.086	进度计划能力	0.326
		总体进度偏差	0.113
		进度安排是否合理	0.241
		进度监督和纠正措施	0.320

续表

指标	权重	指标层	权重
成本管理	0.132	成本规划能力	0.319
		成本预算符合度	0.269
		生产性费用控制水平	0.236
		非生产性费用控制水平	0.176
合同管理	0.864	企业合同法律意识强弱	0.196
		合同管理制度与实施水平	0.168
		合同管理人员素质	0.187
		企业索赔的意识与谈判能力	0.169
		合同交底程度	0.126
		企业对合同条款支持程度	0.154
信息及沟通管理	0.054	文档管理的规范程度	0.196
		计算机管理信息系统的应用水平	0.154
		协调能力	0.199
		企业整体对外沟通能力	0.135
		分歧意见处理能力	0.121
		内部成员间的沟通能力	0.195
风险管理	0.084	风险预案制定水平	0.126
		风险识别水平	0.310
		风险评估水平	0.239
		风险控制水平	0.325
资源管理能力	0.121	资源计划能力	0.392
		资源管理水平	0.295
		资源的有效利用率	0.313

续表

指标	权重	指标层	权重
安全与环境管理	0.068	施工安全保证体系的建立	0.230
		安全保证措施	0.265
		岗前安全培训情况	0.124
		环境管理体系的建立	0.196
		环境保护控制	0.185
组织管理	0.176	战略规划管理能力	0.187
		项目团队办事效率	0.212
		人力资源管理	0.165
		绩效评估的合理性	0.116
组织管理	0.176	项目组织结构与企业文化	0.151
		与各方的沟通协调能力	0.169
采购管理	0.113	采购计划制订水平	0.205
		供应商评审机制	0.169
		与供应商谈判能力	0.210
		优质供应商数量	0.132
		物资运输的实时监控水平	0.119
		物流管理能力	0.165

$CI = 0.08$，

$CR = CI/RI = 0.04 < 0.1$，层次单排序的一致性检验通过。

——金台铁路施工项目管理成熟度综合评价

通过上文的分析，我们知道项目管理成熟度等级从初始级至战略级分为5个等级。接下来，我们将所收集的数据进行灰色关联度综合评价，确定该项目的评价等级。

每个被选择进行评估的专家，他们的背景与经验的差异性，将会导致评价结果的不同。因此，此时，需要引入灰数白化值，从而确定评价对象的成熟度等级。本书将其分为 5 个等级，即 $e=1,2,3,4,5$。其白化函数分别为：

① 战略级 $e=1: f_1(d_{ijk}) = \begin{cases} d_{ijk}/5 & d_{ijk} \in [0,5] \\ 1 & d_{ijk} \in [5,\infty] \\ 0 & d_{ijk} \in (-\infty,0) \end{cases}$

② 集成级 $e=2: f_2(d_{ijk}) = \begin{cases} d_{ijk}/4 & d_{ijk} \in [0,4] \\ 2-d_{ijk}/h & d_{ijk} \notin [4,8] \\ 0 & d_{ijk} \notin [0,8] \end{cases}$

③ 重用级 $e=3: f_3(d_{ijk}) = \begin{cases} 1 & d_{ijk} \in [0,3] \\ 2-d_{ijk}/3 & d_{ijk} \in [3,6] \\ 0 & d_{ijk} \notin [0,6] \end{cases}$

④ 认知级 $e=4: f_4(d_{ijk}) = \begin{cases} d_{ijk}/2 & d_{ijk} \in [0,2] \\ 2-d_{ijk}/2d_{ijk} & d_{ijk} \in [2,4] \\ 0 & d_{ijk} \notin [0,4] \end{cases}$

⑤ 初始级 $e=5: f_5(d_{ijk}) = \begin{cases} 1 & d_{ijk} \in [0,1] \\ 2-d_{ijk} & d_{ijk} \in [1,2] \\ 0 & d_{ijk} \notin [0,2] \end{cases}$

项目成熟度模型各指标灰色评价权重见表 5-21。

表 5-21 项目成熟度模型各指标灰色评价权重

指标层	灰色评价权				
	$e=1$	$e=2$	$e=3$	$e=4$	$e=5$
质量管理体系建设	0.225	0.357	0.332	0.086	0
质量控制能力	0.264	0.315	0.343	0.078	0
实际工程质量合格率	0.465	0.312	0.223	0.000	0
质量管理资料健全程度	0.265	0.311	0.340	0.084	0
进度计划能力	0.215	0.316	0.316	0.153	0
总体进度偏差	0.216	0.331	0.294	0.159	0
进度安排是否合理	0.465	0.319	0.216	0.000	0
进度监督和纠正措施	0.312	0.322	0.216	0.150	0

续表

指标层	灰色评价权				
	$e=1$	$e=2$	$e=3$	$e=4$	$e=5$
成本规划能力	0.265	0.326	0.311	0.098	0
成本预算符合度	0.235	0.231	0.321	0.213	0
生产性费用控制水平	0.356	0.265	0.243	0.136	0
非生产性费用控制水平	0.265	0.356	0.342	0.037	0
企业合同法律意识强弱	0.224	0.265	0.345	0.166	0
合同管理制度及实施水平	0.226	0.336	0.245	0.193	0
合同管理人员素质	0.265	0.368	0.312	0.055	0
企业索赔的意识及谈判能力	0.326	0.265	0.278	0.131	0
合同交底程度	0.265	0.345	0.312	0.078	0
企业对合同条款支持程度	0.356	0.312	0.216	0.116	0
文档管理的规范程度	0.232	0.312	0.345	0.111	0
计算机管理信息系统的应用水平	0.265	0.375	0.265	0.095	0
协调能力	0.298	0.345	0.316	0.041	0
企业整体对外沟通能力	0.270	0.262	0.298	0.170	0
分歧意见处理能力	0.165	0.294	0.297	0.244	0
内部成员间的沟通能力	0.265	0.123	0.321	0.291	0
风险预案制定水平	0.267	0.302	0.212	0.219	0
风险识别水平	0.265	0.236	0.229	0.270	0
风险评估水平	0.298	0.278	0.266	0.158	0
风险控制水平	0.269	0.362	0.126	0.243	0
资源计划能力	0.265	0.298	0.246	0.191	0
资源管理水平	0.223	0.346	0.123	0.308	0
资源的有效利用率	0.309	0.345	0.216	0.130	0
施工安全保证体系的建立	0.326	0.312	0.123	0.239	0
安全保证措施	0.226	0.258	0.301	0.215	0
岗前安全培训情况	0.256	0.262	0.223	0.259	0
环境管理体系的建立	0.336	0.265	0.210	0.189	0
环境保护控制	0.229	0.336	0.196	0.239	0

续表

指标层	灰色评价权				
	$e=1$	$e=2$	$e=3$	$e=4$	$e=5$
战略规划管理能力	0.326	0.254	0.202	0.218	0
项目团队办事效率	0.290	0.312	0.340	0.058	0
人力资源管理	0.236	0.395	0.312	0.057	0
绩效评估的合理性	0.256	0.302	0.311	0.131	0
项目组织结构与企业	0.226	0.221	0.336	0.217	0
与各方的沟通协调能力	0.316	0.330	0.253	0.101	0
采购计划制订水平	0.326	0.123	0.265	0.286	0
供应商评审机制	0.212	0.265	0.345	0.094	0
与供应商谈判能力	0.296	0.265	0.345	0.094	0
优质供应商数量	0.356	0.210	0.338	0.096	0
物资运输的实时监控水平	0.265	0.231	0.241	0.263	0
物流管理能力	0.335	0.353	0.312	0.000	0

按照相关评价原则，从上表数据可得金台铁路施工项目的指标成熟度等级如表 5-22 所示。

表 5-22　金台铁路施工项目的指标成熟度等级

指标名称	所属等级
质量管理	集成级
进度管理	集成级
成本管理	集成级
合同管理	重用级
信息及沟通管理	重用级
风险管理	重用级
资源管理能力	重用级
安全与环境管理	集成级
组织管理	集成级
采购管理	集成级

同时，根据上述成熟度评价体系，运用 C++ 语言对铁路建设项目管理的评价系统进行编程，做成软件，并用其对金台铁路进行实例验证，以便对所有铁路项目成熟度进行评价，以评价其实施效果。铁路建设项目管理成熟度评价系统软件界面如图 5-5 所示。

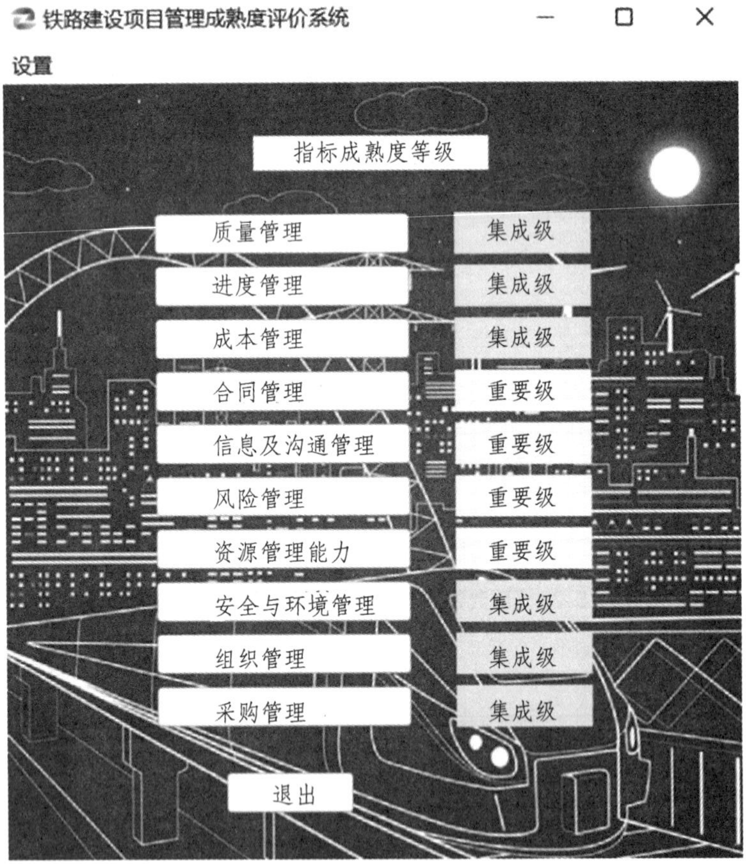

图 5-5　铁路建设项目管理成熟度评价系统软件

5.3.1.7　共建共管实例分析

——项目概况

（1）湖杭铁路项目概况

湖杭铁路又称合杭高铁湖杭段，是杭州亚运会重要交通保障项目，由浙江省交通投资集团有限公司控股投资建设，是浙江省方控股建设的第一条高速铁路。2019年6月6日，湖杭铁路初步设计获国铁集团和浙江省人民政府联合批复。湖杭铁路从既有湖州站引出，经湖州市南太湖新区、吴兴区、德清县，杭州市余杭区、西湖区、富阳区和桐庐县，跨富春江后引入杭黄高铁桐庐站，新建线路长约137.8 km，设计时速350 km，初设批复投资370亿，全线设湖州、德清、杭州西、富阳西、桐庐东、桐庐6座车站，其中杭州西、富阳西、桐庐东为新建车站。2019年12月10日开工建设，2022年1月14日湖杭铁路正线轨道贯通，3月29日湖杭高铁开始进行静态验收，线路主体工程建设已基本完成，4月27日湖杭铁路的接触网热滑试验圆满成功，4月28日湖杭铁路工程进入联调联试阶段。5月21日，湖杭铁路进行最高测试速度等级提速试验，试验列车顺利跑出了385 km每小时的试验目标速度值，实现了联调联试阶段性目标。7月6日，湖杭铁路开始试运行，列车沿途经过德清站、杭州西站、富阳西站、桐庐东等站，抵达建德站。9月5日，湖杭铁路顺利通过中国国家铁路集团有限公司初步验收。9月16日，湖杭铁路通过中国国家铁路集团有限公司运营安全评估。9月22日，湖杭铁路正式开通运营，建造历时33个月。

项目业主单位为湖杭铁路有限公司，代建单位为沪昆铁路客运专线浙江有限公司，运营管理单位为中国铁路上海局集团有限公司，设计单位为中铁第四勘察设计院集团有限公司、杭州中联筑镜建筑设计有限公司、中铁上海设计集团有限公司，施工图咨询单位为中国铁路设计集团有限公司、中铁第二勘察设计研究院集团有限公司，参建的监理单位共有7家；参建的施工单位有12家，有6个土建标段、6个房建标段、1个四电标段、2个信息标段及其他第三方咨询单位。

湖州至杭州西至杭黄铁路连接线（湖杭铁路）是国家高速铁路网主骨架商合杭、宁杭铁路的南延通道，是沪昆铁路南昌以东段的辅助通道，是长三角城际铁路网的组成部分和全面实现浙江省1小时交通圈的关键性工程。

（2）湖杭铁路湖州东站及联络线项目概况

新建湖州东站为线侧平式站房，中心里程 DK142+515，建筑面积约20 958 m²（其中站房面积 14 995 m²，架空层面积 5 963 m²）；车场规模为3

台 7 线，设 450×12.0×1.25 基本站台 1 座、岛式中间站台 2 座（雨棚面积 16 335 m²），设 8.0 m 宽旅客进站天桥（面积 1 626 m²）和出站地道（面积 1 681 m²）各 1 座。高架车道及车道上方罩棚面积约 7 286 m²；生产生活房屋约 3 000 m²。联络线：DK141+412～DK143+714.05，长 2.302 km。其中，桥梁段 DK141+412～DK141+640.31，长度 228.31 m，路基段 DK141+640.31～DK143+714.05，长 2.074 km。

项目建成后，将作为对外运输的大通道、城际交通的主骨架、都市圈通勤网高效联通之地，具有非常重要的意义，将大幅度带动沪苏浙皖的交通发展，带动经济飞速发展。

——湖杭铁路建设项目管理分析

湖杭铁路有限公司于 2019 年 8 月在杭州注册成立，总投资 370.27 亿元，经过 2022 年股权变动后，现公司股东为浙江省铁路发展控股集团有限责任公司、湖州市交通投资集团有限公司、杭州市交通投资集团有限公司，其中浙江省铁路发展控股集团有限责任公司代表集团公司出资，占比 52.55%，资本金 167.02 亿元；杭州市交通投资集团有限公司出资 57.15 亿元，占股比 34.22%；湖州市交通投资集团有限公司出资 22.1 亿元，占股比 13.23%。

公司设股东会、董事会、监事会。股东会由浙江省铁路发展控股集团有限责任公司、湖州市交通投资集团有限公司、杭州市交通投资集团有限公司组成；董事会由 7 名董事组成，设董事长 1 名、副董事长 2 名、董事 4 名。公司设置总经理 1 名，专职党委副书记、纪委书记、工会主席 1 名，副总经理 4 名。公司设综合部（党群工作部、纪检监察室）、计财部、工程部、安质部、征迁部共 5 个部门。

自 2021 年末铁路板块整合后，公司党委改制为党总支，撤销原有的征迁部，相关职能并入工程部。其中，党建（纪检）职能纳入轨道集团党建共享中心管理，由党建共享中心派驻党建 BP；财务管理职能纳入轨道集团财务共享中心管理，由财务共享中心派驻财务 BP；人事组织职能纳入轨道集团人力资源共享中心管理，由人力资源共享中心派驻人力 BP。

目前，公司现有员工 21（+2）人，其中领导班子 5（+2）人，中层助理及以上 7 人，具备专业技术人员 21 人。公司设综合部、工程管理部、安全质量部、计划合同部共 4 个部室。

本研究选取了 11 位相关专业的专家进行调查问卷，得到了这些专家的相关意见，并将获取的意见获取各个指标的权重，最后进行赋值获取评价结果，获得的专家评价结果如表 5-23 至表 5-34 所示。

表 5-23 成熟度体系判断矩阵

成熟度体系	质量管理	进度管理	成本管理	合同管理	信息及沟通管理	风险管理	资源管理能力	安全与环境管理	组织管理	采购管理
质量管理	1	1/2	7	6	2	1	5	5	1	5
进度管理	2	1	9	8	5	3	7	7	5	9
成本管理	1/7	1/9	1	1/2	1/4	1/9	1	1/2	1/9	1
合同管理	1/6	1/8	2	1	1/3	1/7	2	1/2	1/5	1
信息及沟通管理	1/2	1/5	4	3	1	1/2	1/3	1/2	2	1/2
风险管理	1	1/3	9	7	2	1	4	6	1	5
资源管理能力	1/5	1/7	1	1	3	1/4	1	1	1/6	1
安全与环境管理	1/5	1/7	2	2	2	1/6	1	1	1/6	1
组织管理	1	1/5	9	5	1/2	1	6	6	1	4
采购管理	1/5	1/9	1	1	2	1/5	1	1	1/4	1

根据上列判断矩阵，可得出该组的权重值和特征值：

$CI=0.15$，$CR=CI/RI=0.09<0.1$，层次单排序的一致性检验通过。

表 5-24 质量管理的判断矩阵

质量管理	质量管理体系建设	质量控制	实际工程质量合格品率	质量管理资料健全程度
质量管理体系建设	1	1/2	1/5	2
质量控制	2	1	1/2	1
实际工程质量合格品率	5	2	1	3
质量管理资料健全程度	1/2	1	1/3	1

253

$CI=0.09$，$CR=CI/RI=0.09<0.1$，层次单排序的一致性检验通过。

表 5-25　进度管理的判断矩阵

进度管理	进度计划能力	总体进度偏差	进度安排是否合理	进度监督和纠正措施
进度计划能力	1	4	1	1/3
总体进度偏差	1/4	1	1	1/4
进度安排是否合理	1	1	1	1/6
进度监督和纠正措施	3	4	6	1

$CI=0.08$，$CR=CI/RI=0.09<0.1$，层次单排序的一致性检验通过。

表 5-26　成本管理的判断矩阵

成本管理	成本规划能力	成本预算符合度	生产性费用控制水平	非生产性费用控制
成本规划能力	1	4	1	3
成本预算符合度	1/4	1	1	2
生产性费用控制水平	1	1	1	2
非生产性费用控制	1/3	1/2	1/2	1

$CI=0.07$，$CR=CI/RI=0.07<0.1$，层次单排序的一致性检验通过。

表 5-27　合同管理的判断矩阵

合同管理	企业合同法律意识强弱	合同管理制度及实施	合同管理人员素质	企业索赔的意识及谈判能力	合同交底程度	企业对合同条款支持程度
企业合同法律意识强弱	1	3	2	5	5	2
合同管理制度及实施	1/3	1	1/2	2	3	1/3
合同管理人员素质	1/2	2	1	4	3	1

续表

合同管理	企业合同法律意识强弱	合同管理制度及实施	合同管理人员素质	企业索赔的意识及谈判能力	合同交底程度	企业对合同条款支持程度
企业索赔的意识及谈判能力	1/5	1/2	1/4	1	1	1
合同交底程度	1/5	1/3	1/3	1	1	1/5
企业对合同条款支持程度	1/2	3	1	1	5	1

$CI = 0.07$，$CR = CI / RI = 0.05 < 0.1$，层次单排序的一致性检验通过。

表5-28 信息及沟通管理的判断矩阵

信息及沟通管理	文档管理的规范程度	计算机管理信息系统的应用水平	协调能力	企业整体对外沟通能力	分歧意见处理能力	内部成员间的沟通能力
文档管理的规范程度	1	2	3	1/5	1/7	1/5
计算机管理信息系统的应用水平	1/2	1	2	1/4	1/5	1/4
协调能力	1/3	1/3	1	1/5	1/3	1/2
企业整体对外沟通能力	5	4	5	1	1/2	1
分歧意见处理能力	7	5	3	2	1	2
内部成员间的沟通能力	5	4	2	1	1/2	1

$CI = 0.01$，$CR = CI / RI = 0.08 < 0.1$，层次单排序的一致性检验通过。

表5-29 风险管理的判断矩阵

风险管理	风险预案制定水平	风险识别水平	风险评估水平	风险控制水平
风险预案制定水平	1	1/2	4	1
风险识别水平	2	1	3	2
风险评估水平	1/4	1/3	1	1/5
风险控制水平	1	1/2	5	1

$CI = 0.05$，$CR = CI / RI = 0.06 < 0.1$，层次单排序的一致性检验通过。

表 5-30 资源管理能力的判断矩阵

资源管理能力	资源计划能力	资源管理水平	资源的有效利用率
资源计划能力	1	3	1/5
资源管理水平	1/3	1	1/8
资源的有效利用率	5	8	1

$CI = 0.02$，$CR = CI / RI = 0.04 < 0.1$，层次单排序的一致性检验通过。

表 5-31 安全与环境管理的判断矩阵

安全与环境管理	施工安全保证体系的建立	安全保证措施	岗前安全培训情况	环境管理体系的建立	环境保护控制
施工安全保证体系的建立	1	1/4	1/3	4	1/3
安全保证措施	4	1	2	6	3
岗前安全培训情况	3	1/2	1	5	1
环境管理体系的建立	1/4	1/6	1/5	1	1/5
环境保护控制	3	1/3	1	5	1

$CI = 0.05$，$CR = CI / RI = 0.04 < 0.1$，层次单排序的一致性检验通过。

表 5-32 组织管理的判断矩阵

组织管理	战略规划管理能力	项目团队办事效率	人力资源管理	绩效评估的合理性	项目组织结构与企业文化	与各方的沟通协调能力
战略规划管理能力	1	1/4	1	4	1/2	1/5
项目团队办事效率	4	1	3	6	3	1/2
人力资源管理	1	1/3	1	3	2	1/3
绩效评估的合理性	1/4	1/6	1/3	1	1/3	1/5
项目组织结构与企业文化	2	1/3	2	3	1	1/2
与各方的沟通协调能力	5	2	3	5	2	1

$CI = 0.01$，$CR = CI / RI = 0.09 < 0.1$，层次单排序的一致性检验通过。

表 5-33　采购管理的判断矩阵

采购管理	采购计划制定水平	供应商评审机制	与供应商谈判能力	优质供应商数量	物资运输的实时监控水平	物流管理能力
采购计划制定水平	1	1/2	1/5	3	1/2	1/4
供应商评审机制	2	1	1/4	2	1/2	1/2
与供应商谈判能力	5	4	1	7	2	2
优质供应商数量	1/3	1/2	1/7	1	1/7	1/4
物资运输的实时监控水平	2	2	1/2	7	1	1
物流管理能力	4	2	1/2	4	1	1

$CI = 0.03$，$CR = CI / RI = 0.03 < 0.1$，层次单排序的一致性检验通过。

表 5-34　项目管理层面指标权重计算结果

指标	权重	指标层	权重
质量管理	0.150	质量管理体系建设	0.1506
		质量控制能力	0.2134
		实际工程质量合格品率	0.4955
		质量管理资料健全程度	0.1405
进度管理	0.310	进度计划能力	0.2180
		总体进度偏差	0.0987
		进度安排是否合理	0.1263
		进度监督和纠正措施	0.5571
成本管理	0.022	成本规划能力	0.4289
		成本预算符合度	0.1893
		生产性费用控制水平	0.2659
		非生产性费用控制水平	0.1159

续表

指标	权重	指标层	权重
合同管理	0.028	企业合同法律意识强弱	0.3434
		合同管理制度及实施水平	0.1144
		合同管理人员素质	0.2042
		企业索赔的意识及谈判能力	0.0811
		合同交底程度	0.0554
		企业对合同条款支持程度	0.2014
信息及沟通管理	0.070	文档管理的规范程度	0.0791
		计算机管理信息系统的应用水平	0.0613
		协调能力	0.0576
		企业整体对外沟通能力	0.2388
		分歧意见处理能力	0.3510
		内部成员间的沟通能力	0.2122
风险管理	0.152	风险预案制定水平	0.2492
		风险识别水平	0.4031
		风险评估水平	0.0793
		风险控制水平	0.2683
资源管理能力	0.046	资源计划能力	0.183
		资源管理水平	0.0752
		资源的有效利用率	0.7418
安全与环境管理	0.043	施工安全保证体系的建立	0.1013
		安全保证措施	0.4183
		岗前安全培训情况	0.2251
		环境管理体系的建立	0.0436
		环境保护控制	0.2117

续表

指标	权重	指标层	权重
组织管理	0.139	战略规划管理能力	0.0873
		项目团队办事效率	0.277
		人力资源管理	0.1239
		绩效评估的合理性	0.0398
		项目组织结构与企业文化	0.1426
		与各方的沟通协调能力	0.3295
采购管理	0.040	采购计划制定水平	0.0777
		供应商评审机制	0.1035
		与供应商谈判能力	0.3694
		优质供应商数量	0.0409
		物资运输的实时监控水平	0.2016
		物流管理能力	0.2069

——湖杭铁路施工项目管理成熟度综合评价

通过列出湖杭铁路各项指标的判断矩阵，得到项目管理层面指标权重结果，用对金台铁路同样的方法，引入灰数白化值，从而确定评价对象的成熟度等级，如表 5-35 所示。

表 5-35 项目成熟度模型各指标灰色评价权重

指标层	灰色评价权					
	$e=1$	$e=2$	$e=3$	$e=4$	$e=5$
质量管理体系建设	0.199	0.380	0.308	0.113	0
质量控制能力	0.245	0.296	0.337	0.121	0
实际工程质量合格品率	0.452	0.311	0.223	0.014	0
质量管理资料健全程度	0.250	0.326	0.333	0.091	0
进度计划能力	0.220	0.325	0.297	0.158	0

续表

指标层	灰色评价权				
	$e=1$	$e=2$	$e=3$	$e=4$	$e=5$
总体进度偏差	0.188	0.338	0.292	0.182	0
进度安排是否合理	0.436	0.316	0.234	0.014	0
进度监督和纠正措施	0.290	0.318	0.219	0.173	0
成本规划能力	0.272	0.332	0.315	0.081	0
成本预算符合度	0.238	0.237	0.293	0.232	0
生产性费用控制水平	0.371	0.264	0.236	0.129	0
非生产性费用控制水平	0.248	0.347	0.330	0.075	0
企业合同法律意识强弱	0.201	0.238	0.332	0.229	0
合同管理制度及实施水平	0.201	0.323	0.254	0.222	0
合同管理人员素质	0.262	0.374	0.311	0.054	0
企业索赔的意识及谈判能力	0.320	0.245	0.275	0.160	0
合同交底程度	0.286	0.367	0.333	0.014	0
企业对合同条款支持程度	0.332	0.338	0.212	0.117	0
文档管理的规范程度	0.235	0.337	0.333	0.095	0
计算机管理信息系统的应用水平	0.283	0.395	0.269	0.053	0
协调能力	0.274	0.356	0.296	0.075	0
企业整体对外沟通能力	0.254	0.274	0.284	0.188	0
分歧意见处理能力	0.142	0.323	0.305	0.229	0
内部成员间的沟通能力	0.278	0.121	0.324	0.278	0
风险预案制定水平	0.257	0.326	0.219	0.198	0
风险识别水平	0.255	0.257	0.212	0.275	0
风险评估水平	0.321	0.270	0.252	0.157	0
风险控制水平	0.275	0.340	0.130	0.255	0
资源计划能力	0.278	0.270	0.234	0.218	0

续表

指标层	灰色评价权				
	$e=1$	$e=2$	$e=3$	$e=4$	$e=5$
资源管理水平	0.210	0.342	0.096	0.352	0
资源的有效利用率	0.322	0.315	0.199	0.164	0
施工安全保证体系的建立	0.302	0.309	0.111	0.278	0
安全保证措施	0.206	0.257	0.324	0.212	0
岗前安全培训情况	0.263	0.272	0.230	0.236	0
环境管理体系的建立	0.336	0.269	0.205	0.190	0
环境保护控制	0.217	0.336	0.198	0.248	0
战略规划管理能力	0.306	0.280	0.229	0.185	0
项目团队办事效率	0.283	0.289	0.356	0.072	0
人力资源管理	0.232	0.421	0.292	0.055	0
绩效评估的合理性	0.266	0.306	0.340	0.088	0
项目组织结构与企业	0.229	0.201	0.314	0.256	0
与各方的沟通协调能力	0.303	0.336	0.278	0.082	0
采购计划制定水平	0.303	0.116	0.255	0.326	0
供应商评审机制	0.199	0.246	0.345	0.210	0
与供应商谈判能力	0.325	0.242	0.362	0.071	0
优质供应商数量	0.346	0.184	0.334	0.137	0
物资运输的实时监控水平	0.269	0.250	0.264	0.218	0
物流管理能力	0.339	0.359	0.302	0.000	0

按照相关评价原则，从上表数据可得湖杭铁路施工项目的指标成熟度等级，如表5-36所示。

表 5-36 湖杭铁路施工项目的指标成熟度等级

指标名称	所属等级
质量管理	集成级
进度管理	集成级
成本管理	重用级
合同管理	集成级
信息及沟通管理	重用级
风险管理	集成级
资源管理能力	重用级
安全与环境管理	集成级
组织管理	集成级
采购管理	重用级

同时，根据上述成熟度评价体系，用铁路建设项目管理成熟度评价系统软件对湖杭铁路进行实例验证，如图 5-6 所示。

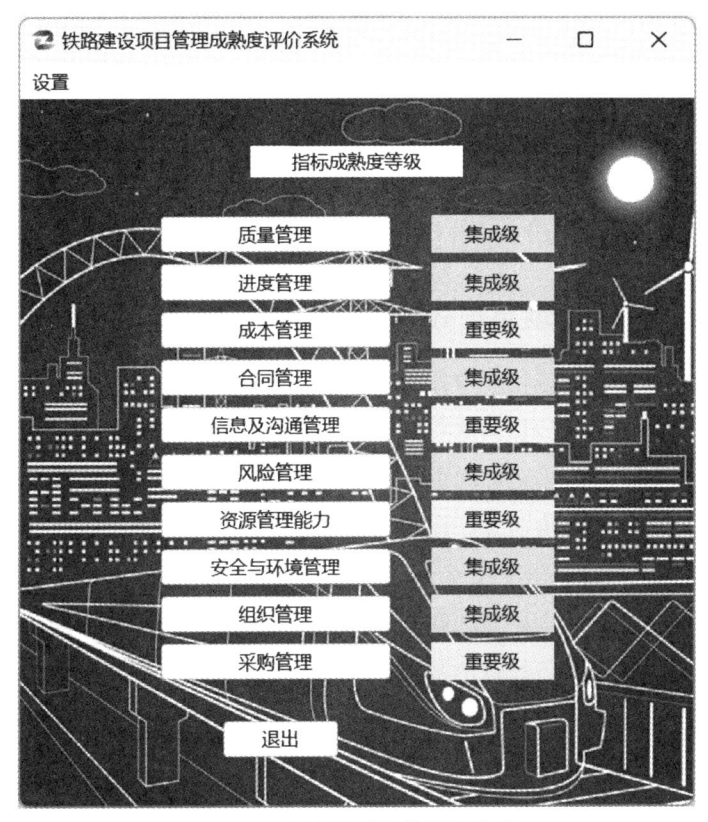

图 5-6 湖杭铁路软件评价结果

——"共建共管"模式成熟度总结

本章节中以金台铁路为研究案例,通过管理成熟度模型,对本书的评价对象进行分解,并得到了一级、二级指标汇成的指标评价体系。通过邀请相关行业专家进行问卷调查,将获得的调查结果绘制出相应的评价权重,进而获得铁路施工项目管理成熟度的等级结果,并对效果进行总结。

通过上文可知,金台铁路和湖杭铁路在质量管理、进度管理、成本管理、安全与环境管理、组织管理和采购管理方面成熟度等级较高,表现十分优秀。除此之外,湖杭铁路在合同管理、风险管理方面更加优秀,而金台铁路的成本管理和采购管理更为突出。可以看出,"自建自管"和"共建共管"模式都取得了良好的效果,对相关项目从业人员也进行了相应的培训。但根据评价的结果，我们可以看出湖杭铁路项目中信息与沟通管理、资源管理能力管较其他方面相比较弱，仍有提升的空间。总体来说，"共建共管"模式是可行性且效果良好的方案。

5.3.2 铁路建设项目绩效评价理论

5.3.2.1 铁路项目绩效评价的背景

对投资建设项目进行绩效评价是国际金融组织的通行做法，为此还设立了独立评估机构来专门负责此项工作。这些组织认为，对项目进行绩效评价能起到三个方面的作用，即问责、学习和资源分配。目前，发达国家大多建立了科学合理的后评价体系，评价内容贯穿项目设计、建设管理与实施效果等整个过程。在我国，国内投资项目绩效评价始于2004年，而含有对外借款投资建设项目的评价则始于2008年，完善于2019年，其标志为财政部在合并相关管理办法并进行修订的基础上，出台了《国际金融组织和外国政府贷款赠款项目绩效评价管理办法》。从上述国际操作规范和我国出台的管理规定来看，将项目绩效评价从试点推广至我国所有建设投资项目尤其是大型投资项目已成为一种客观要求。顺应这种趋势，加强对我国铁路投资建设项目有计划地进行绩效评价试点工作，显得十分必要且具有重要的现实意义。

近十多年来，中国铁路建设突飞猛进，铁路固定资产投资额持续保持在高位上运行，最高额达到了8239亿元，年均为7535.6亿元左右。根据《"十四五"现代综合交通运输体系发展规划》，预计到2025年，我国铁路营业里程将达到16.5万km，其中高速铁路5万km；而根据《中长期铁路网规划》，远期到2030年，铁路网规模将达到20万km，其中高速铁路达到7万km。因此，除了已开工正在建设的铁路项目外，还将有一大批新项目在此期间开工建设。按照财政部的有关要求，铁路建设项目主管部门已开始对含有世界银行和亚洲开发银行贷款的建设项目进行绩效评价的试点，初步形成了一套铁路工程项目绩效评价的指标体系框架，但尚处在尝试、摸索和逐渐完善的阶段，目前尚未在全路范围内正式推行。因此，非常有必要就此绩效评价问题展开理论研讨，形成比较完善的指标评价体系，以推动绩效评价在实践中的进一步开展。

2012—2021 年全国铁路固定资产投资走势如图 5-7 所示。

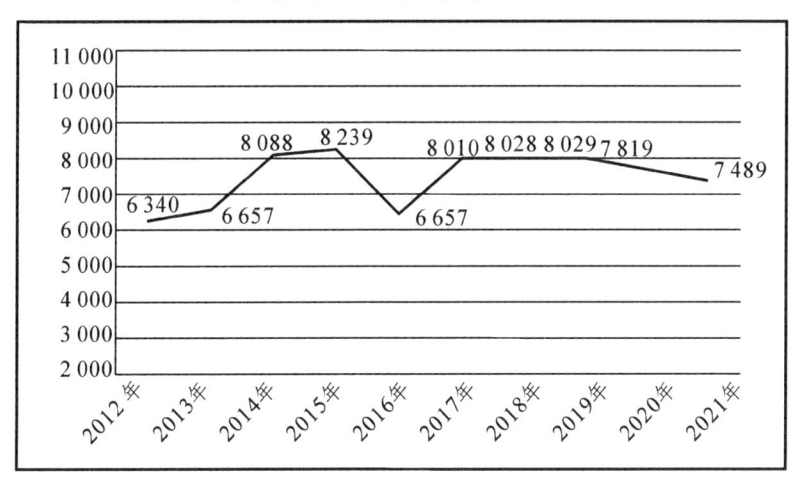

图 5-7　2012—2021 年全国铁路固定资产投资走势（单位：亿元）

5.3.2.2　铁路项目绩效评价指标设计的依据

铁路建设项目绩效评价指标设计是一个全新的课题，没有现成的框架可以参考。因此，除了借鉴理论界研究的一些成果、其他行业现有的经验，还需要遵循国际上通行的一些做法，并遵守财政部的相关规定，结合铁路的实际情况，有针对性地探寻适合铁路建设项目特点的绩效评价指标。

——国际上通用的绩效评价指标

OECD/DAC 根据发展评价的 5 个原则来制定绩效评价指标。这些原则包括：相关性，指项目是否符合受援方的优先领域和政策，与受援方及其受益群体的需求是否相关；有效性，是指将结果与预定目标进行对比，评估项目预期目标是否可以达到；效率，是指将使用资源与结果进行对比，评估项目是否以性价比最高的方式得以实施；影响，包括积极和消极、预料之中和预料之外的影响；可持续性，评估项目结束后产生的影响是否能够持续。把这 5 个原则作为一级指标，然后根据一级指标的具体内容再设计若干个 2 级指标，依此类推至第 3 级指标。亚洲银行绩效评价指标是将 5 个原则作为标准来确定评价的内容，但具体内容更有针对性。比如，相关性，指项目影响和结果与政府发展战略、亚行贷款战略和设计合理性的一致性；效果，是指与项目文件中规定的产出和结果的范围一致，无论是经批准还是随后进行了修改；效率是指如何利用经济内部收益率、成本效益和流程效率等指标将资源经济地转化为成果；可持续性，即指利用诸如财务内部收益率等指标，机构、金融和其他资源足以维持其经济生活产出的可能性；影响，是指对更高水平发展成果、企业目标、长期发展成果的贡献，包括意外的正面和负面影响。

各国在处理这些评价指标时，仍然会产生一些不同，需要根据本国的具体国情进行必要的调整。TAMPIERI 比较了奥地利、意大利和斯洛文尼亚的绩效指标体系，强调这些指标与其在政府管理控制中的差异，尤其是强调了指数应用的难度与扩散水平之间的联系。这一研究结论对于各国的评价实践具有现实的参考价值。

——财政部的绩效评价指标

在财政部出台的管理规定中，国内贷款项目与国际金融组织与外国政府贷款项目绩效评价指标有较大的不同，主要体现在一级指标上。同时，其他层级的指标也不尽相同。财政部2004年颁布的财建〔2004〕729号文明确指出，中央政府投资项目预算绩效评价主要是针对中央预算内基建资金和国债项目资金。评价指标包括共性指标和个性指标，包含10个1级指标、15个2级指标以及7个3级指标等。这个绩效评价指标框架存在比较大的不足：

① 1级指标过多，达到了10项，而且比较分散，有些指标完全可以归为一类，比如资金评价、投资评价，因故这些均是关于投融资领域的内容等。

② 指标体系不健全，有些1级指标缺少3级指标，有些缺少2级和3级指标，因而在考虑权重时难以准确把握。当然，这种指标的设计跟绩效评价的方式也有直接的关系。2004年财政部颁发的《指导意见》指出，评价方式可以灵活，评价单位既可对项目进行全过程评价，也可就某个阶段进行评价，而且在评价时可以有所侧重，评价单位并不一定需

要进行综合性的绩效评价。因此，在指标设计上也不需要形成一个完整的评价指标体系。

为推动绩效评价工作，2009 年财政部又出台了《暂行规定》（财预〔2009〕76 号），将绩效评价的对象进一步扩大，包括部门（单位）预算管理的财政性资金和上级政府对下级政府的转移支付资金，并且强调部门预算支出绩效评价应当以项目支出为重点，重点评价一定金额以上、与本部门职能密切相关、具有明显社会影响和经济影响的项目。这次发布的绩效评价只是对指标做出了原则性的规定和解释，包括绩效评价指标的确定应当遵循的原则、指标分为共性指标和个性指标等内容，并没有提出具体指标。因此，2011 年经过修订后财政部发布的绩效评价规定提出了财政支出绩效评价指标框架（参考）以及指标的具体释义。1 级指标包括项目决策、项目管理和项目绩效 3 个指标，2 级指标有 8 个，3 级指标有 20 个，如表 5-37 所示。

表 5-37 财政支出绩效评价指标框架（参考）

1级指标	分值	2级指标	分值	3级指标	分值
项目决策	20	项目目标	4	目标内容	4
		决策过程	8	决策依据	3
				决策程序	5
		资金分配	8	分配方法	2
				分配结果	6
项目管理	25	资金到位	5	到位率	3
				到位时效	2
		资金管理	10	资金使用	7
				财务管理	3
		组织实施	10	组织机构	1
				管理制度	9

续表

1级指标	分值	2级指标	分值	3级指标	分值
项目绩效	65	项目产出	15	产出数量	5
				产出质量	4
				产出时效	3
				产出成本	3
		项目效益	40	经济效益	8
				社会效益	8
				环境效益	8
				可持续影响	8

通过对比可以看出，表5-37的指标体系更加健全，已经形成了1至3级的指标框架体系。但需要注意的是，这些指标均是共性指标，并不是个性指标。这也反映出作为管理规定，一般是从宏观层面提出建设性的指导意义，涉及不同行业和单位的微观指标尚需要行业主管部门在充分吸收专家学者建议的基础上，根据各自不同的特点提出个性指标。

对于含国际金融组织和外国政府贷款项目的绩效评价指标，财政部在前述出台的几个管理规定中有过一定的反复。2008年颁布的财金〔2008〕24号文中明确规定，绩效评价包括相关性、效率、效果、可持续性以及影响5个方面，并以此为基础设定若干个评价指标。指标框架总体包括1级指标和2级指标。2019年出台的规定同时废止了财金〔2008〕24号文和财际〔2013〕5号文，并删掉了具体评价指标，将其设计权力交给了评价小组，而且指出关键评价问题与评价指标可根据项目实际情况适当进行调整。

值得关注的是，这个文件同时也指出，绩效评价应当对国际金融组织和外国政府贷款赠款项目的相关性、效率、效果和可持续性四个方面进行评价。评价工作要按照《国际金融组织贷款项目绩效评价操作指南》进行。这个指南是作为财际〔2013〕5号文配套技术文件在2014年出台的，这就意味着根据财际〔2013〕5号文中4个评价准则设计出的若干个必须回答的关键评价问题（完工项目有11个关键评价问题，在建项目有10个关键评价问题）仍然可以沿用，只是评价在建项目和完工项目的关键评价问题时不完全相同。

5.3.2.3 铁路建设项目绩效评价指标框架

铁路建设项目具有一般项目的特点，但同时又具有个性化特点。因此，在筛选铁路建设项目绩效评价指标时，既要考虑它的普适性，更要突出它的个性特点，使其评价内容更有针对性和行业性。

——铁路建设项目的特点

铁路建设项目不同于一般的建设项目。首先，铁路建设项目线长点多，整体性强，因而子项目很难具有独立性。比如，一次性建成的京沪高铁，全长1318 km，中间包括几十个车站。即使有的项目是短线，一般也有上百千米长。而其他行业的项目要么是点，要么是线。比如，机场建设项目，只涉及点。而公路包括高速公路建设项目线长的特点很突出，虽然也有点的某些特征，比如服务区。但究其建设规模，无论是投资额还是工程复杂程度，均与铁路车站（包括客货站）尤其是高铁站无法相提并论。也正因为如此，铁路各子项目即便完工，也需要等待统一时间集中进行验收。根据铁道部2008年出台的（铁建设〔2008〕23号文）关于铁路建设项目竣工验收交接办法的要求，铁路大中型建设项目竣工验收分为静态验收、动态验收、初步验收、安全评估和正式验收等5个阶段。建设项目一般按整个项目进行验收，而且要执行十分严格的程序。况且，即便铁路项目各子项目全部完工并经验收合格，按照规定，全线也必须经过半年以上的联调联试和试运营方可投入正式运营。而其他行业的建设项目子项目的独立性相对比较强，可以单独进行验收，合格后即可进行短期试运营，随即便可转为正式运营。

其次，铁路项目相对于其他项目在受益对象的判断标准上有比较大的区

269

别。铁路建设项目投资回报期比较长，一般需要十几年甚至更长一些时间；而其他项目子项目的独立营利能力比较强，一般是一个子项目竣工后即可投产，短期内会产生直接的经济效益，从而实现对受益群体的不同覆盖。铁路项目在建过程中虽然能产生一些间接效益，但更直接的和明显的效益是在整个项目投入运营后一段时间才能显现，这是因为铁路建设项目的各子项不能独立实现产出效应，必须要等全线开通后才行。例如，一座客站，尽管已经完工，在其他项目没有完工并且全线未开通之前是无法投入运营的，也就无法获得客货票等运输收入。也就是说，铁路项目需要全线开通运营后才会产生客货运直接收入，社会效益也才能逐渐显现出来。

最后，铁路项目公益性特点比较突出。由于铁路是国民经济发展的大动脉，因此铁路建设项目相当大程度上需要考虑社会效应，而不仅仅是经济效益。正因为如此，在规划建设阶段，建设方案受政策影响比较大，可能会延迟项目的开工和竣工。

上述几个方面的主要特点，决定了铁路建设项目绩效评价的指标选择、指标的具体内容以及指标权重与其他建设项目相比较，存在较大的差异。

——铁路建设项目的绩效评价指标

根据前述对项目绩效评价指标的梳理，结合实际应用工作的需要，铁路建设项目的绩效评价一级指标应以财政部颁布的相关文件确定的指标为基础，同时要充分考虑国际金融组织对指标的基本要求，符合国际化评价原则和标准，积极与国际接轨。同时，二、三级指标需要根据铁路建设项目的个性特点对上述普适性指标进行特殊化处理。

- 评价指标的内容界定

从全生命周期角度考虑，铁路建设项目一般包括立项决策、设计施工和竣工验收、运营维护以及项目报废5个阶段，由于项目绩效主要体现在设计施工、竣工验收和运营维护3个阶段，因而这3个阶段也被确定为本研究项目绩效评价的范围。假如先不考虑阶段性问题，按照财政部绩效管理评价指南，确定铁路1级指标，包括项目相关性、项目效率、项目效果、项目可持续性以及影响力。这些都是普适性的指标，但在具体内容上需要体现铁路建设项目的特点。

根据1级指标的内容，利用层次分析法对其进行再度分解，形成以下指标组合。

（1）项目相关性

主要是指项目是否针对中国（地方）的实际问题和需求。其主要包括政策吻合度和需求吻合度。政策吻合度主要考察铁路建设项目是否符合国家的中长期交通网规划、铁路网规划以及省级（包括直辖市、自治区等）5年期交通网规划等，是否符合国家的环保、土地征用等有关规定，进一步可分为设计时政策吻合度和评价时政策吻合度。需求吻合度主要是从需求侧的视角考察项目是否具有建设的必要性，同样包括设计时政策吻合度和评价时政策吻合度。

（2）项目效率

具体指铁路建设项目在实施过程中各个时间段工程量实际完成的程度，主要包括项目实施进度、项目产出进展、项目资产质量、项目管理效率、项目风险控制以及资金使用的合规性等指标。项目实施进展度又涉及征地拆迁进度、招标采购进度、施工进度、咨询服务进度等因素；项目产出进展涉及实际产出与计划产出的吻合度、产出项目概率、咨询服务产出进展；项目资产质量涉及调度管理制度、质量标准化管理、项目过程监督；项目管理效率涉及上级主管部门管理效率、项目办管理效率、世行管理效率等；项目风险控制包括征地拆迁风险、招标采购风险、环境影响风险和腐败风险等风险的控制。

（3）项目效果

主要是指铁路建设项目所取得的经济效益和环保效益，具体包括成果完成概率、受益分配优度、成本有效性等指标。其中，成果完成概率包括项目设计优度、完工子项计划成果完成率、在建子项计划成果完成概率等，受益分配优度包括受益瞄准度、受益覆盖率等；成本有效性则主要包括征地拆迁实施成本、工程投资成本等。

（4）项目可持续性

主要指铁路项目是否能够持续到项目完工，具体包括资金计划的到位率、还贷能力、政策—机构（制）安排和资产经济性。其中，资金计划的到位率主要包括国际金融机构的贷款资金和国内配套资金到位率。还贷能力包括还贷责任落实率、还贷安排优度、还贷资金来源、还贷准备金充足率等。政策—机构（制）安排旨在评价政府的相关政策和本项目的机构、机制安排能否保障项目建设和后续运营的可持续性，包括政策保障和机构（机制）保障。资产经济性旨在评价项目资产的投资（建造或购置）成本与后期维护运营成本之间的匹配性是否良好。在投资成本既定的情况下，维护运营成本越低，表明项目资产性的经济性越好。项目运营成本主要包括能源消耗、维修成本和人员管理成本。前者主要取决于项目的工程设计，后者则主要取决于项目的运营管理水平。

（5）项目的影响力

这个指标主要评价铁路建设项目正式运营投产后对交通网络改善以及对沿线地区经济社会发展所产生的影响。其中，交通网络的改善除了项目对铁路自身的运输网络产生的影响外，还包括对整个综合交通网络改善的影响；铁路项目的建成必然会对沿线地区的社会经济产生比较深远的影响，包括对地区生产总值的拉动作用以及在促进资本、劳动等生产要素流动与优化配置方面起到的重要作用。

- 评价指标的分级

根据前述指标的内容界定，可以将指标具体分为 1 级指标、2 级指标和 3 级指标。这些指标包含铁路建设项目设计施工、竣工验收和运营维护 3 个重要阶段的评价，由于这 3 个阶段具有一些不同的特点，因此在指标运用上会有所不同。比如，在建项目的评价指标选择需要突出项目效率、项目效果和项目可持续性等中间性指标，而完工项目则需要突出项目相关性和项目影响力的两端性指标。对于完工项目，应当对上述项目相关性、项目效果、项目可持续性和项目影响力 4 个方面进行全面评价并确定项目的综合绩效等级。对于在建项目，应当重点评价项目的相关性、效率和效果。铁路建设项目绩效评价指标框架如表 5-38 所示。

表 5-38 铁路建设项目绩效评价指标框架

1级指标	2级指标	3级指标	1级指标	2级指标	3级指标
项目相关性	政策吻合度	设计时吻合度	项目效果	成果完成概率	项目设计优度
		评价时吻合度			完工子项计划成果完成率
	需求吻合度	设计时吻合度			在建子项计划成果完成概率
		评价时吻合度		受益分配优度	受益瞄准度
项目	项目实施进度	征地拆迁进度			受益覆盖率
		招标采购进度		成本有效性	征地拆迁实施成本
		施工进度			工程投资成本
		咨询服务进度		资金计划到位率	国际金融机构的贷款资金
	项目产出进展	实际产出与计划产出的吻合度			国内配套资金到位率
		产出项目概率		还贷能力	还贷责任落实率
		咨询服务产出进展			还贷安排优度
	项目资产质量	项目调度管理制度	项目可持续性		还贷资金来源
		质量标准化管理			还贷准备金充足率
		项目过程监督		政策—机构（制）安排	政策保障
	项目管理效率	上级主管部门管理效率			机构（机制）保障
		项目办管理效率		资产经济性	投资（建造或购置）成本
		金融机构管理效率			项目运营成本
	项目风险控制	征地拆迁风险	项目影响力	交通网络改善	综合交通网络改善
		招标采购风险			铁路网改善
		环境影响风险		沿线地区经济拉动作用	对GDP拉动作用
		腐败风险			生产要素优化配置

- 评价指标的分值和权重

根据前述相关研究，确定评价指标的权重主要包括 3 种方法：熵值法、ATEC 和层次分析法（AHP）等（见表 5-39、表 5-40）。

表 5-39　综合影响矩阵

因素	S_1	S_2	S_3	S_4	S_5	S_6	S_7	S_8	S_9	S_{10}	S_{11}	S_{12}	S_{13}	S_{14}	S_{15}	S_{16}
S_1	0.18	0.18	0.23	0.25	0.23	0.28	0.17	0.26	0.17	0.12	0.19	0.18	0.18	0.23	0.25	0.23
S_2	0.17	0.12	0.19	0.22	0.19	0.24	0.17	0.20	0.15	0.13	0.17	0.17	0.12	0.19	0.22	0.19
S_3	0.23	0.17	0.17	0.24	0.21	0.25	0.16	0.23	0.16	0.12	0.18	0.23	0.17	0.17	0.24	0.21
S_4	0.23	0.18	0.23	0.19	0.21	0.28	0.15	0.24	0.16	0.12	0.19	0.23	0.18	0.23	0.19	0.21
S_5	0.24	0.19	0.24	0.28	0.19	0.29	0.16	0.27	0.17	0.13	0.20	0.24	0.19	0.24	0.28	0.19
S_6	0.23	0.16	0.23	0.24	0.23	0.20	0.16	0.23	0.16	0.14	0.19	0.23	0.16	0.23	0.24	0.23
S_7	0.24	0.21	0.23	0.26	0.24	0.28	0.14	0.23	0.17	0.13	0.20	0.24	0.21	0.23	0.26	0.24
S_8	0.24	0.18	0.24	0.25	0.22	0.29	0.17	0.19	0.17	0.14	0.20	0.24	0.18	0.24	0.25	0.22
S_9	0.23	0.20	0.21	0.25	0.23	0.26	0.17	0.24	0.13	0.12	0.21	0.23	0.20	0.21	0.25	0.23
S_{10}	0.22	0.20	0.22	0.25	0.24	0.27	0.19	0.21	0.17	0.11	0.20	0.22	0.20	0.22	0.25	0.24
S_{11}	0.22	0.17	0.21	0.22	0.21	0.25	0.16	0.23	0.16	0.14	0.14	0.22	0.17	0.21	0.22	0.21
S_{12}	0.25	0.19	0.25	0.26	0.25	0.28	0.18	0.24	0.16	0.15	0.22	0.25	0.19	0.25	0.26	0.25
S_{13}	0.23	0.18	0.23	0.25	0.23	0.27	0.17	0.22	0.17	0.12	0.21	0.23	0.18	0.23	0.25	0.23
S_{14}	0.25	0.23	0.29	0.29	0.29	0.31	0.20	0.29	0.21	0.18	0.24	0.25	0.23	0.29	0.29	0.29
S_{15}	0.25	0.20	0.25	0.27	0.25	0.29	0.20	0.24	0.18	0.17	0.23	0.25	0.20	0.25	0.27	0.25
S_{16}	0.25	0.21	0.25	0.26	0.26	0.28	0.18	0.27	0.18	0.13	0.22	0.25	0.21	0.25	0.26	0.26

表 5-40　各因素原因度、中心度和权重计算结果

因素	中心度	原因度	权重	权重排序
S_1	6.95103	－0.39224	0.06462	7
S_2	5.81984	－0.10195	0.05403	15
S_3	6.78389	－0.56102	0.06318	10
S_4	7.16986	－0.76577	0.06693	3
S_5	7.14076	－0.23702	0.06632	5
S_6	7.52500	－1.12638	0.07062	1
S_7	6.18783	0.74359	0.0578	13
S_8	7.14361	－0.41585	0.06642	4
S_9	5.93981	0.57620	0.05539	14
S_{10}	5.52409	1.23805	0.0525	16
S_{11}	6.30577	－0.07483	0.05853	12
S_{12}	6.83131	0.26230	0.06345	9
S_{13}	7.07339	－0.51104	0.06583	6
S_{14}	6.78911	1.11331	0.06386	8
S_{15}	6.78540	0.46059	0.06313	11
S_{16}	7.24783	－0.20795	0.06730	2

熵值法是一种客观赋权方法，应用此方法的前提是指标须具有历史数据。由于表 5-39 中的指标绝大部分不具备统计指标的特征，因而很难获得量化的数据。同时，有些指标虽具有统计指标的特征，但由于建设项目未完工，或完工时间不长，数据很不健全，也难以对有效数据进行甄别。因此，使用熵值法来确定权重存在先天性的不足。值得注意的是，用熵值法计算评价指标的客观权重，容易忽略不同指标的重要性。

ATEC 模型综合了主观与客观角度的不同优势，提高了权重的精确度。江雨欣等应用此方法对高速铁路运营安全评价指标权重进行了研究，而王卫东等则采用此方法对城市轨道交通评价指标权重进行了研究，得到了 2 级指

标各自的权重。这种方法计算过程比较复杂,因而比较适合指标层级比较少且指数数量也少的评价体系。此外,由于专家数量有限,一般是 5 个左右,因而得出的权重认可度也受到了比较大的限制。

层次分析法主要是依靠专家打分来确定权重值,这种方法的优点在于简单、直观且易操作,应用价值比较高。但缺点也比较明显,主要表现在主观色彩比较浓,可能会与实际结果产生较大的差距。通过与前两种方法进行比较,本研究倾向于层次分析法,原因主要有以下几个方面:

① 权重更多地体现指标的重要性,反映人的认识问题,因而本身就带有一定的主观色彩。

② 当参加打分的专家数量达到了一定的量(比如不少于 50 人)且他们均从事的是实际工作且拥有十分丰富的现场经验时,那么对这些数据经过统计处理后的结果基本上能形成共识性的指标权重。

③ 前两种方式虽然从理论上似乎是可行的,但在实践中并不具备应用价值。一个普遍的事实是,目前的绩效评价实践中并没有后两种研究成果应用的案例,而第 1 种方法则具有普遍性。其中一个原因是,权重变动比较频繁且差距较大。作为指标考核权重,常态应是比较固定的。因此,《指南》也强调,为兼顾统一性和灵活性,评价准则(包括其权重)和关键评价问题是固定的,不应该任意增减或改变。

④ 建设项目评估标准一般采用分段评分,比如 90 分以上为优秀,并不需要精确分。为了规避层次分析法稍显繁杂的计算过程和所谓的精算结果,只要对其进行某种程度的改进,计算结果就具备概算的特征,满足分段评分标准的要求。当然,专家也要达到一定的数量,以使主观判断更趋向于客观实际。

由于层次分析法具有一定的局限性,为此,本书在应用时做了如下改进:

步骤 1:将专家分为 MN 两组,M 组为权重评价专家,一般来自业内各专业,人数不少于 30 名;N 组为分值专家,一般由具体项目的评估专家组成,人数在 10 名左右。M 组专家根据指标的重要性进行打分,N 组专家则根据指标的实际完成情况进行打分。

步骤2：M组专家根据各自对指标重要性的理解对各层级指标进行打分，每一层级总分为100分。将专家对每一层级的各指标值进行平均，即为该指标的权重分。1级指标用字母表示为A_1，B_1，C_1，D_1，E_1，…，X_1。对应的2级指标为：A_{11}，A_{12}，A_{13}，…，A_{1j}；$B_{11'}$，$B_{12'}$，$B_{13'}$，…，B_{1j}；C_{11}，C_{12}，C_{13}，…，C_{1j}；$D_{11'}$，$D_{12'}$，$D_{13'}$，…，D_{1j}；E_{11}，E_{12}，E_{13}，…，E_{1j}；$X_{11'}$，$X_{12'}$，$X_{13'}$，…，X_{1j}。对应的3级指标为：

$A_{111'}$，$A_{112'}$，$A_{113'}$，A_{11j}，$A_{121'}$，$A_{122'}$，$A_{123'}$，A_{12j}。同理，可推出C，D，E，…，X项3级指标变量的表示法。设权重变量为Y，则各层级权重之和分别用公式表示为：

$$y_1 = \sum_{A}^{x} A_1 + B_1 + C_1 + D_1 + E_1 + \cdots + X_1 = 100$$

$$y_2 = \sum_{1}^{j}(A_{11} + A_{12} + A_{13} + \cdots + A_{1j}) + \cdots + (X_{11} + X_{12} + X_{13} + \cdots + X_{1j}) = 100$$

$$y_3 = \sum_{1}^{j}(A_{111} + A_{112} + \cdots + A_{11j}) + (A_{121} + A_{122} + \cdots + A_{12j}) + \cdots + (x_{1j1}) + X_{1j2} + X_{1j3} + \cdots + X_{1jx} = 100$$

各层级指标权重之间的关系，如以变量A为例，1级和2级之间的权重关系可用公式表示为：

$$A_1 = A_{11} + A_{12} + \cdots + A_{1j}$$

2级和3级之间的权重关系可用公式表示为：

$$A_{11} = A_{111} + A_{112} + \cdots + A_{11j}$$
$$A_{12} = A_{121} + A_{122} + \cdots + A_{12j}$$

步骤3：将M组专家对每一相同指标的打分值分别取平均数，即为该指标的权重值。这样就求出表5-26各个指标的权重值。

步骤4：参考现有规定中相应项的权重值，采用加权平均法对该项指标进行修正，同时将表5-26中其他指标进行调整，以使每个层级的权重值等于100，最终得出的权重值即为修正后的权重值。

步骤5：N组项目评审专家根据调研的实际情况对表5-26中第3层级各

项指标进行打分,指标总分最高均为 100 分。

步骤 6:计算 N 组专家的打分,分别求出各项指标的平均值,并与相应指标的权重相乘,所得即为该指标的加权平均分,也就是该项指标的最后得分。

步骤 7:按照 2 级指标的分布,将 3 级指标加权值进行汇总,求出 2 级指标的得分;再根据各自权重求出加权值。按照同样的方法,最后求出 1 级指标的加权值。

步骤 8:将 1 级指标的加权值进行加总,即为加权后的该项目的评估总分。

需要说明的是,指标权重打分的依据是专家对各个指标重要性的认识,他们在对指标进行权衡比较后做出的判断;评价项目组专家打分的依据主要包括项目的可研报告、项目评估报告、项目施工进度计划、财务审计结论(包括审计署驻当地办事处出具的审计报告及国外金融组织的审计报告等)、项目验收报告、环评报告、项目收益报告、社会效应评价报告以及相关统计数据等。一般分为 4 个等级,根据与原定目标或标准相符情况进行分值区间划分。完全相符的为 100 分,高度相符的为 90~99 分,比较相符的为 80~89 分,基本相符的为 60~79 分,不相符的为 60 分以下。根据指标的实际情况,首先确定区间范围,然后根据指标的偏离程度进行具体分值的确定。

——**案例分析**

本书分别选用 1 个在建项目和 1 个完工项目作为绩效评价案例,分析和揭示绩效评价指标在实际工作中的运用情况。

● 在建项目绩效评价

某客运专线建设项目,是 H 省实施区域开发开放先导区战略的重要基础设施建设项目,是加强国际合作、构建国际大通道的需要。线路建成后将与已经过该区域的几条高速铁路共同构成该省所在地区的高速铁路网。线路全长超过 360 km,投资总额近 370 亿元,其中世界银行贷款 10 亿元。新建 8 座车站,改造车站 1 个,总工期为 4 年,由项目公司 L 具体负责投资建设。由于政策的变化,该项目的工期调整为 5 年。评估时该项目已开工 2 年。

第5章 浙江省地方铁路"共建共管"实施效果评价

● 绩效评价的流程设计

为保证绩效评价工作的顺利实施,评价小组依据《国际金融组织贷款项目绩效评价操作指南》的要求设计工作流程。

绩效评价的设计包括两个方面的内容。

(1)确定评价指标体系

评价小组在充分理解评价任务大纲、明确评价任务的基础上,收集和研究案卷资料,根据《国际金融组织贷款赠款项目绩效评价管理办法》,结合本项目特点,针对相关性、效率、效果、可持续性准则和关键问题,设计和开发若干1级指标和2级指标,形成本项目绩效评价指标体系。

(2)确定证据收集的方法与路径

证据收集采用"案卷研究→调查问卷→实地调研"依次推进的路线。首先熟悉项目,收集案卷中的证据信息,明确案卷中未能提供但对评价至关重要的信息,确定下一步调研的对象。其次,对案卷未能提供且涉及所有子项目的普遍信息,通过发放统一格式的调查问卷方式加以收集。最后,对案卷研究和调查问卷都难以获得的个性信息,采取实地调研(面访+座谈会)的方式加以收集。

绩效评价分4个阶段组织实施。第1阶段:评价小组认真研究项目档案、项目评估文件、世界银行评价报告、项目可研报告、项目进展情况等有关材料;第2阶段:通过期刊、网络等媒介收集与本项目相关的政策法规,以及项目实施过程中相关区域经济发展与居民生活、出行等方面的变化情况;第3阶段:针对所有子项目设计发放关于征地拆迁、施工进度、配套资金到位率、阶段性产出进展、资产管理和成果实际完成情况的调查问卷;第4阶段:对子项目进行实地调研,召开座谈会,联系项目关键人物进行面访。

通过以上方式进行证据收集和整理,结合国际金融组织贷款在建项目评分标准和评级方法,对项目进行评级,形成评价结论并总结经验。

● 绩效评价结果

由于是在建项目,本项目不对项目的影响力进行评价。

（1）相关性评价等级为"高度相关"

经深入核对，项目在设计与评价时与国家、H省发展政策和战略重点以及世界银行对中国的援助战略高度吻合。同时，与沿线地区的经济社会发展的需求以及改善铁路运输现状的需求高度吻合。

（2）效率评价等级为"效率高"

经查阅台账和走访调查发现，项目基本上按照计划的时间周期实施了征地拆迁、招标采购和工程施工等各项活动。项目监理公司、法律等各类咨询公司在建设过程均给予了技术与法律等方面的咨询服务。在建子项产出进度基本正常，预计可以实现全部产出目标，完工子项目均实现了全部计划产出目标。工程质量保障制度健全有效，质量控制材料齐全。在项目实施过程中，作为业主的L公司管理精细，计划周详，监管到位。作为上级领导单位的中国铁路总公司和H省政府发挥了积极的外部检查和督导作用。各级铁建办在征地拆迁过程中发挥了重要作用，为各项工程的实施提供了重要保障。项目风险控制措施到位，效果比较明显。除了个别地方存在少量会计核算问题外（已根据要求进行了认真整改），总体上不存在违规使用资金问题，资金使用合规性很高。

（3）效果评价等级为"非常满意"

项目设计单位勘探翔实，所有方案均经过多层次反复讨论，最终呈送批复，从理论上看具有适用性、可靠性、经济性、前瞻性和扩展性。已经完工的子项目由于还没有进行验收，实际效果有待检验。未完工的子项目从日程安排上看预计产出效果比较理想。整体效果需要等整条线路开通运营后才能得到验证。项目受益群体定位准确，受益瞄准度很高。沿线地区受新建客运专线的预期影响，各市县主要经济指标大部分提升比较快，比较好地实现了沿线地区的全覆盖。在建设过程中，环境保护效果比较好，主要敏感点和生态保护区没有受到影响。征地拆迁效果比较好，移民安置妥当，补偿款全部到位，没有出现群体事件和上访事件。

（4）可持续性评价等价为"高度可持续"

从财务审计结果看，项目基本能够按照投资计划筹集和投入资金，资金计划到位率比较高。中国铁路总公司和 H 省发展政策能够支持项目的后续建设以及整个项目的正式运营。L 公司拥有成功建设城际铁路经验，制度健全，管理高效。各子项目实施机构责任明确、尽职尽责。各级还贷协议均已签署，还贷责任明确，还贷额度与期限安排合理，财政还贷准备金储备充足，项目贷款预期能够按期如数偿还。相对于投资成本，后期的维护运营成本匹配性良好，项目资产经济性很高。

本项目各项准则与综合绩效评级情况如表 5-41 所示，2 级指标与 3 级指标权重与评价得分暂略。由于是在建项目，评价指标只选用了表 5-38 中的前 4 项。在权重设计上，根据权重评分专家的综合打分，通过之前的推算，可得出以下分值："项目效率"比重最高，为 40%；其次为"效果"，权重为 30%；"相关性"权重为 20%，可持续性为 10%。

表 5-41 项目各项准则和综合绩效评级情况

评价准则	评价得分	权重	加权得分	评价等级
相关性	100	20%	20	高度相关
效率	98.5	40%	39.4	效率高
效果	94.5	30%	28.35	非常满意
可持续性	96.7	10%	9.67	高度可持续
综合绩效	—	100%	97.42	实施顺利

评价最终结论为：该项目的综合绩效评价为"实施顺利"。

——完工项目绩效评价案例

某完工项目于 2010 年 5 月开工建设，2016 年 9 月全段铺通，年底开通运营，累计完成投资 557.1 亿元。2019 年评价时项目已经开通 3 年。评价流程与在建项目相同，但评价项与结果有较大的区别，还包括"项目影响力"在内，最后的评价结果如下。

（1）相关性评价等级为"高度相关"

项目目标与铁路发展规划、发展战略和政策措施的相符程度高度吻合，也与 F 省铁路发展面临问题的针对性高度吻合。项目产出解决了 F 省铁路发展长期落后、运力短缺的问题，同时也完善了周边区域交通网络。

（2）效率评价等级为"效率高"

工程计划、承建单位的阶段任务考核结果以及验收报告等相关资料表明，项目基本上按照计划的时间和周期实施了征地拆迁、招标采购、工程施工和咨询服务等各项活动。项目初设工期为 6.5 年，2010 年 5 月全线开工建设到 2016 年 12 月全线开通，项目按时完工。财务审计报告表明，项目预算合理，实际资金使用由于项目设计变更，实际使用情况与计划有差别，但总体差别较小。资金到位率高，保障了工程顺利推进。总体上不存在违规使用资金问题，资金使用合规性很高。

（3）效果评价等级为"比较满意"

完工项目已通过初步验收，经检验合格，已实现安全通车 3 年多。项目产出情况整体较好，由于初设为客货混跑线路，货运线路暂停使用对项目的产出有一定影响。在建设以及运营过程中，环境保护措施采取得当，对保护主要敏感点和生态保护区起到了十分重要的积极作用。项目受益群体定位准确，受益瞄准度很高，比较好地实现了沿线地区的全覆盖。此外，征地拆迁和移民安置效果良好，补偿款全部到位，没有出现群体事件和上访事件。工程投资成本在可控范围内，公司利用政府政策、银行与国铁集团的支持，成本控制得到了保障。

（4）可持续性评价等级为"可持续"

项目开通运营以来，旅客发送量逐年递增，列车开行对数相应增加。收入增长率高于支出增长率，财务状况持续向好。另外，国家政策措施，以及项目的领导机构、管理机构、实施机构和运行机构为项目的后续运营提供了可靠保障。

（5）影响力评价等级为"正向较大"

主要体现在：

① 项目建成后不仅完善了铁路网，成为"八纵八横"重要组成部分，而且与公路等其他交通方式实现了连接。

② 沿线地区的年度数据表明，新建的这条铁路线路开通运营后，各市县主要经济指标大部分提升比较快，项目区的生产总值、财政收入、旅游收入、城镇以及农村人均可支配收入等均有比较明显的提升。多元回归分析结果表明，本项目与上述指标有比较强的相关关系。

③ 客运能力和货运能力的增强，加快了劳动力、原材料等的流动，生产要素配置更加优化。

项目综合绩效评价结果如表 5-42 所示。

表 5-42　某已完工项目综合绩效评价结果

评价准则	评价得分	权重	加权得分	评价等级
相关性	100	10%	10	高度相关
效率	96.77	15%	14.5	效率高
效果	94.6	20%	18.92	非常满意
可持续性	91.87	25%	22.97	可持续
综合绩效	90.35	30%	27.11	较大

两个项目的绩效评价结果均通过了有关专家、业主单位和财政部门的评审，表明指标的开发设计和权重的确定在理论上和实践中均得到了一定程度的认可。

5.3.3　铁路建设项目风险识别

风险识别作为风险管理的重要环节，贯穿于地方铁路工程建设的全生命周期，具有系统性、全员性、动态性、信息性和综合性等特点。因此，科学、连续和全面识别地方铁路工程建设各阶段的潜在风险因素至关重要。

5.3.3.1　地方铁路建设风险识别影响因素

——影响因素初选

基于文献调查，以"铁路风险识别"为主题关键词，检索中国知网数据库内相关领域发表的文献,得到369篇研究论文,并通过逐篇筛选,识别出253篇核心文献。这些文献所属领域与风险管理和风险评价等方面的研究密切相关,且时间跨度在2015至2019年,是近几年风险管理的研究热点之一。基于现有文献数据,逐篇分析铁路工程建设风险识别过程中明确和潜在的影响因素,合并相似含义的影响因素,初步梳理出38个铁路工程风险识别的影响因素。

——核心影响因素凝练

（1）问卷设计与调查

本书通过设计问卷并结合相关研究方向的专家学者以及具备实践经验的现场工作人员的知识与经验,进一步遴选风险识别影响因素。问卷分为基础信息部分和判断作答部分,并设置了一定数量的筛选项以判断问卷作答人的严谨性,确保问卷结果的可靠性。由于进行统计分析的维度或因子应具有单一性或同质性,为避免人为设定维度的单一性,剔除一些测量含义不清晰、归属不明确的题目,采用探索性因子分析检验和分析问卷数据。

问卷数据源于2022年工程项目的管理人员。本研究发放300份问卷,回收问卷246份,其中242份为有效问卷,回收率为82%,有效率为98.37%。调查内容涉及受访者的基本情况与受访人对风险识别各影响因素的影响程度判定,采用Likert-type-5级量表,依次将不符合、不太符合、不确定、比较符合和十分符合分别赋值1~5分。问卷结果显示,被调查人员中男女占比分别为54.84%和45.16%,年龄集中在22至40岁,工作单位包括建设单位、勘察设计单位、施工单位、监理咨询单位和研究机构,且以工作10年内的施工单位人员为主。同时,经多次与专家沟通,补充了铁路建设行业风险管理资深专家意见。

（2）探索性因子分析

运用IBM SPSS Statistics 26.0软件对样本进行信效度检验,整体量表的Cronbach.系数为0.985,KMO值为0.901,问卷量表的信度较好,样本数据适合进行因子分析;巴特利特球形检验显著性水平显示量表数据整体可靠。因此,样本数据可以作为铁路工程建设风险识别影响因素的评估数据,可对现有的影响因素进行因子分析。当采用最大方差法提取公共因子时,其方差贡献率未达到80%，为保证较少的因子能解释全部的信息，设置因子分析的方差累计贡献率阈值设置为90%。由此得到16个公共因子，即铁路工程建设风险识别的核心影响因素（如表5-43所示），分别为风险识别技术、铁路建设阶段、风险管理体系、风险调查措施、铁路建设目标、危险源监测分析、项目风险特征、风险应对能力、历史风险知识、工程专业类别、风险评价标准、现有风险隐患、预期风险后果、项目利益相关者、项目内外部环境、人员风险意识。其中，各风险识别影响因素的具体说明如表5-44所示。

表5-43 地方铁路建设风险识别核心影响因素

公共因子编码	核心因素名称	载荷平方和					
		旋转前提取因子			旋转后提取因子		
		特征值	方差贡献率/%	累积/%	特征值	方差贡献/%	累积/%
S_1	风险识别技术	18.59	48.92	48.92	3.88	10.22	10.22
S_2	铁路建设阶段	3.24	8.53	57.45	3.23	8.49	18.71
S_3	风险管理体系	2.01	5.28	62.73	3.09	8.13	26.83
S_4	风险调查措施	1.70	4.47	67.19	2.95	7.77	34.61
S_5	铁路建设目标	1.36	3.57	70.77	2.93	7.71	42.31
S_6	危险源监测分析	1.17	3.09	73.85	2.91	7.66	49.98
S_7	项目风险特征	0.93	2.45	76.31	2.62	6.89	56.87
S_8	风险应对能力	0.93	2.44	78.75	2.02	5.31	62.18
S_9	历史风险知识	0.86	2.25	81.00	1.93	5.07	67.25
S_{10}	工程专业类别	0.75	1.98	82.98	1.87	4.92	72.17
S_{11}	风险评价标准	0.68	1.80	84.78	1.65	4.34	76.51
S_{12}	现有风险隐患	0.62	1.64	86.42	1.47	3.87	80.37
S_{13}	预期风险后果	0.60	1.57	88.00	1.17	3.07	83.45
S_{14}	项目利益相关者	0.51	1.34	89.34	1.11	2.92	86.36
S_{15}	项目内外部环境	0.43	1.14	90.48	1.10	2.89	89.26
S_{16}	人员风险意识	0.40	1.06	91.54	0.87	2.29	91.54

表 5-44　地方铁路建设风险识别核心影响因素说明

编码	核心因素名称	因素说明
S_1	风险识别技术	采取的风险识别和量化工具,如构建的模型及算法
S_2	铁路建设阶段	铁路工程项目建设全生命周期阶段及其主要工作内容
S_3	风险管理体系	项目风险管理的范围和流程,风险识别的角度及系统性等
S_4	风险调查措施	项目制订的风险调查方案和风险排查评价表等
S_5	铁路建设目标	工程项目的规划定位、签订的合同以及防控需求等管理目标
S_6	危险源监测分析	项目工点危险源监测的方法及其数据的收集和分析方式
S_7	项目风险特征	项目潜在风险的风险等级、风险发生频率等属性
S_8	风险应对能力	项目建设参与主体在风险评估、预警和响应等方面的能力
S_9	历史风险知识	项目拥有的类似工程项目风险管理资料及过去的经验教训
S_{10}	工程专业类别	铁路工程项目划分的单位工程、分部分项工程等所属的专业类别
S_{11}	风险评价标准	项目对现存的危险隐患及其处理紧迫性的判断准则等
S_{12}	现有风险隐患	项目重难点工程、控制性工程等目前存在的不确定问题
S_{13}	预期风险后果	项目潜在风险可能导致不良后果及其严重程度等
S_{14}	项目利益相关者	项目建设单位、施工单位、设计单位及监理单位等参与主体
S_{15}	项目内外部环境	项目所处的政治、经济和文化等外部环境及内部管理制度等
S_{16}	人员风险意识	项目风险管理人员对潜在风险因素的重视程度和风险防控的理念等

5.3.3.2　基于 DEMATEL-AISM 的铁路工程建设风险识别影响因素模型

决策与试验评价实验室分析（DEMATEL）方法运用图论和矩阵工具进行分析,有助于了解现实中的复杂系统问题,对抗解释结构模型（AISM）则引入对抗博弈思想到解释结构模型中,分别以原因和结果为导向抽取因素,形成对立的有向拓扑图来判断元素的影响程度。DEMATEL 可识别因素之间的直接和间接关系，AISM 可为因素划分层级，二者结合适用于深入分析层次结构和交互结构复杂的问题。鉴于铁路工程建设项目风险识别的影响因素繁多复杂，影响因素之间存在传递和演化关系，因此该方法在研究此问题上存在优势。

——综合影响矩阵计算

基于铁路工程风险识别研究领域的文献，结合问卷调查和专家访谈，采用 0~4 的评价标度（0 为没有影响，1 为较小影响，2 为一般影响，3 为较大影响，4 为强烈影响）计量系统内要素间的影响程度，构建各风险识别影响因素的直接影响矩阵。首先对直接影响矩阵进行规范处理，计算出规范化矩阵 N：

$$N = O / \max\left(\max\left(\sum_{j=1}^{n} O_{ij}\right), \max\left(\sum_{i=1}^{n} O_{ij}\right)\right)$$

其次，通过式（2）得出综合影响矩阵 $T = [t_{ij}]_{n \times n}$，进一步量化各风险识别影响因素对其他因素的影响程度，具体见表 5-43。

$$T = \sum_{k=1}^{\infty} N^k = N(1-N)^{-1}$$

——影响度、被影响度、中心度、原因度计算

根据综合影响矩阵计算影响度和被影响度、中心度和原因度，得出各因素的权重，计算结果见表 5-41。由此，绘制以中心度为横坐标、原因度为纵坐标的散点图。其中，中心度为正向指标，其值的大小反映重要程度的高低，原因度的符号则反映因素的原因或结果属性。

$$D_i = \sum_{j=1}^{n} t_{ij}, \quad C_i = \sum_{j=1}^{n} t_{ji} \quad (i = 1, 2, 3, \cdots, n)$$

$$M_i = D_i + C_i, \quad R_i = D_i - C_i$$

$$\omega_i = \frac{\sqrt{M_t^2 + R_i^2}}{\sum_{i=1}^{n} \sqrt{M_i^2 + R_i^2}} \quad (i = 1, 2, 3, \cdots, n)$$

——整体关系矩阵计算

对于含有 m 列的矩阵 D，其任意两行 i,j，任意一列的正向指标 $p_1, p_2, \cdots, p_m$，和负向指标 $q_1, q_2, \cdots, q_m$，记要素与 ij 的偏序关系为 $PS_{(i \to j)}$，表示 i 要素优于 j 要素。因此，将含有中心度和原因度两列的矩阵定义为决策矩阵，根据偏序的定义和规则，按照下式计算整体关系矩阵 $A = [a_{ij}]_{n \times n}$。

$$d_{(i,p_1)} \geqslant d_{(j,p_1)}, \ d_{(i,p_2)} \geqslant d_{(j,p_2)}, \ d_{(i,p_m)} \geqslant d_{(j,p_m)}$$

$$d_{(i,q_1)} \leqslant d_{(j,q_1)}, \ d_{(i,q_2)} \leqslant d_{(j,q_2)}, \ d_{(i,q_m)} \leqslant d_{(j,q_m)}$$

$$a_{ij} = \begin{cases} 0, & j\text{优于}i\text{或}i\text{与}j\text{无完全优劣关系} \\ 1, & PS_{(i \to j)} \end{cases}$$

——解释结构模型建立

基于关系矩阵 A，通过 $(A+I)^r$ 对关系矩阵进行连乘建立可达矩阵 B，其中 r 为路长。按照结果优先原则（UP 型）和原因优先原则（DOWN 型）的抽取规则，对可达矩阵进行层级和区域的划分，并以 $S = R - (R-I)^2 - I$（无回路）的方式计算骨架矩阵，最后绘制对抗多级递阶解释结构模型，如图 5-8 所示。

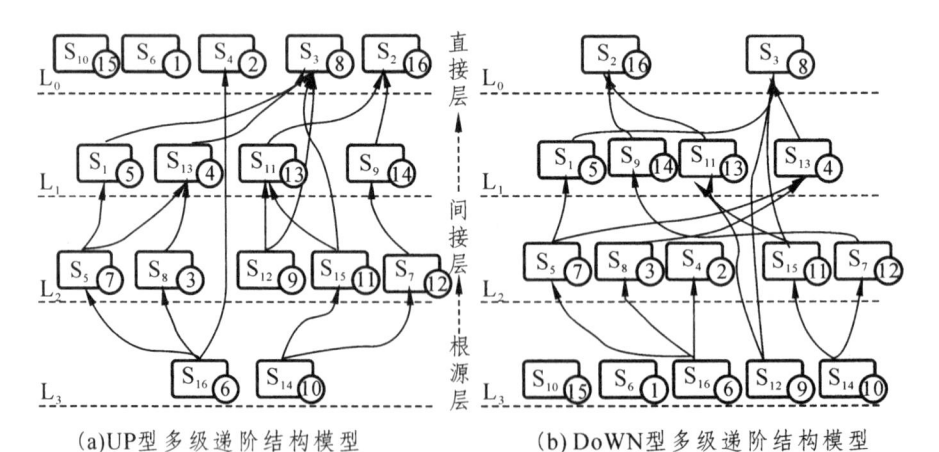

(a) UP 型多级递阶结构模型　　(b) DOWN 型多级递阶结构模型

图例：

影响因素指标

权重排序

图 5-8　对抗多级递阶解释结构模型图

5.3.3.3 DEMATEL-AISM 模型结果分析与讨论

——中心度及原因度分析

铁路工程风险识别的各影响因素按中心度由大到小前五的排序依次为危险源监测分析（S_6）、人员风险意识（S_{16}）、风险调查措施（S_4）、风险应对能力（S_8）、铁路建设目标（S_5）。根据原因度的正负符号，分为原因因素和结果因素，其中原因因素前五排序为工程专业类别（S_{10}）、项目利益相关者（S_{14}）、项目风险特征（S_7）、历史风险知识（S_9）、项目内外部环境（S_{15}）；结果因素排序前五为风险应对能力（S_8）、预期风险后果（S_{13}）、风险管理体系（S_3）、风险调查措施（S_4）、危险源监测分析（S_6）。

中心度和结果因素原因度排序呈现较高的一致性，补充说明了对抗多级递阶解释结构模型最优要素合集的结果。其中，危险源监测分析和风险应对能力具备较高的中心度，表征为结果因素，通过加强危险源的监测和分析，采取科学有效的风险分析网络，有利于提高风险识别的准确性，并及时预测和预警风险。铁路建设项目的利益相关者之间的冲突既是风险的重要来源，也是影响风险识别工作开展方向和实施进度的潜在原因，项目利益相关者和历史风险知识作为重要的原因因素，应重点关注并采取针对措施进一步分析不同利益相关者识别风险的侧重点，深度提取以往类似项目的识别经验，进一步提高风险识别工作开展的效率。因此，铁路工程建设风险识别工作应注重对利益相关者和历史风险知识为代表的原因因素的分析，进一步强化以风险应对能力为主导、以危险源监测分析为表征的结果因素，并同时考虑结果因素与原因因素之间的耦合路径。

——权重分析

由图 5-8 和表 5-41 可知，铁路工程风险识别的各影响因素权重排序前七的因素，依次为危险源监测分析（S_6）、人员风险意识（S_{16}）、风险调查措施（S_4）、风险应对能力（S_8）、铁路建设目标（S_5）、预期风险后果（S_{13}）和风险识别技术（S_1），是铁路工程建设风险识别工作的关键影响因素，应着重关注并合理控制。

该权重综合考虑中心度和原因度的属性,淡化了原因度中正负值的影响。值得注意的是,预期风险后果和人员风险意识是从意识形态把控风险。当风险作为一种主观构建时,项目参建主体精神层的观念将驱动项目风险识别工作的组织与落实;项目的预期风险后果作为一种对损失的估计,将反过来影响人员风险识别工作的积极性。因此,铁路工程项目管理人员有必要强调风险意识,采取科学和多元的风险调查措施,重点监测项目危险源,避免在风险识别过程中遗漏项目潜在风险。

——层级与因果全系列分析

由图 5-8 分析可知,UP 型和 DOWN 型的结构模型中均含有四个层级,从上至下分为直接因素、间接因素和根源因素三个部分。其中,直接因素为结果导向的终结点,受到其他因素的作用;间接因素为承上启下的枢纽,传递下层因素的影响;根源因素为原因导向的始发点,对上层因素产生影响。该系统为可拓变系统,存在活动要素 S_4 和 S_{12},以及孤立元素 S_6 和 S_{10},去除孤立元素后,UP 型因果全系列为 $\{S_2、S_3、S_4\}>\{S_1、S_9、S_{11}、S_{13}\}>\{S_5、S_7、S_8、S_{12}、S_{15}\}>\{S_{14}、S_{16}\}$,DOWN 型因果全系列为 $\{S_2、S_3\}>\{S_1、S_9、S_{11}、S_{13}\}>\{S_4、S_5、S_7、S_8、S_{15}\}>\{S_{12}、S_{14}、S_{16}\}$。

从结果可知,人员风险意识和项目利益相关者对风险识别起到导向作用,通过作用风险管理的需求和识别的措施,影响风险应对能力,从而驱动风险识别工作。铁路建设阶段和风险管理体系位于帕累托最优集中,直接影响风险识别工作的开展,铁路工程建设全生命周期不同阶段的风险管理需求随工程建设的推进呈现差异,需根据项目进度实时调整已有风险清单。风险管理体系是基于铁路工程项目的宏观系统,需考虑工程建设各利益相关者,并从目标、需求和执行等方面对风险识别的方法、流程及演变等进行概括,具备系统性和综合性,因此处于模型的顶层。系统中的孤立元素没有箭头的指向和指出,表明危险源监测分析和工程专业类别两个因素对其他因素的影响关系较弱。聚焦系统的活动要素,风险调查措施涵盖风险管理工作组、风险调查方案、风险信息收集与预警响应等内容,既是风险管理目标实现的重要环节，也是风险识别结果合理性的控制方式，受到铁路建设相关参与人员风险意识的反馈调节。工程项目在社会、自然、技术、组织和经济等方面的现有风险隐患是现有风险识别工作的基础和前提，且目前铁路工程建设风险识别大多基于收集到的风险隐患数据与以往的工程经验，其为风险识别提供了数据支撑和现实依据，也为项目一体化风险管理体系的构建提供了执行方向。

——建议与策略

基于 DEMATEL-AISM 的模型分析结果，根据铁路工程建设风险识别关键影响因素及其层级关系，从以下三个方面提出铁路工程建设风险识别工作的优化建议。

（1）强化参建主体风险意识，贯彻风险内部控制理念

项目利益相关者和人员风险意识是影响铁路工程建设风险识别的关键和根源，人员既是风险控制的主体，也是风险控制的客体。因此，铁路工程建设风险识别应以项目管理目标为导向，将风险管理与内部控制有机融合，强调过程的全员参与。在项目外部，铁路建设管理公司应从铁路项目相关方的需求出发，提高信息公开度和公众参与度，广泛听取项目各参与方的利益诉求，通过多元主体集思广益获取多样的风险识别与管理方法，以保障项目风险策略的全面性和可持续性。在项目内部，以制度约束、培训教育和考核激励等方式加强铁路工程建设各方风险管理意识。

（2）设立风险综合管理部门，构建一体化风险管理体系

风险管理体系是铁路工程建设风险识别的关键影响因素，直接影响风险识别结果的系统性和科学性。因此，鼓励铁路项目建设管理公司设立综合风险管理部门，将项目在各个工点、分部工程和标段的风险情况逐级上报，在各级管理组织中聚焦和控制不同类型的风险。针对风险管理部门的层级和职能，明确各类型风险的属性、响应措施、风险处置效果和风险责任人等信息，归纳不同风险的识别方法、演化机理和应对措施，完善项目一体化风险识别与管理体系。将风险识别与防控的责任落实到项目管理组织部门与人员，促进项目风险识别能力的提高，保障危险源的全面识别和风险事件的超前预警。

（3）提高风险识别智能化水平，健全动态风险预警机制

风险识别技术和风险调查措施等间接影响铁路工程建设风险的识别，也是风险识别工作有效开展的关键。因此，应基于以往工程项目的经验和风险知识，重点关注和防范现有风险隐患，采取数字化和信息化技术，实现高风险点的实时监测和自动识别，并形成高风险点的专项风险预警机制，增强风险识别与管理的系统性和韧性。通过预警、决策、执行、检查和修正等过程的循环，动态和全面识别大型铁路工程建设的潜在风险因素，依托项目管理目标设立铁路建设不同标段或分部分项工程的风险评价标准，采取针对性措施降低风险等级至铁路项目风险管理可接受的阈值之下，为科学识别铁路工程项目建设全生命周期内各阶段的风险提供依据。

5.4 本章小结

本章引入项目管理成熟度概念，介绍项目管理的评价方法、各项评价因素与评价等级的确定，建立了铁路施工项目管理成熟度模糊综合评价模型，最后通过评价体系的综合运算分析"自建自管"和"共建共管"项目的实施效果，并结合项目案例的建设管理情况，对两者的实施效果进行了具体评价，证明"共建共管"建管模式的可行性。同时，引入铁路建设项目绩效评价和风险识别，使地方铁路项目评价理论更加丰富。

第6章 浙江省地方铁路建设管理模式愿景

6.1 浙江省地方铁路建设管理模式现状

2014年国务院颁发的《关于创新重点领域投融资机制鼓励社会投资的指导意见》提出，向地方政府和社会资本放开城际铁路、市域（郊）铁路、资源开发性铁路和支线铁路的所有权、经营权。2019年国务院下发的《交通运输领域中央与地方财政事权和支出责任划分改革方案》明确提出，城际铁路、市域（郊）铁路、支线铁路、铁路专用线的建设、养护、管理、运营等具体执行事项，由地方实施或由地方委托中央企业实施。

随着国家对铁路融资建设模式改革的不断深化，以及浙江省对城市群便捷交通网需求的日益扩大，浙江省未来面临近千公里城际铁路运营维护。如果由浙江省自主运营，就必须建立和完善相关设施设备、培养储备相关运营管理专业人才，这是摆在省政府面前需要统筹考虑和解决的一大问题。同时，面对铁路路网相对单一和封闭问题，早期开行列车数量有限、客流量较少造成的运营收入低、运营费用高、运营亏损大的实际情况，需要政府研究和落实运营亏损补贴方案和政策，以保证铁路的持续运营，这同样也是一个棘手的问题。运营模式决定了线路竞争能力强弱，也决定了城际铁路是否能加速成网。在浙江省大规模建设铁路的背景下需要深入研究其运营管理模式。目前浙江省地方铁路建设管理主要存在以下问题。

6.1.1 地方铁路存在地方和国家铁路局重复监管问题

近年来，浙江省有关部门一直把质量安全作为地方铁路工程监管工作的重点，不断加大监管力度、加强专项整治，不仅对施工过程进行严格监督，还会对工程质量进行定期检查和评估。同时，国家铁路局也定期对地方铁路工程开展监督检查，把地方铁路工程纳入年度监督检查计划、纳入"三不问题质量行为"等专项整治行动的监管范畴。

地方铁路建设不可避免存在重复监管、职能交叉问题，难以适应地方铁路建设快速发展的需要。重复监管增加了监管成本，每个监管环节都需要投入人力物力，重复投入可能导致资源浪费，这无疑加重了建设和施工企业的负担。由于监管人员需要花费更多的时间去处理同样的工作，这可能会影响到监管的实时性和准确性，降低了监管的效率。不同的监管部门可能会有不同的监管标准和要求，这可能会导致监管混乱，甚至可能出现监管真空地带。

6.1.2 地方铁路法规、管理制度有待完善

近年来建成的地方铁路基本委托国铁集团运营管理，地方铁路管理部门成立较晚，建设和运营按照或参照国家和铁道行业法律、法规、标准执行。迄今为止，还没有关于地方铁路管理的法律、法规，主要监管部门也没有系统的管理制度。随着国家铁路系统的改制不断深入，地方铁路建设范围的进一步拓宽，其地方铁路法制、规章制度建设迫在眉睫。

6.1.3 融资任务重、投资主体和融资渠道尚需拓展

虽然浙江省在投融资模式上做过多种探索，但地方铁路没有形成市场化的投资主体，也没有发挥市场的资源配置作用，其建设资金来源主要有两种渠道。

6.1.3.1 财政资金

一直以来，地方铁路建设资金来源中，财政投入占绝大部分。但随着建设规模的不断扩大，财政资金已经不能弥补日益增长的资金缺口。

6.1.3.2 银行贷款与国债

浙江地方铁路的融资已逐步由财政融资向债务融资过渡，目前以债务融

资为主,而通过资本市场进行融资的比重较小。

6.1.3.3 民营资本

随着我国经济的飞速发展,铁路交通的建设不断加快。同时,社会各方面对铁路建设的投资需求也日益增长。民营资本作为新兴的资本力量,逐渐成为浙江省地方铁路投资的重要参与方。

6.2 浙江省铁路建设"共建共管"经验

6.2.1 "共建共管"经验总结

6.2.1.1 "共建共管"配套制度建设

公司根据代建模式制定了施组、设计、咨询、变更设计、环保、水保、档案等工程类管理办法,安全生产、质量、红线管理、应急预案等安质类管理办法,以及验工计价、招投标、合同等计合类管理办法。

6.2.1.2 工程推进

一是协同代建单位提前谋划,以指导性施组为总纲,动态调整,确保工程项目快速、有序、高效推进。二是主动靠前,参与项目管理,协同代建单位对施工现场的重点、难点、卡点工程,积极作为、扎根现场,协同代建单位做好要素过程保障。三是联合办公,共保质量安全,积极落实上级单位以及公司的决策部署和工作安排,深入参与代建单位的项目建设管理,认真学习国铁上海局集团的管理方法和规章制度,积极融入代建单位,积极深入施工现场一线,为项目管理做好人员保障。四是做好前期征地拆迁工作,积极协调省地市三级国土、林业行政主管部门和管线产权单位,依法合规做好用地批复,按时做好管线迁改,为工程建设提供用地保障。五是与代建单位共同进行项目指导性施组编制和定期修编,共同参与国铁集团和上海局集团指导性施组审查，及时掌握控制性工程工期和关键节点目标，共同研究并提出工期纠偏措施。六是共同参与设计交底、重大方案现场调查与研究、重大工程专项施工方案审查等，从源头上控制项目建设安全质量；七是共同参与变更设计管理，共同进行变更设计现场踏勘、方案讨论，依法合规做好变更程序，共同控制项目投资。八是共同参与环水保过程管控，掌握重大环水保情况，及时督促参建单位整改，避免发生环水保不良事件。九是积极协调地方指挥部，协同代建单位和参建单位办理临时用地手续，及时协调临时用地办理出现的问题，保障参建单位临时用地办理及时、合法合规。十是积极协调地方铁办和地方行政管理部门以及产权单位，及时签订路产使用和安全管理协议，协同参建单位及时办理涉路涉水施工手续，保障工程建设顺利推进。

6.2.1.3 安质管控方面

一是同代建单位加强沟通对接，按照代建协议强化分工合作、优势互补，充分发挥路、地各自优势，借助省工管中心、上海铁路监督管理局、上海铁路局质监站等行政、企业、行业监管力量，共同推动各参建单位质量安全管理行为更加规范、现场施工安全质量更加标准。二是继续利用合署办公优势，协同开展月度"三全检查"、消防安全检查、防洪防汛安全检查、自建房安全检查等各类专项检查活动，全力落实省交通集团、浙江轨道集团等上级单位有关质量安全方面部署和要求，针对突出问题和重大隐患组织专题研究分析，及时消除施工现场隐患，共同把关项目施工质量安全。三是协同代建单位督促施工、监理单位建立健全安全质量管控体系，督促相关单位按合同约定配备管理人员到岗到位，兑现投标承诺，并严格按照标准化管理的相关要求落实标准化管理。

6.2.1.4 投资控制方面

一是公司组织工程技术和工程经济方面人员深度参与 IIa 类变更的前期现场踏勘，会同代建单位、勘察设计、施工、监理等单位到现场核实确认。

二是会同代建单位、勘察设计、施工、监理等单位对变更设计建议与现场确认结果进行会审，详细分析变更设计原因，研究拟定变更设计方案并确认变更设计分类，确定责任单位及费用处理意见。三是变更设计文件编制完成后，会同代建单位组织施工图审核单位根据原施工图设计文件、现场核实确认资料和《变更设计（方案）会审纪要》等情况，对变更设计文件和预算（或变更增减费用）进行审核。

6.2.1.5 工程招标方面

代建指挥部负责施工、监理、甲供物资、第三方检测及施工图审批后其他相关咨询服务类的招标工作，公司负责征地拆迁第三方审价等招标工作，招标相关工作按国家、行业和国铁集团有关规定执行，并由双方各自承担相应责任。其中代建指挥部负责实施的施工和监理招标的降造率应与国铁集团投资的同类铁路工程基本保持一致。工程招标的难点在于与代建单位的沟通协调。为完成全部的招标工作，根据代建协议相关约定，在省交通集团和浙江轨道集团等上级单位指导下，公司和代建单位沟通协调，明确职责划分，设定工作流程，建立合作机制。同时，加强协商派出工作人员共同编制招标文件，深入参与项目招投标管理；施工、监理合同签订时，公司应为合同执行的监督方（丙方）。

6.2.1.6 甲供物资设备管理方面

公司在施工招投标中明确甲供物资设备的设计总量，从源头控制采购数量；签订收到甲供材料设备合同阶段，认真审阅合同每一条条款规定是否合理，同时建立甲供物资数量台账，对比设计总量与合同数量，确保合同物资设备数量不超设计数量；最后严格付款程序，代建单位凭以下资料向公司申请进行甲供物资结算：

开公司抬头的增值税专用发票；经代建单位、施工单位、监理单位、供货单位签字盖章的甲供物资四方验收签认单；代建单位的付款申请单。公司经办部门根据上述资料编制金支付审批表（审批表应列示汇款去向、用途、额度、合同金额、已付金额、累计计价及累计付款金额等内容），依据公司资金支付审批权限和审批程序对支付申请进行逐级审批。

6.2.1.7 综合管理方面

一是一张网构建高效管理体系。杭温铁路项目建设根据委托代建协议约定，全面实行标准化管理，在对各参建单位管理方面，与代建单位联合发文，统一考核评优工作，协同举办活动、开展调研检查。2022年联合代建指挥部开展了立功竞赛活动，成功入选省总工会、省发改委"忠实践行'八八战略'、奋力打造'重要窗口'"重点建设省级示范培育项目，联合开展动员部署会、项目推进会及各项竞赛活动，助推了项目高效快速建设。二是一盘棋谋划党建联建活动。公司以"5H共同体"党建创新平台为抓手，与杭温工程代建指挥部和各参建单位联合开展各类党建联建活动，如"踏寻红色足迹传承'南堡精神'""守好红色根脉 继承光荣传统""富春江畔党旗红"等党建联建活动5次，组织党的二十大精神宣讲培训、党的二十大系列学习活动、喜迎二十大主题毅行、劳模工匠宣讲等主题活动10余次，为项目建设注入磅礴的红色动力。三是一体化推进"清廉杭温"建设。建立健全"清廉杭温"建设"共建共管"机制。以推进征地拆迁工作为出发点和切入点，依托公司"5H共同体"党建创新平台，强化工作联动，提升监督合力；全面推广"数字征迁"和征迁审计机制，提升"数字赋能"，强化审计监督，着力打造"阳光征拆"新样本。推进廉洁文化示范点建设创优创效。以廉洁文化示范点建设为契机，坚持以"联"促"廉"，积极开展廉洁教育主题系列活动。依托浙江铁路百年党史教育展厅、"清风长廊""廉洁好家风"专题展板等一批廉洁教育宣传的好场所、好载体，推动廉洁文化建设与铁路项目建设深度融合，真正实现资源共享、良性互动，着力构建"清廉杭温"建设的长效机制。四是一站式做好后勤服务保障。联合代建单位和参建单位在主要施工点设置"党员服务站""党员先锋岗"，点对点精细化服务一线工人，与地方政府、社区联合开展雷锋月志愿服务、疫情防控、群众慰问等工作，为党员联系群众架起"连心桥"，协同指挥部开展冬送温暖夏送清凉等暖心活动，切实做好一线服务保障，增强广大建设人员的归属感、认同感、幸福感。

6.2.1.8 深化"全咨+代建"模式

衢丽铁路二期项目作为全国首个"全过程工程咨询"铁路项目，充分发挥建设单位统筹管理职责，积极协调全咨单位、代建单位及各参建单位充分发挥行业和综合技术优势，探索铁路建设中的浙江经验，实现项目建设高效高质量的发展目标。

第一，提高项目建设速度。通过提高设计文件质量，提前稳定设计方案，落实项目可研、初步设计、施工图等各阶段设计、咨询的无缝衔接。衢丽铁路二期自 2022 年 8 月 12 日可研报告获省发改委批复以来，仅用时 4 个多月实现二期先开段开工建设，创造地方铁路建设新速度。2023 年在时间紧任务重的情况下，公司仅用时 2 个半月，完成全线剩余工程施工图国铁集团工管中心一审、二审及国铁上海局集团意见征求，为实现全面开工提供有力保障。

第二，强化路地沟通协调。通过加强铁路与地方的沟通对接、紧跟设计文件审查咨询工作、委派专人专班盯控各项审批流程、加强对全咨单位的管控，为项目的快速推进夯实基础。

第三，加快项目难点突破。通过落实落细征地拆迁、压实压紧项目资金、谋实谋深运营补亏，提升项目效能，缓解资本金及运营压力，助力项目提质增效。

第四，形成可复制的铁路建管模式。通过组织梳理全咨服务工作职责、明确建设管理界面划分、建立健全与全咨单位的协调机制、总结统筹管理经验，初步制定符合项目实际的《新建衢州至丽水铁路衢州至松阳段全过程工程咨询服务管理办法（初稿）》《全咨服务实施大纲（初稿）》，初步形成"全咨+代建"模式下的三方协调机制，可为未来采取全咨模式的铁路建设项目提供参考。

6.2.1.9 深化推进前期工作

通过强化与国铁集团工管中心对接，优化项目前期工作，衢丽铁路二期施工图预算相较于初步设计批复概算节约2.01亿元。其中，通过优化项目前期设计工作，节约工程投资约5000万元；通过采用行业标准的防水板、止水带等措施预计节约投资约3100万元。

6.2.1.10 深化内部产业协同

充分借助衢丽铁路一期数字化征拆和铁路建设信息化平台技术服务的优势，继续引入上海申浙数智公司作为联合体单位，参与衢丽铁路二期数字化征拆和铁路建设信息化平台技术服务。

6.2.2 进一步完善"共建共管"协议

现阶段代建协议基本上是格式合同，项目公司参与条款制定的机会较少，格式合同中有些条款规定不够具体等。项目公司作为投资方，为了项目建设目标和投资方利益，需进一步参与代建协议的条款制定。

6.2.2.1 投资控制管理方面

投资控制重要的环节是设计变更控制。施工单位对于争取Ⅱa以上变更设计积极性较高，如果代建单位审查把关尺度趋于宽松，就会导致Ⅱa以上变更设计增多，最终导致超出投资控制。而代建协议约定Ⅱa变更设计由代建单位批复，报项目公司备案，这就要求项目公司深度参与，也需要和代建单位积极深入沟通、交流。

6.2.2.2 工期进度管理方面

工期进度及节点目标是工期管理的重要环节。一是保证项目建设工期需要，二是上级单位考核项目公司的重要内容，项目公司很重视。代建单位下达年度、月度投资计划和形象进度过程中，基本由施工单位自控为主，这就需要代建单位和项目公司共同对施工过程进行管控。项目公司为推进工程建设拟开展立功竞赛活动，需要得到各方积极支持和配合。

6.2.2.3 工程质量管理方面

委托代建合同中明确项目公司对参建单位检查的问题需由代建单位组织落实闭环和销号，这就要求代建单位与项目公司一道组织落实现场整改、落实情况，进一步提升项目公司掌握工程实际情况的能力。增强项目公司掌握参建各单位施工过程中出现的管理问题的能力。

新《安全生产法》进一步明确了安全生产属地监管要求，《浙江省铁路安全管理条例》也规定了县级人民政府交通部门对地方铁路建设质量安全的监管职责。各级地方政府对铁路建设安全质量管理主动参与，与路方管理有一定重合，这就需要各参建单位一起形成共建共管合力。

6.2.2.4 参建单位管理问题

因为国铁集团管理体系中有对参建单位的信用评价管理，所以参建单位对于国铁集团相关单位的管理均非常重视。需进一步加强省工管中心、省交通集团及项目公司管理，深度参与信用评价管理，并形成有效的建筑市场信用评价考核，促使各参建单位进一步重视项目公司的管理。

6.2.3 "共建共管"实施建议

6.2.3.1 从更高层面上加强制度建设

省政府层面高度重视当前铁路代建制在实践过程中出现的问题，出台相关办法给予指导和帮助，明确铁路代建项目中项目公司及代建单位的法律地位和职责，为铁路代建项目指引方向。

6.2.3.2 从省级层面上建立信用评价体系

积极争取省交通厅、省工程管理中心的支持，建立起省级层面的高速公路、铁路、城际铁路等统一的信用评价考核体系，强化对施工、监理、设计、咨询等参建单位在交通建设行业的管控。

6.2.3.3 从代建协议上约定双方权限

围绕"质量、安全、工期、投资、环保和稳定"六位一体管理目标，从代建协议上约定代建单位与项目公司权限，项目公司深入参与管理，谋求项目公司更多话语权。尤其是安全质量和投资进度方面，确保满足省里、集团公司等上级要求；设计变更管理要更加规范以控制投资，Ⅱa 以上变更设计要双方共同参与，尊重各方意见。

6.2.3.4 从合同上约定参建各方职责

围绕建设目标，无论是双方还是三方合同，都从合同上约定设计、咨询、施工、监理、检测监测等参建单位履约职责，项目公司有同等管理权利，对设计、咨询单位主要考核设计质量和因施工图差错、设计深度不足造成的设计变更，对施工、监理单位主要考核安全质量、工期进度、文明施工等。

6.2.3.5 从制度上建立对接机制

和代建单位建立起共建共管机制，包括重大问题协商机制、不定期沟通机制等。代建单位现有管理制度，项目公司均遵循和参与，共同参与现场检查、参加月度例会、参加专题会议等。

6.2.3.6 从沟通上加强共建协商

除对接机制外，工作中加强协商，加强融合，互为补充，充分发挥项目公司和代建单位各自优势，形成项目建设管理共同体。

6.2.3.7 建立代建服务评价机制

和代建单位共同建立代建服务评价机制，对代建服务的结果进行全面评估和分析，以客观反映代建项目建设管理的实际效果和质量，为项目建设管理工作的绩效提升提供依据，为和代建单位之间的合作提供有效的管理控制和协商参考，促进双方之间的信任和合作。

6.3 浙江省地方铁路建设管理模式深化提升

6.3.1 进一步探索明确各方职责范围

结合浙江省地方铁路建设发展和体制创新形势，积极对接省发改委、省交通集团以及其他各级铁路协会，积极争取国铁集团支持，力争形成与浙江省地方铁路发展以及省市政策、国铁集团相适应的界面清晰、职责明确、标准统一、科学合理的委托建设合同，尽量减少或避免重复招标、界面与概算分批不匹配等影响项目推进的问题。

确立政企分开的管理体制。首先，将政府职能和企业职能分离，即把现有体制下政企合一职能中那些属于企业生产经营的职能剥离出来交还给铁路运输企业，真正确立铁路运输企业独立的市场主体地位。其次，将铁道部门行使国有资产所有权的职能与执行社会经济管理职能相分离，移交给国务院国资委，纳入国有资产监管体系，实现保值增值。最后，铁道部门仅保留行业管理职能，主要包括：制订行业政策和发展规划，行使公共财政政策，实施行业监管，制订路网行车组织计划，构建公正的市场环境。

6.3.2 进一步探索丰富"共管共建"内容

① 建设指挥部人员融合和跨单位轮岗人才培养机制。
② 联合会议、联合发文、联合管理。
③ 省域信用评价体系建设。
④ 探索形成企业、路方、监管部门三方"项目情况先行对接、监督工作事先告知、管理共识先期形成的效果"长效机制。

6.3.3　进一步提高地方铁路管理水平

6.3.3.1　主要任务

"十四五"期间,地方铁路将紧密围绕区域发展和运输需求,充分发挥中央、地方、企业的多方积极性和能动性,大幅提升支撑现代经济体系发展能力,把握发展节奏,促进地方铁路高效能发展;注重高速铁路与普铁干线的合理分工和衔接融合,推动构建多层次、广覆盖、一体化的轨道交通网络和综合交通枢纽体系。实现客运换乘"零距离"、货运衔接"无缝化"、运输服务"一体化",实施交通融合、站城融合、路企融合,激发地方铁路高活力发展;聚焦地方事权责任,优化完善铁路项目规划、建设、运营等管理体系,增强治理效能,推动地方铁路高质量发展。

——加快建设城际铁路

立足促进城市的整体性、系统性、生长性,以国家发展规划为依据,发挥国土空间规划的指导和约束作用,统筹安排城市功能和用地布局,科学制订和实施城际铁路规划。以需求为导向,优化规划布局,充分利用既有铁路资源,建设便捷高效的城际铁路网,服务区域节点城市之间及节点城市与邻近城市间的城际客流,在高速铁路覆盖50万人口以上城镇的基础上,尽可能覆盖10万人口以上的城市。

(1)贯彻国家战略,以规划为引领,高质量推进城际铁路发展

准确理解国家战略部署,积极配合政府部门完善建设规划,强化规划指导和约束,结合城市功能区划、区位优势、经济基础、人口资源环境条件等发展实际,因地制宜,贴近发展实际需求,合理布局网络设施,精准功能定位与分工,合理确定技术标准、线路走向、路网衔接和服务区间等。以需求为导向,在优先利用既有干线资源的基础上,加快推进城际铁路项目前期工作,尽早确定项目建设方案,明确技术标准,形成"在建一批、开工一批、储备一批、谋划一批"发展格局,科学有序推进城际铁路建设。

（2）聚焦重点城市群，加快构建城市群城际铁路骨干通道

加快浙江省交通强省建设。高水平推进"三大通道、四大枢纽、四港融合"建设，形成发达的快速网、完善的干线网和广泛的基础网。完善综合运输通道主骨架，推动内畅外联，更好联动省内沿线城市组团发展。提升综合交通枢纽能级，打造杭州、宁波（舟山）国际门户性综合交通枢纽和温州、金华（义乌）全国性综合交通枢纽。加快海港、陆港、空港、信息港联动发展，推动各种交通方式零距离换乘、无缝化衔接。基本建成省域、市域、城区3个"1小时交通圈"。

完善浙江省综合交通网络。统筹铁轨公水空管邮枢廊。优化客运铁路网，加强与国家高铁网、长三角城际网衔接，加快构建"五纵五横"客运主骨架，实现"市市通高铁"。完善货运铁路网，加强港口后方通道建设，完善大湾区货运通道布局，打通铁路疏港、进企、入园"最后一公里"，基本形成"四纵四横多联"货运网络。加快浙江省城市群和都市圈轨道交通网络化，积极推动城际铁路、市域（郊）铁路建设，有序发展城市轨道交通。优化路网等级结构，加快推进高速公路建设，畅通跨省跨区域高速公路通道，积极推进繁忙通道扩容改造，加快低等级路段和待贯通路段改造建设，提升国省道网络化水平。加快建设宁波舟山世界一流强港设施体系，打通省内骨干航道和海河联运主通道瓶颈，加快建设通江达海的千吨级航道网。培育杭州机场国际枢纽功能，增强宁波、温州机场区域辐射能力，加快金义机场新建和衢州机场迁建项目前期工作，建成投用嘉兴、丽水机场，加快发展通用航空。以推动空公铁和铁公水联运枢纽建设为重点，加快构建多级综合客货运枢纽体系。培育普惠城乡、畅达国际的邮政快递网。加快推进石油、天然气管网建设。加快智慧交通、绿色低碳交通建设。

加快建设杭绍台、金甬、杭温、湖杭、杭衢、沪苏湖、金建、衢丽(丽松段)等续建项目，有序推进通苏嘉甬、甬舟、沪乍杭、甬台温福、衢丽(衢松段)温武吉、杭丽、杭州萧山机场站枢纽及接线工程、金华枢纽改造提升工程等新开工项目，谋划推进沪甬、沪舟甬跨海通道和宁杭二通道，加快建设铁路专用线。到2025年总里程达5000公里。

（3）探索"城际+旅游+商贸等"多种融合方式，打造新业态新模式

深度挖掘城际铁路沿线旅游、商贸、教育、医疗等消费潜力，加强与沿线优质特色资源的优化整合，加强与社会经营力量协作，结合区域特点对线路的车站、列车、标志等整体进行个性化设计，推出森林草原游、工业遗迹游、红色教育游、医疗养生游等主题，推动城际铁路与特色产业融合发展，扩大吸引客流，提高线路利用效率。

——积极发展市域（郊）铁路

强化规划指导和衔接，以增强和优化通勤供给为重点，统筹利用既有铁路资源和新线建设，积极推进重点都市圈市域（郊）铁路发展，在城市轨道服务都市圈中心城市的基础上，重点实现对5万人及以上的外围城镇组团和重要工业园区、旅游景点的覆盖。扩大公共交通有效供给，有力支撑新型城镇化发展。

加快建设杭州、宁波、绍兴、嘉兴城市轨道交通和温州、台州、金义市域铁路等在建项目，有序推进杭德城际、上海金山至平湖市域铁路、江南水乡旅游线温州市域铁路S3线一期、台州市域铁路S2线等新开工项目，谋划推进嘉兴至枫南嘉善至西塘等项目。到2025年，总里程达1 300 km。

（1）强化规划指导，加强都市圈市域（郊）铁路建设规划编制和管理

落实地方政府发展市域（郊）铁路主体责任，按照"财力有支撑、客流有基础、发展有需求"的要求，统筹本地区国土空间规划和交通发展规划等，以利旧优先、有序发展为原则，做好系统性、全局性的市域（郊）铁路顶层规划，与高速铁路、城际铁路和城市轨道交通形成网络层次清晰、功能定位合理、衔接一体高效的轨道交通体系，助力打造轨道上的都市圈。突出市域/郊铁路的城市公共交通属性，重点做好中心城区主要功能站点与周边既有及拟建城镇组团的快速连接规划，提高利用效率。

（2）统筹利旧新建，科学有序推进市域（郊）铁路建设

优先考虑利用、改造、提升既有线路、车站等资源条件发展市域（郊）铁路，以布局在市域（郊）客流主要轴线中的既有铁路为重点，用足用好既

有铁路富余能力，通过优化运输组织、局部线路和车站，适应性改造、增建复线支线与联络线、增设车站等方式，实现小投入、办大事。统筹市域（郊）列车与短途城际、中长途列车的开行，合理安排停站方案和频次，优化开行方案。因地制宜推进城市内外铁路资源功能置换，支持部分地区规划建设都市圈市域（郊）铁路，鼓励多元化运营管理，加大综合开发力度。新建市域（郊）铁路应尽可能连接都市圈中心城区与外围郊区、卫星城镇、微中心等5万人及以上的城镇组团，重点满足都市圈内1小时快速通勤需求，科学确定技术标准、铺设方式，严控工程造价。有序推进杭州、宁波、温州、金华与周边区域，以及台州、衢州、丽水、绍兴、湖州、嘉兴等重要铁路枢纽主要客流廊道的新线建设，增强铁路城际和城市交通服务能力。

（3）突出人本属性，彰显市域（郊）铁路公交化通勤化服务特征

根据客流特点，在设施布局、进出车站、站点换乘、运输组织等方面突出市域（郊）铁路公交化通勤化的服务特征。积极推行车站快进快出、便捷换乘等乘降运营模式，实现公交化运营。对利用既有铁路开行市域（郊）列车的线路，要通过城市枢纽车站和平行线路合理分工，采取增加既有列车停站、增加在重要客流集散地停站频率、在通勤高峰开行通勤列车等措施，提供更符合出行规律的运输服务。新建市域（郊）铁路应在主要车站设置越行条件，满足快慢线运输组织要求，实现高峰期"站站停""大站停"相结合的灵活运输组织模式，提供多样化、便捷化出行服务。

——建设覆盖广泛的支专线铁路系统

充分发挥铁路技术经济优势，推动支专线铁路与国铁货运干线网协调发展，延伸既有路网触角，增强路网可达性，突出服务地区经济社会发展的功能定位和重要作用，加快推动地区资源开发性铁路、港口支线、专用线等铁路建设，盘活既有支专线铁路资源，进一步扩大路网覆盖，完善集、疏运体系，推动多式联运，共同打造适应市场需求的铁路货运产品，努力提高铁路货运市场份额，持续深入打好蓝天保卫战，进一步降低全社会物流成本，提高铁路网整体服务水平和发展质量。

（1）落实"绿色双碳"要求，加快专用线、专用铁路建设

深入贯彻落实国家调整运输结构战略部署，加强需求和投入产出分析，发挥地方政府和企业重要作用，补齐铁路集疏运体系和现代物流体系基础设施短板，实现铁路运输干支协调，强化铁路与重要货源地的高效联通和无缝衔接。积极推进港口集疏运铁路、年运量 150 万 t 以上的大型工矿企业、物流园区、重点物资储备库铁路专用线、专用铁路建设，有效打通铁路运输"前后一公里"，积极发展水铁、公铁等联程联运，以多式联运增效促进交通运输减排，构建更加绿色低碳的多式联运体系。

（2）统筹推进专支线铁路提质和扩能改造，提升运输能力和竞争优势

聚焦部分既有地方铁路支线运输速度慢、牵引定数低、运输能力紧张等问题，加强方案比选和投入产出分析，有序推动线路扩能提质改造，进一步提高运输能力，便捷衔接，提升运输效率。特别是对于部分运量萎缩、经营效益不佳的专支线铁路，有针对性地拓宽经营思路，改变经营方式和范围，坚持市场化发展方向。以改革创新引领发展，强化升级改造。

——大力推动融合发展

按照融合发展要求，着力构建以铁路客站、物流基地为中心综合交通有机衔接的多层级、一体化交通枢纽体系。综合客货运输枢纽，大力发展枢纽经济。推进综合枢纽一体化规划建设，加强一体化服务，提高换乘换装水平，推动"四网融合"发展，实现站城融合、干支融合、国地融合发展。

（1）重视有效衔接，构建客运综合交通枢纽

按照干线铁路、城际铁路、市域（郊）、城市轨道交通"四网融合"发展要求，结合地方铁路发展建设实际，完善重点城市铁路枢纽总体布局和场站分工，按照衔接高效、集散迅速、服务优质的目标打造一批便捷换乘高效衔接的城际与市域（郊）铁路客运枢纽，加强国际枢纽机场、区域枢纽机场轨道交通布局。推进城市群和都市圈轨道交通规划，由传统布局、单一方式、独立发展向多规合一、多网融合、分工合作的深度转变，完善城际及市域（郊）铁路车站周边市政道路规划建设，配套完善城市交通系统、停车设施、充电

设施、旅客乘降区域，畅通换乘大厅、换乘通道、乘降设施等"硬环境"，协调首末班车时刻、集散能力匹配一体化等"软环境"。促进城市交通结构和空间布局优化，提升城市公共交通服务水平，加强中心城区对周边城镇组团的辐射带动作用。

（2）加强运营管理水平，打省级轨道（铁路）建设运营管理第一平台

建立以省为主铁路、都市圈城际铁路、市域(郊)铁路、城市轨道交通、大型综合交通枢纽的运营管理，省内指令性铁路项目的建设管理，铁路资产经营管理为主的"三位一体"发展模式，向外拓展人才开发和智能维保等业务，建立全省轨道（铁路）交通建设运营标准体系，立足浙江省轨道（铁路）交通建设运营管理，扩大品牌影响力，分阶段扩展链接长三角洲地区、国内其他市场和国外市场的轨道交通运营管理。

（3）推动站城融合，服务城市发展格局

充分利用城际铁路、市域（郊）铁路等地方铁路通勤客流大、站间距小、深入城市腹地、主要服务本地城市等优势，坚持一线一策、一站一策，加强综合开发、城市 TOD 规划，将城市功能向车站区域汇集，将车站服务链条向城市延伸，积极探索铁路沿线轴带式和铁路车站、周边单点式开发模式，体现城市文化底蕴，打造城市交通地标，协调融合交通运输、旅游服务、酒店会展、商务办公、餐饮购物、教育培训等功能，把站区打造成为城市重要的发展触媒，形成一批典型性、标志性开发成果。

（4）加快建设区域性货运枢纽，推进多种交通方式融合发展

我国长距离、大跨度、大运量的运输物流格局，决定了铁路货运必然要在多式联运中发挥骨干作用。地方铁路要结合区域综合交通运输条件，充分利用运输结构调整政策，加快推进铁路、港口运输服务规则衔接，以铁路与海运衔接为重点，建立与多式联运相适应的规则协调和互认机制，完善以铁路为主的一体化多式联运组织模式。多措并举吸引货源，完善集疏运体系，完善运输服务标准，打造与产业布局相协调、无缝衔接的综合货运枢纽。探索与社会物流企业等联合开展运输经营和服务，培育多式联运经营主体，提升跨方式协调效率和能力。根据供需关系实施市场化灵活定价体系，鼓励提

供定制化、专业化、全程化运输服务，引导公路货源向铁路转移，持续提高线路利用效率，大幅提升联运产品设计、市场营销、货源组织、货主服务水平，大力降低物流成本，提高流通市场资源整合能力和综合服务水平，实现铁路与其他方式全方位融合发展，构建以多式联运为核心、多种运输方式衔接顺畅的综合交通运输体系。

——加快构建现代铁路物流体系

以现代物流先进理念为指引，打造地方铁路现代物流中心，加快铁路专用线规划建设，畅通铁路"前后一公里"，积极发展集装化、专业化运输，大力推动多式联运发展，强化融合共享，提升经营管理信息化和设施设备现代化水平。

（1）对标先进水平，推动地方铁路现代物流中心建设

充分利用铁路既有货运场站设施设备，按照现代物流中心建设标准，对标国内外先进物流园区设计理念，积极推动建设地方铁路现代物流中心，在传统储存、运输、装卸等功能的基础上，提供包装、流通加工、信息处理、采购及订单处理、物流配送、物流咨询等延伸服务。重视园区内外部功能划分和流线设计，对接社会先进物流园区服务标准和规则，充分提高服务水平和流通效率，进一步降低物流成本。探索和推进地方铁路既有货运场站所有权与经营权分离，鼓励社会资本参与老旧货运场站自动化、智能化、信息化改造，以长期经营的途径获得投资回报。

（2）深度融入物流市场，加强市场主体交流合作

深度参与物流市场经营，与地方政府、重要企业、物流公司、货运代理、港口机场、其他物流园区等各类主体开展广泛合作交流，将物流中心打造为市场经营信息中心和物资交换平台，畅通信息渠道，构建科学的协调运行机制，共同提升货物分拨集散效率，共享区域物流市场发展红利，加强有效监管，实现区域铁路物流良性有序发展。

（3）主动对接城市需求，打造城市物流重要节点

对接所在城市和区域物流发展需求，不断推动地方铁路物流中心与区域

经济社会发展有机融合，利用铁路环保绿色技术优势，打造城市外集内配物流体系节点，助力城市生产生活物资高效绿色流通，降低城市内外交通压力。主动配合城市高铁快运发展，为高铁物流基地提供物资集散、分拣包装、前置货检、货物仓储等支撑服务，完善城市物流体系。

（4）加强信息化建设，配置现代化物流设施设备

推进物流信息系统建设，统一数据标准，打破信息壁垒，确定数据开放机制。加强跨运输方式和经营主体的物流信息衔接共享。加强物流中心资源管理平台建设，利用条形码、射频卡、自动分拣等技术推动大型物流中心仓储自动化，提升铁路现代化物流效率。合理配置全流程、自动化、信息化、高效化的物流设施设备，重点完善园区装卸设备、自动安检设备、超偏载检测设备、视频监控设备安全保障设备等，提高物流中心现代化作业水平。

——努力推进科技创新

坚持问题导向和目标导向，针对地方铁路在路网布局、选址选线、建筑施工、客运提质、货运增量、运维安全、绿色低碳等方面的短板，以保安全、增效益、降成本、强实力为目标，瞄准世界前沿科技，从基础研究、应用研究等多个领域持续发力，寻找创新突破口，强化自主创新能力，加大应用创新供给，依靠新产品、新材料、新方法扭转局面，迅速赶上铁路现代化步伐。

依托铁路工程项目，集中力量加大原创性、引领性科技攻关投入，实施关键核心共性技术攻坚战。在研发立项、标准编制、人才培养、资金筹集、成果转化等环节，突出创新思维，激发创新活力，深化科技体制改革和科技评价改革，加大多元化科技研发投入，加强知识产权保护。强化企业科技创新主体地位，发挥科技型骨干企业引领支撑作用，推动政产学研用和各相关机构、产业的资金、人才各链条在铁路科技创新领域深度融合。

6.3.3.2 保障措施

在"十四五"铁路发展的黄金机遇期，推进地方铁路发展。首先要坚持全面加强党的领导，落实新时代党的建设总要求，动员政府、企业等社会各

界力量，多措并举，因情施策，确保实现"十四五"发展目标。

——增强治理体系效能

坚持改革引领，加大改革力度，着力破解制约地方铁路高质量发展的突出矛盾和关键问题。发挥地方政府属地优势，建立顺畅高效的地方铁路管理体制，完善配套政策措施，推进治理能力现代化，增强地方铁路高质量发展新动能，加强与国铁衔接协同。

形成协调高效、协力共为的组织推动机制。继续按照"一省一平台"加"一省一公司"模式，推进相关省区市合资铁路重组整合，完善地方铁路企业治理结构。建立规范的现代企业制度，不断探索并创新公司治理的股东结构，依法设立董事会、监事会、经营管理层等治理机构。

落实地方政府的财政事权和支出责任，推进分类分层建设。坚持政府引导、企业为主体、市场化经营，按照需求导向、效益为本的原则，做深做实做细前期工作，编制城际、市域（郊）、支线铁路等区域性铁路发展规划并按程序报批。建立健全铁路建设规划管理机制，科学论证项目建设时机和方案。建立以企业为主体、产学研用深度融合的技术创新机制，大力发展智慧交通。推动大数据、互联网、人工智能、区块链、超级计算等新技术与地方铁路深度融合。

强化安全治理体系，提升安全管控能力。切实把安全生产贯穿地方铁路建设、经营全过程和全领域，推动安全管理建设向科学化、规范化、标准化方向发展。加快构建人防、物防、技防"三位一体"的安全保障体系，坚持安全隐患"零容忍"强化重大安全关键管控措施，制订专项安全风险防控方案。加强地方铁路应急救援体系建设，建立健全地方铁路应急领导机构和工作机构，提升地方铁路应急处突和救援能力。

——深化投融资体制改革

坚持地方政府投资建设铁路的主体责任，搭建政府的投融资平台，依法履行出资者职能，推动地方铁路投资主体多元化。加大投融资创新力度，多方调动社会资本投资铁路建设的积极性，运用多种市场化融资方式，拓宽建设资金来源渠道，加快构建多层次、多元化投融资格局，增强地方铁路项目的经营内生动力。

创新运营管理模式，提升运营效率效益。根据地方铁路项目的特点、铁路企业条件、不同发展阶段等因素，探索地方铁路建设、运营管理新机制、新模式，自主、合理选择建设运营方式，优化运输管理模式，落实建设全国统一大市场要求，直通货运执行国家铁路运价，纳入全路统一清算，减少直通客货运输的重复作业，增强市场竞争优势。培育区域型和市域型铁路运输公司，在区域内形成铁路内部适度竞争。

开放铁路沿线资源开发利用权限，增强项目市场活力。在符合土地利用总体规划和城乡规划的前提下，合理确定土地综合开发的边界和规模，支持和引导市场主体实施铁路用地和站城毗邻区域的土地综合开发利用、城镇发展规划建设，通过市场方式供应土地、一体设计、统一联建，并合理分享铁路投资产生的土地增值收益，反哺线路主业投资，实现"线路运营收益+综合开发收益"双轮驱动，促进地方铁路可持续发展，为吸引社会资本建设地方铁路创造条件。

——完善法律法规体系

为适应地方铁路快速发展需要，加强制度建设和配套资源保障，加快出台地方铁路建设、运营、管理等法律法规和配套管理办法。为地方政府合法履职提供制度保障。制订地方铁路立法计划，对涉及地方铁路发展方向和原则的重大问题进行规范，加大引商、营商环境整治优化力度，为吸引社会资本创造良好条件。推动经过实践检验成熟的规章制度上升为法律法规，确保地方铁路依法行政，公正、高效地解决行政争议，保障地方铁路和谐稳定发展。

强化规划指导约束作用，确保地方铁路项目前期工作和工程建设稳步推进，保障项目经营健康可持续。建立地方铁路相关规划实施评估机制，及时协调解决问题，有序推进规划项目建设。保障规划顺利实施。对于有规划依据的项目，在优先利用既有资源的基础上，高质量推进地方铁路项目前期工作。

进一步加强委托运输管理制度体系建设，明确和落实委托方在地方铁路运营中的根本权益与核心关切，保障地方铁路公司各股东对公司运输管理层面的参与度、话语权、知情权等合法权益。优化完善地方铁路运价定价，委托经营费用核算、清算体系，增强发展动力活力。

地方铁路法规的建立和完善应以《铁路法》修订为前提，现行法规未明确省级政府对铁路运营的行业管理职能，是地方政府履行运营管理职能最大的障碍。建议加快《铁路法》修订工作，明确地方政府在铁路监管中的职责。在《铁路法》修订的基础上，加快建立完善地方铁路法律法规体系，为地方政府履行铁路运营安全监管职能提供法律保障。

（1）成立地方铁路立法工作领导小组

鉴于地方铁路立法涉及面广、程序复杂、意义重大，为保证地方铁路立法工作顺利推进，建议地方政府成立立法工作领导小组，由省主要领导任组长，司法、交通运输、发展改革、公安、自然资源、财政、应急管理、消防救援、卫生健康等有关部门为成员单位。领导小组主要负责研究制订地方铁路工作方案和推进计划，及时了解地方铁路立法进展；组织相关单位和部门研究立法过程中的重大问题；做好与国家发展改革委、交通运输部、应急管理部、国家铁路局、国铁集团等国家部委和单位沟通协调工作等。

（2）加强立法前期调查研究

立法是一项时间周期长、社会性强的工作。开展地方铁路立法工作之前，立法工作领导小组应充分开展调查研究，了解立法的背景和必要性、相关法律制定情况、所需要解决的主要问题等，做好立法准备工作。立法过程中应当充分利用科研单位的力量，通过广泛的资料收集、整理、调研、论证等，形成可供讨论的立法建议和有关说明材料，提高立法效率。立法研究要与法规制定结合起来，依托研究成果形成法律草案，并组织领域内相关专家学者进行深入研讨，征求相关利益单位的意见、建议，使铁路法规具有广泛的社会基础和群众基础。[①]

---

① 杨磊，赵会军，齐海龙. 关于加快完善地方铁路立法的探讨[J]. 铁道经济研究，2022（3）：24-27.

（3）研究制订地方铁路立法计划

在前期调查研究的基础上，围绕解决当前地方铁路发展的突出问题，制订地方铁路立法计划，并针对立法计划中涉及的重要问题开展持续和常态化的研究工作。

当前，加快我国地方铁路法律法规体系建设，应落实如下两点：

① 落实《铁路法》要求，制定地方铁路管理条例，对涉及地方铁路规划、建设、运营、安全、改革等重大问题发展方向和原则进行规定。

② 抓紧制定配套铁路运营管理制度，对铁路运输市场秩序、运输服务质量、运营安全、应急管理等进行规范，解决铁路事权划分改革后地方政府履行铁路行政管理职责无法律依据的问题。

目前，亟须制定的管理制度包括铁路服务质量评价管理办法、铁路调度指挥管理办法、铁路行车组织管理办法、铁路客运组织与服务管理办法、铁路货物运输管理办法、铁路统计管理办法、铁路运营安全评估管理办法、铁路突发事件应急管理办法等。

（4）推动规章制度上升为法律法规

当前，国家和地方政府围绕运营安全评估、服务质量评价、交通事故处理、危险货物运输等制定了部分行政规章，铁路运输企业也围绕铁路安全、建设运营、改革等建立了一些管理制度，但这些行政规章和管理制度能够上升为法律法规的却很少，许多重要的规定没有做到规范化、法律化。下一步，需要按照全国和省人大立法程序和要求，将部分重要的和经过实践检验成熟的规章制度上升为法律。

（5）大力推进地方铁路依法行政

推进依法行政，要求加强法律学习，增强法治观念。要积极组织开展《民典法》《安全生产法》《价格法》《行政许可法》《铁路法》《铁路安全管理条例》等法律法规的学习与宣传，不断提高政府公务人员和企业职工的法律意识和法律素质。严格铁路行政执法程序，加强权力监督制约，保障权力有效运行，维护相对人合法权益。加强铁路行政复议工作，依法、公正、高效地解决行政争议，化解矛盾，促进铁路科学健康发展。

——加强人才队伍建设

高端专业的人才队伍是地方铁路发展强有力的支撑保障。针对地方铁路建设和经营中的薄弱环节,以培育人才、提升素质为中心,以强化核心业务能力为重点,加大与高校、科研院所等机构的合作交流,加强铁路战略规划、工程设计、建设管理、运输生产、多元开发、经营开发、资本运作等方面的急需人才和复合型人才的培养和配备,实施骨干领军人才业务能力提升行动计划,吸引更多专业技术和管理人才进入地方铁路领域工作,为提高地方铁路发展质量效益提供坚实的人才支撑。

深化企业用人用工制度改革创新,创造有利于人才培养成长的环境和条件。建立健全选人用人机制,建立市场化导向的激励约束机制,多渠道培养引进和选拔紧缺人才,健全公开、平等、竞争、择优的人才招聘制度,扩大人才储备;推行灵活管理的用工制度,探索建立按职业、岗位分类分层管理机制,健全考核评价体系,建立绩效结果与收入挂钩机制,激发员工的积极性、主动性、创造性。

第一,建立科学合理的选人用人机制,形成广纳贤才、人尽其才的制度体系建立良好的选人用人机制。

① 在制度层面上拓宽人才引进的渠道,放开视野选拔人才,特别是针对高精尖缺人才,不在学历、户籍、身份等方面设置限制条件。

② 构建科学合理的多通道岗位序列,设置跨序列交流的通道,满足人才职业发展需求,防止"天花板"效应,同时也让"能上能下"真正具备可操作性。

③ 注重精准识别,通过科学使用人才评价结果、采取合适的测试形式和方法、分析人才行为和发展之间的规律,提高识人德才、识人本质和识人潜能的能力,尽早发现、及时培养,把合适的人放在最适合的岗位上,努力实现"才尽其用"。

④ 建立服务专家、服务人才的党委联系服务制度,积极营造在思想上尊重、在生活上关心、在事业上支持的良好氛围,促进各类人才大展其长,为企业的发展多作贡献。

第二,以开发创新人才为重点,拓宽人才培养渠道,促进人才的快速成长，加大人才的教育培养力度。

① 在思想政治教育和企业文化传承方面加大力度，促进各类人才牢固树立正确的世界观、人生观和价值观，保持诚信、勤勉、清廉的工作作风，为企业的发展贡献力量。

② 实施分类培训，突出学习能力、实践能力和创新能力的培养。对出资人代表，着力提高其战略决策能力、防范风险能力和人才识别使用能力；对经营管理人才，着力提高其经营管理能力、市场应变能力和依法管理企业的能力；对专业技术人才，着力提高其自主学习能力、技术实践能力、科技创新能力和成果转化能力。

③ 在传统的基础培训、专题研讨、案例教学等教育培养方式的基础上，引入"训战结合"模式，让学员在"干中训、训中干"，培养"实战经验"，促进其快速成长，能够独当一面地开展工作。

第三，建立科学的人才考核评价指标体系。细化考核指标，丰富测评技术人才评价是人才管理的重要组成部分，贯穿于人才管理的全过程。铁路建设管理企业当前的重点任务在于改进人才评价机制，推进分类评价制度建设，克服唯论文、唯职称、唯学历、唯奖项的倾向，更加注重能力、业绩和实践，让真正能干事的人才脱颖而出。

做好人才评价，需要注意以下几点：

① 明确评价的目的，不能为评价而评价，要建立"以始为终"的闭环管理机制。要做好超前谋划，在对人才评价之前，就明确人才评价结果如何使用。做好结果存储，考虑评价结果将来还能用在其他哪些地方。做好分析总结，思考评价结束后能为下次评价带来什么启示。

② 注重评价内容的全面和评价标准的务实。将素质评价与绩效评价结合起来综合评价人才，不仅考察工作结果，考察工作行为，还要考察工作态度，探究支撑工作行为背后的能力和素质，寻找人才行为和发展的规律，从而有效地运用这些规律，使人才测评工作更加高效和准确。分类建立以行为能力和业绩为核心的评价标准，对照岗位职责细化量化评价指标，不拿静态评价结果给专业技术人才贴上"永久牌"标签，加快形成并实施科学完善的

动态评价制度，促进专业技术人才潜心研究和创新。

③ 综合运用各种评价工具与技术，包括半结构化面试、代表作阅评、履历分析、现场实操考试、工作实例答辩、专家评审、民主测评、考核谈话等。针对评价指标的特点，选择最适合的工具与之匹配，保证评价的结果是科学的。在人才评价过程中综合运用IT技术和手段，促进人才评价工作流程电子化，从而提高评价效率，降低评价成本，改进评价模式。

④ 保证评价过程的公开、公平、公正，人才不仅仅是被评价的对象，也应获得更多的参与权，这样的评价结果才能得到更多的认同，评价才能真正发挥效力。

——争取支持政策

为保证地方铁路可持续发展，地方政府要继续争取相关政策和资金支持，帮助企业纾困解难。争取国家给予地方铁路企业建设运营补贴、贴息贷款以及税收方面的优惠政策，特别是在国家推动运输结构调整、大力推动"公转铁"以及多式联运的背景下，可大力争取国家对地方货运铁路、企业及物流园区专用线、港口铁路等在资金、贴息、运营补贴、税费减免、用地等方面的支持。

（1）有关投融资改革和综合开发回报机制的扶持，实现地方铁路可持续发展

与国际上标准的建设项目实施流程接轨，即业主方只是起沟通协调的作用，绝大部分专业工作交由PM、PMC等咨询机构或工程公司。这就要求业主单位要有强有力的沟通协调能力。在目前的环境下，要想做到这点，业主公司必须得到政府的强有力支撑。地方铁路的建设对提高当地的社会效益和经济效益起着至关重要的作用，需要地方政府加大对项目业主公司的支持力度。建立起"政府引导、企业运作"的长效机制。安排行政级别较高的领导"挂帅"项目公司，以行政办法去解决地方铁路建设时遇到的行政问题。同时，为避免产生"外行管理内行"的负面现象，应制定合理的政企职责分工制度，大家各司其职，共同推进项目建设。

（2）完善审批制度、监督约束等地方铁路建设管理制度，提高地方铁路

管理执行效率

　　管理效率的高低还依赖于管理模式的选择。铁路企业重组后应以效率为标准，在认真分析以往管理模式弊端的基础上组建自己的管理模式。目前，大型企业组织结构扁平化是当前国际企业界研究的一个热点。所谓组织结构扁平化，是指为适应现代竞争的特点，在信息技术的基础上，重新界定分工原理和跨度理论，使企业组织结构由金字塔模式转向扁平模式的过程。这个概念在理论上有两个值得注意的地方：一是重新界定分工原理。过去传统理论认为，分工越细，协作越精密，社会化程度越高，规模经济效益就越显著。事实上，分工越细，协作越精密，必然加大分工协作成本和管理难度，降低管理效率，所以适宜分工和综合性复合型的多功能工作部门（岗位），将成为未来生产组织和管理组织发展的基本方向。二是重新界定管理跨度理论。管理跨度指管理人员能有效指挥下属人数的多少。管理跨度越小，指挥的人数越少，那么管理的层级就越多，这正是企业组织金字塔结构的理论基础。传统理论一般认为管理跨度以3~6人为宜。

　　现代管理由于信息技术和其他科学的生产经营管理技术的应用，管理人员的综合管理能力大幅度提高，因而管理跨度增大，相应地管理层次减少。以上两个理论的应用，使企业组织金字塔结构转变为扁平结构。重组后的铁路企业可根据自身的规模、特点，对扁平化组织结构管理模式加以借鉴。铁路企业在确定管理模式的基础上组建自己的各个管理部门，明确他们各自的职权范围，只有做到权责明晰才能提高管理团队的效率。然后，企业应关注其内部信息是否能快速有效地传递，这是衡量企业管理效率的一个重要标准。企业要尽量避免重要信息在某个环节受阻、被搁置，尤其是信息在自下而上传递时。对于这个问题，企业需采取一些相应的防范措施，如下级职员在向上一级主管人员报递信息的同时，也向再上一级的主管人员报送相同的一份。另外，对于管理效率的提高，最关键的因素还是管理人员的能力，这是企业应长期关注的问题。[①]

[①] 余燕妮."网运分离"与铁路企业经营管理效率的提高[J]. 铁道运输与经济, 2002 (10): 25-26.

综上所述，提升地方铁路管理水平，应该进一步强化省交通集团在省内铁路、城市轨道交通建设运营主导地位，更好地落实浙江省综合交通运输发展"十四五"规划，同时统一省内建设标准，实现互联互通、一张网。

6.4 浙江省地方铁路建设管理模式的推广价值

随着浙江省铁路、城际、市域城市轨道交通等交通大建设、大发展、大落地，多种类型、多种制式的轨道交通逐渐起步发展，浙江省与长三角区域内自营铁路、市域、城际、城市轨道交通的运营管理体制也呈现多样化、多类型的趋势。

根据浙江省众多铁路项目来看，铁路建设中存在的种种问题，如铁路建设过程存在国铁不愿代建和地方尚未全部包干的缺口，且地方铁路企业在原仅承担项目投资、前期工作以及协调地方包干内容事项的基础上，逐步向承担具体工程建设和协调原施工单位负责实施的部分内容过渡，这给地方铁路公司履行铁路建设项目投资、建设和经营的企业主体责任提出了更高的要求。但受限于合同关系、地方政策等，地方铁路企业无法对上述缺口推进，以及实现对新安全法等法律法规等要求的建设管理职责进行合理有效管控。

这类问题也广泛地存在于各国各地的地方铁路项目的建设管理中。建立路企合作、地企协商，实现"1+1+1＞3"的优势互补、合作共赢的"共建共管"地方铁路建设模式，既能加快浙江省铁路建设，统筹省域铁路资源，更好发挥铁路在浙江省经济社会发展中的支撑引领作用，又能避免铁路建设过程中众多监管部门不必要的职能交叉，能适应地方铁路发展的必然趋势，对于全国的地方铁路也有示范和推广的价值。

参考文献

[1] 张冶. 地方铁路建设业主方项目管理成熟度评价研究[D]. 杭州：浙江大学，2020.

[2] 刘建国. 国外铁路改革模式的分析与比较[J]. 湖北经济学院学报（人文社会科学版），2009，6（2）.

[3] 韩同银. 铁路建设项目管理模式发展与变革研究[D]. 天津：河北工业大学，2007.

[4] 江宇. 发达国家铁路发展史对我国铁路改革的启示[J]. 综合运输，2003（10）.

[5] 李世蓉. 政府公益性项目管理模式——实施建设管理代理制引起的思考[J]. 国际经济合作，2002（7）.

[6] 郭晓峰. 城市道路网建设若干问题研究[D]. 西安：长安大学，2005.

[7] 杨桦. 建筑市场监管研究[D]. 上海：上海交通大学，2007.

[8] 张龙. 铁路运输基础设备维修管理模式研究[D]. 成都：西南交通大学，2012.

[9] 余华龙. 国外铁路改革模式的分析及借鉴[J]. 江西青年职业学院学报，2005（2）.

[10] 权诗琦，霍静怡. 地方铁路与国家铁路互联互通优化对策[J]. 铁道货运，2022，40（12）.

[11] 杨磊，赵会军，齐海龙. 关于加快完善地方铁路立法的探讨[J]. 铁道经济研究，2022，167（3）.

[12] 巩聪聪. 山东铁投亮相　高铁建设加速[J]. 山东国资，2018，89（9）.

[13] 王一波. 地方铁路建设管理模式及其发展对策[J]. 交通建设与管理，2014，401（24）.

[14] 汤一用. 混改背景下的铁路投融资机制创新及其路径优化研究[D]. 北京：北京交通大学，2022.

[15] 王书会. 中国铁路投融资体制改革研究[D]. 成都：西南交通大学，2007.

[16] 蔡刚. 我国铁路建设投资管理模式刍议[J]. 现代城市轨道交通，2021（5）.

[17] 孔冰清，王磊，段学军. 中国铁路建设与国土空间发展的关系演变——基于多层级管治视角[J]. 热带地理，2023，43（5）.

[18] 陈星. 浅谈项目融资模式在铁路建设项目中的应用[J]. 铁路采购与物流，2022，17（10）.

[19] 王志君. 中国铁路建设项目的投融资研究[D]. 北京：北京交通大学，2006.

[20] 李晓霞. BOT融资模式在铁路建设项目中的应用研究[D]. 北京：北京交通大学，2013.

[21] 张佑文. 采用BT模式进行公路工程项目融资的相关问题[J]. 中国科技信息，2005（16）.

[22] 王卓. 我国铁路PPP融资模式研究[D]. 长春：吉林大学，2017.

[23] 曾奕. 关于地方铁路基础设施投融资市场化改革的探索与思考——以广东地区实践为基础[J]. 决策探索（下），2020，667（10）.

[24] 王旭光，宋慈勇，孙艺轩. 浅谈PMC项目管理模式中业主方工程项目管理[J]. 治淮，2021，519（11）.

[25] 张强. 关于铁路建设项目代建制模式的研究[J]. 基建优化，2005（3）.

[26] 吴锋，赵军，符佳芯，等. 基于AHP的合资铁路运营管理模式选择研究[J]. 交通运输工程与信息学报，2020，18（4）.

[27] 王智慧. 铁路建设项目施工过程后评价研究[D]. 保定：华北电力大学（河北），2009.

[28] 王凤丽，周立新. 城际铁路多元化建设运营管理模式的探讨[J]. 铁道运输与经济，2016，38（1）.

[29] 弋建伟. 铁路经营管理模式分析及方案选择[J]. 邢台职业技术学院学报，2019，36（1）.

[30] 汪辉德. 中小型水利水电工程项目施工后评价探索[D]. 成都：四川大学，2005.

[31] 韩涛. 高速铁路建设项目建设过程后评价研究[J]. 铁道科学与工程学

报，2017，14（5）.

[32] 张钰梅，文家伟. 自管自营模式下贵兴线引入贵阳枢纽方案研究[J]. 高速铁路技术，2020（S1）.

[33] 徐宁. 保障性住房建设项目综合后评价研究[D]. 石家庄：华北电力大学，2014.

[34] 芮春梅. 轨道交通枢纽站前广场景观设计探讨[J]. 四川建筑，2016，36（6）.

[35] 许晓晨. 山西白酒企业以绩效为导向的员工培训研究[D]. 太原：山西财经大学，2015.

[36] 江丹洋. 地方控股铁路建设管理问题分析[J]. 运输经理世界，2021（32）.

[37] 刘阳. 河南省铁路总公司改制研究[D]. 天津：天津大学，2004.

[38] 李翔. 预测模型的特点分析[J]. 科技资讯，2011（13）.

[39] 翁安华. 浅谈现代报纸版式设计的创新[J]. 价值工程，2011，30（26）.

[40] 陆宁，段蕾，朴越，等. 2011—2015年西安市经济适用房需求量的预测研究[J]. 价值工程，2011，30（26）.

[41] 黄薇. 灰色马尔可夫模型在中国与东盟进出口总额预测中的研究与应用[D]. 兰州：兰州商学院，2010.

[42] 张昕. 中国大豆产业安全研究[D]. 济南：山东大学，2010.

[43] 李春芳. 三茂铁路投资主体变迁研究[D]. 北京：北京交通大学，2007.

[44] 余健尔. 现代化视域下的浙江铁路建设[J]. 浙江经济，2009（23）.

[45] 余健尔. 局部突破：浙江铁路改革与发展若干问题探析[J]. 综合运输，2009（12）.

[46] 路炳阳. 至2050年浙江交通总投资将达10万亿元 建设十大千亿工程[N]. 中国经营报，2020-04-27（A04）.

[47] 欧阳院平. 高速铁路大断面黄土隧道施工数值模拟[D]. 成都：西南交通大学，2006.

[48] 铁路需要跨越式发展[N]. 经济日报，2003-09-27.

[49] 孙朴. 成都铁路局科研所发展战略研究[D]. 成都：西南交通大学，2004.

[50] 梁杰. 铁路企业人力资源开发与管理研究[D]. 武汉：武汉大学，2004.

[51] 夏永强. 引进外资与中国铁路运输业"跨越式发展"[D]. 北京：对外经济贸易大学，2004.

[52] 国建华. 路局直管站段：中国铁路组织和管理体制的一次重大变革[J]. 铁道经济研究，2005（3）.

[53] 浙江省铁路安全管理条例[N]. 浙江日报，2022-07-05（006）.

[54] 国建华. 我国交通运输的可持续发展模式[J]. 宏观经济研究，2004（3）.

[55] 钟章队，任静. 对国内外 GSM-R 发展的研究[J]. 移动通信，2007（7）.

[56] 章明春，李镔，钟明琳. 铁路建设全过程工程咨询的浙江探索[J]. 浙江经济，2022（3）.

[57] 汪东，靳丽芳，徐斌. 杭绍台铁路投融资体制改革创新实践及启示[J]. 浙江经济，2022（11）.

[58] 任建华. 高速铁路施工项目管理成熟度综合评价研究[D]. 上海：华东交通大学，2021.

[59] 邢润涛. 移动智能网安全加固项目的有效性检查和持续改进研究[D]. 北京：北京邮电大学，2008.

[60] 张冶. 地方铁路建设业主方项目管理成熟度评价研究[D]. 杭州：浙江大学，2020.

[61] 许凯. 项目管理成熟度模型在冷水机组研发项目的应用研究[D]. 上海：上海交通大学，2012.

[62] 郭广生，刘佳. 高校管理人员组织公平感、敬业度与工作绩效的关系研究[J]. 国家教育行政学院学报，2022（4）.

[63] 马晶梅. 高校科研诚信档案建设关键因素辨识[J]. 中国市场，2012（26）.

[64] 王一波. 地方铁路建设管理模式及其发展对策[J]. 交通建设与管理，2014（24）.

[65] 杨磊，赵会军，齐海龙. 关于加快完善地方铁路立法的探讨[J]. 铁道经济研究，2022（3）.

[66] 余燕妮. "网运分离"与铁路企业经营管理效率的提高[J]. 铁道运输与经济，2002（10）.